高等职业教育骨干校建设物流专业规划教材（项目式）

物流运输管理与实务

董秀红　主　编

张艳华　副主编

中国财富出版社

图书在版编目（CIP）数据

物流运输管理与实务／董秀红主编 . —北京：中国财富出版社，2014.6
（高等职业教育骨干校建设物流专业规划教材·项目式）
ISBN 978－7－5047－5174－4

Ⅰ.①物…　Ⅱ.①董…　Ⅲ.①物流—货物运输—管理—高等职业教育—教材
Ⅳ.①F252

中国版本图书馆 CIP 数据核字（2014）第 060197 号

策划编辑　崔　旺		**责任印制**　何崇杭	
责任编辑　葛晓雯		**责任校对**　饶莉莉	

出版发行	中国财富出版社（原中国物资出版社）	
社　　址	北京市丰台区南四环西路 188 号 5 区 20 楼	**邮政编码**　100070
电　　话	010－52227568（发行部）	010－52227588 转 307（总编室）
	010－68589540（读者服务部）	010－52227588 转 305（质检部）
网　　址	http://www.cfpress.com.cn	
经　　销	新华书店	
印　　刷	北京京都六环印刷厂	
书　　号	ISBN 978－7－5047－5174－4/F·2114	
开　　本	787mm×1092mm　1/16	**版　　次**　2014 年 6 月第 1 版
印　　张	17.5	**印　　次**　2014 年 6 月第 1 次印刷
字　　数	363 千字	**定　　价**　32.00 元

前　言

　　作为新经济的一个日渐兴起的产业，物流正在成为我国经济新的增长点。而运输是物流最重要的环节之一，运输技能的掌握对高职学生和企业非常重要，因此，编写一本符合高职教学和企业需求的教材是当务之急。本教材是校企合作开发，按照物流管理专业人才培养模式和改革后的教学内容体系进行编写，其内容体系完全符合国家教育部关于"高等教育要面向 21 世纪教学内容和课程体系改革计划"的基本要求，是以任务为导向、工学相结合的一本教材。

　　本教材共分 8 个项目，26 个学习任务，每个项目包括知识目标和能力目标，每个学习任务包含四部分内容：任务描述、任务分析、相关知识和检测与实训，以企业典型任务为驱动，基于工作过程进行相关知识的学习，然后通过技能训练进一步加强巩固，做到"做—学—教"一体化。

　　参加本教材编写的人员主要是东营职业学院的专职教师，由企业的兼职教师指导。主编为东营职业学院董秀红，主要负责项目一、项目三、项目四的编写以及最后的统稿；副主编为东营职业学院张艳华，主要负责项目六、项目七的编写以及初审；参编人员为东营职业学院徐辉增，主要负责项目五的编写；东营职业学院刘婧，主要负责项目二及项目八的编写。感谢胜利油田胜大集团物流中心、中外运东营分公司、中远物流公司东营分公司等企业兼职教师的倾心指导，以及相关企业的大力支持。

　　本教材在编写过程中参考了国内物流运输方面的诸多教材与著作，书名及作者已列入参考文献之中，在此向这些作者表示衷心的谢意。由于编者水平有限，书中疏漏与不足之处欢迎读者和同人提出宝贵意见。

编　者

2014 年 3 月

前　言

目　录

项目一　物流运输的认知

知识目标 ✛➤

1. 了解物流运输的概念和特点；
2. 理解物流运输的功能和基本原理；
3. 理解运输与物流各环节之间的关系；
4. 掌握五种运输方式各自的特点；
5. 掌握运输合理化的定义、不合理运输方式；
6. 了解企业运输岗位及主要职责。

能力目标 ✛➤

1. 能够根据运输与物流各环节之间的关系制订销售计划，进行客户开发；
2. 能够根据运输方式的特点选择合适的运输方式；
3. 能够根据运输合理化要求，制定合理的运输方案，避免不合理运输；
4. 能够根据运输岗位职责要求，制订合理的职业规划。

任务一　运输的认知

任务描述 ✛➤

海南，山清水秀，自然风光秀美，自古以来寓意天之边缘，海之尽头。11月中旬，当北方已是冰天雪地之时，海南三亚却依然艳阳高照。海南的气候可以使农作物"稻可三熟，菜满四季"。今天，无论在什么季节，在黑龙江的哈尔滨，新疆的乌鲁木齐都可以吃到海南的新鲜蔬菜。

问题1：你所理解的运输是什么？

问题2：运输在我们日常生活和经济发展中起到什么作用？

任务分析 ◆➤

运输是物流一个必不可少的基本功能，是物流过程中最主要的增值活动。运输过程是生产过程的前导和后续，是沟通产销部门的重要桥梁。

运输包含从生产地到消费地的运输，也包含消费地向消费者配送时的运输，包括供应商及销售物流中的车、船、飞机等方式的运输，生产物流中的管道、传送带等方式的运输。

相关知识 ◆➤

一、运输的概念

运输是指以运输工具为载体，实现货物或旅客空间位移的活动。与传统运输不一样，本书所讲的运输是专指物流系统中的运输。物流运输指通过运输手段使货物在物流节点之间流动，以改变物的空间位置为目的的活动。在物流系统中，运输是其最重要的环节之一，它承担物流改变空间状态的主要任务。只有与包装、装卸搬运、储存保管、流通加工、配送和信息处理等功能有机结合，运输才能最终圆满完成改变物的空间状态、时间状态和形质状态，实现从供应地到接收地的流动转移任务。

运输包括生产领域的运输和流通领域的运输。生产领域的运输一般在企业内部进行，称为企业内部物流。企业内部物流包括原材料、在制品、半成品和成品的运输，是直接为产品生产服务的，也称为物料搬运。流通领域的运输是在大范围内，将货物从生产领域向消费领域转移，或从生产领域向物流网点，或物流网点向消费所在地移动的活动。流通领域的运输，运输空间范围较大，可以跨城市、跨区域、跨国界，一般为长途运输。而生产领域的运输仅限于一个部门内部，如车站内、港口内、仓库内或车间内，故称为"搬运"。而将小宗货物从物流网点到用户的短途、末端运输，称为"配送"。

二、运输的功能

运输具有两大功能：物品移动和货物暂存。

1. 物品移动

无论物品处于什么样的状态，是原材料、零部件、配件在制品还是成品，也不管是在制造过程中将被转移到哪个工序、哪个生产阶段，还是在流通过程中，运输都是必不可少的。运输的主要功能就是随着货物在价值链中的不断移动，随着运输时间的推移以及货物空间位置的转移，该货物的价值在不断得到提升。换言之，运输通过创造"空间效用"和"时间效用"来提高货物价值。

由于货物在位移中要占用产品的在途资金，货物位移所需的距离和时间越长，需要付出的在途资金就越多，因此尽量缩短货物运输时间。

2. 货物暂存

虽然物品的储存主要是通过仓储保管设施来完成的，然而运输也可以实现对物品的临时存储的功能。如果运输中物品需要储存，在短时间内又将再次运输，而卸货和装货及在仓库中的费用可能会超过存储在运输工具中的费用，这时将运输工具作为一个暂时存储场所将是更经济的方法。当运输的货物处在转移中，而原定的装运目的地被改变时，货物也需要临时储存。另外，在仓库空间有限的情况下，利用运输工具储存也不失为一个可行的办法。尽管利用运输工具作为货物的储存场所的费用可能很昂贵，但如果考虑装卸成本、储存功能的限制，那么从成本或完成任务的角度看，往往是合理的。

三、运输的实质及作用

1. 保值

货物运输有保值作用。也就是说，任何产品从生产出来到最终消费，都必须经过一段时间、一段距离，在这段时间和距离过程中，都要经过运输、保管、包装、装卸搬运等多环节、多次数的货物运输活动。在这个过程中，产品可能会淋雨受潮、水浸、生锈、破损、丢失等。货物运输的使命就是防止上述现象的发生，保证产品从生产者到消费者移动过程中的质量和数量，起到产品的保值作用，即保护产品的存在价值，使该产品在到达消费者时使用价值不变。

2. 节约

搞好运输，能够节约自然资源、人力资源和能源，同时也能够节约费用。比如，集装箱化运输，可以简化商品包装，节省大量包装用纸和木材；实现机械化装卸作业，仓库保管自动化，能节省大量作业人员，大幅度降低人员开支。重视货物运输可节约费用的事例比比皆是。被称为"中国货物运输管理觉醒第一人"的海尔企业集团，加强运输管理，建设了现代化的国际自动化货物运输中心，一年时间将库存占压资金和采购资金，从15亿元降低到7亿元，节省了8亿元开支。

3. 缩短距离

货物运输可以克服时间间隔、距离间隔和人的间隔，这自然也是货物运输的实质。现代化的货物运输在缩短距离方面的例证不胜枚举。如，在北京可以买到世界各国的新鲜水果,全国各地的水果也长年不断;邮政部门改善了货物运输,使运输信件大大缩短了时间距离,全国快递两天内就到;美国联邦快递,能做到隔天送达亚洲15个城市;日本的配送中心可以做到,上午10点前订货,当天送到。这种运输速度,把人们之间的地理距离和时间距离一下子拉得很近。随着货物运输现代化的不断推进,国际运输能力大大加强,极大地促进了国际贸易,使人们逐渐感到这个地球变小了,各大洲的距离更近了。

城市里的居民不知不觉地享受到货运进步的成果。南方产的香蕉全国各大城市一年四季都能买到;新疆的哈密瓜、宁夏的白兰瓜、东北大米、天津小站米等都不分季节地供应市场;中国的纺织品、玩具、日用品等近年来大量进入美国市场,则是国际运输业发达,国际运费降低的缘故。

4. 增强企业竞争力、提高服务水平

在新经济时代,企业之间的竞争越来越激烈。在同样的经济环境下,制造企业,比如家电生产企业,相互之间的竞争主要表现在价格、质量、功能、款式、售后服务的竞争上,可以讲,像彩电、空调、冰箱等这类家电产品在工业科技如此进步的今天,质量、功能、款式及售后服务,目前各企业的水平已经没有太大的差别,唯一可比的地方往往是价格。近几年全国各大城市此起彼伏的家电价格大战,足以说明这一点。那么支撑降价的因素是什么?如果说为了占领市场份额,一次、两次地亏本降价,待市场夺回来后再把这块亏损补回来也未尝不可。然而,如果降价亏本后仍不奏效又该如何呢?不言而喻,企业可能就会一败涂地。在物资短缺年代,企业可以靠扩大产量、降低制造成本去攫取第一利润。在物资丰富的年代,企业又可以通过扩大销售攫取第二利润。可是在21世纪和新经济社会,第一利润源和第二利润源已基本到了一定极限,目前剩下的一块"未开垦的处女地"就是运输。降价是近几年家电行业企业之间主要的竞争手段,降价竞争的后盾是企业总成本的降低,即功能、质量、款式和售后服务以外的成本降价,也就是我们所说的降低运输成本。

国外的制造企业很早就认识到了货运是企业竞争力的法宝,搞好运输可以实现零库存、零距离和零流动资金占用,是提高为用户服务,构筑企业供应链,增加企业核心竞争力的重要途径。在经济全球化、信息全球化和资本全球化的21世纪,企业只有建立现代货物运输结构,才能在激烈的竞争中,求得生存和发展。

5. 加快商品流通、促进经济发展

在谈这个问题时,我们用配送中心的例子来讲最有说服力。可以说,配送中心的设立为连锁商业提供了广阔的发展空间。利用计算机网络,将超市、配送中心和供货商、生产企业连接,能够以配送中心为枢纽形成一个商业、运输业和生产企业的有效组合。有了计算机迅速及时的信息传递和分析,通过配送中心的高效率作业、及时配送，并将信息反馈给供货商和生产企业，可以形成一个高效率、高能量的商品流通网络，为企业管理决策提供重要依据，同时，还能够大大加快商品流通的速度，降低商品的零售价格，提高消费者的购买欲望，从而促进国民经济的发展。

6. 保护环境

环境问题是当今时代的主题，保护环境、治理污染和公害是世界各国的共同目标。有人会问，环保与货物运输有什么关系？这里不妨介绍一下。

你走在马路上，有时会看到马路一层黄土，这是施工运土的卡车夜里从车上漏撒的，碰上拉水泥的卡车经过，你会更麻烦；马路上堵车越来越厉害，你连骑自行车都通不过去，废气使你不敢张嘴呼吸；深夜的运货大卡车不断地轰鸣，疲劳的你翻来覆去睡不着……所有这一切问题都与货物运输落后有关。卡车撒黄土是装卸不当，车厢有缝；卡车水泥灰飞扬是水泥包装苫盖问题；马路堵车属流通设施建设不足。这些如果从货物运输的角度去考虑，都会迎刃而解。

比如，我们在城市外围多设几个货物运输中心、流通中心，大型货车不管白天还是晚上就都不用进城了，只利用二吨小货车配送，夜晚的噪声就会减轻；政府重视货物运输，大力建设城市道路、车站、码头，城市的交通阻塞状况就会缓解，空气质量自然也会改善。

7. 创造社会效益和附加价值

实现装卸搬运作业机械化、自动化，不仅能提高劳动生产率，而且也能解放生产力。把工人从繁重的体力劳动中解脱出来，这本身就是对人的尊重，是创造社会效益。

比如，日本多年前开始的"宅急便""宅配便"，国内近年来开展的"宅急送"，都是为消费者服务的新行业，它们的出现使居民生活更舒适、更方便。当你去滑雪时，那些沉重的滑雪用具，不必你自己扛、自己搬、自己运，只要给"宅急便"打个电话就有人来取，人还没到滑雪场，你的滑雪板等用具已经先到了。

再如，超市购物时，那里不单单是商品便宜、安全，环境好，而且为你提供手推车，你可以省很多力气，轻松购物。手推车是搬运工具，这一个小小的服务，就能给消费者带来诸多方便，也创造了社会效益。

从以上的例子我们能够看到，运输创造社会效益。随着运输的发展，城市居民生活环境，人民的生活质量可以得到改善和提高，人的尊严也会得到更多体现。关于运输创造附加值，主要表现在流通加工方面，比如，把钢卷剪切成钢板、把原木加工成板材、把粮食加工成食品、把水果加工成罐头，名烟、名酒、名著、名画都会通过流通中的加工，使装帧更加精美，从而大大提高了商品的欣赏性和附加价值。

四、运输的特点

1. 运输具有生产的本质属性——产品是货物或人的空间位移

运输是借助运输者的劳动和运输工具设备与燃料的消耗的结合来实现的，是在不改变劳动对象原有属性或形态的要求下，实现劳动对象的空间位移。

2. 运输服务的公共性——社会共同需求

（1）保证为社会物质在生产和流通过程中提供运输服务。

（2）保证为人们在生产和生活过程中的出行需要提供运输服务。

3. 运输产品是无形产品——服务需求

运输生产是为社会提供效用而不生产实物形态的产品，属于服务性生产。其产品可称为无形产品，具体表现为货物或人在空间位置上的变化，而本身没有产生实质性的变化。

4. 运输生产和运输消费同时进行——生产的同时即时消费

运输产品的生产过程与消费过程是不可分割的，在时间和空间上是结合在一起的。如果运输需求不足，则运输供给就应该相应减少，否则就会造成浪费。

5. 运输产品具有非储存性——不能被储存用来满足其他时间和空间发生的运输需求

运输产品不可能被储存用来满足其他时间和空间发生的运输需求。运输业没有产品过剩问题，只存在运输能力不足或过剩的问题。因此运输产品既不能储存也不能调拨，只能在运输能力上做一些储备。

6. 运输产品的同一性——运输对象的位移

各种运输方式生产同一产品，即运输对象的位移。因此各种运输方式之间可以相互补充、协调与替代，形成一个有效的综合运输体系。

五、运输与各物流环节的关系

1. 运输与装卸搬运的关系

装卸是运输的影子，有运输活动的发生，就必然伴随有装卸活动。一般来说，发生一次运输活动，往往伴随两次装卸活动，即运输前的装货作业和运输后的卸货作业。装卸是最终完成运输任务的补充手段，装卸作业的质量的好坏，对运输产生巨大的影响。除此之外，装卸又是各种运输方式的衔接环节，当一种运输方式与另一种运输方式进行变更时，如铁路运输变为公路运输，水路运输变为铁路运输等，都必须依靠装卸作为运输方式转换的必要衔接手段。

2. 运输与包装的关系

货物包装的材料、规格、方法等都会对运输产生一定的影响。对于一定规格化的货物，在运输工具中如何码放，也直接影响运输的效率。因此，为了提高运输工具的装载率，运输工具与包装标准的系列化是非常必要的。

散装是现代物流中备受推崇的技术，它也被称为无包装技术。所谓散装是对如小麦、水泥等这些颗粒状或粉末状的物资，在不进行包装的前提下，运用专门的散装设备来实现物资的运输。实际上，这种散装设备是一种扩大了的包装容器。

3. 运输与仓储的关系

储存对运输可以起到缓解和衔接作用。当待运物资较多时，运输不能及时运送，需要暂时储存；从运输作业程序上来看，适时需要把零散的货物集存起来，达到一定数量后再组织配装运输；在干线运输与支线运输、不同运输方式转换时，往往也需要储存起到衔接的作用。

物资储存的目的是实现物在时间上的转移，而最终还是要通过空间位置的转移，供应生产或消费，这就需要运输。

4. 运输与配送的关系

在企业的物流活动中，将货物大批量、长距离地从生产工厂直接送达客户或配送中心称为运输（或输送）；货物从配送中心就近送往该地区内的客户手中称为配送。前者每次向一地单独运送，而后者一次可向多处运送。两者功能相近，有时统称为运输配送。在实际过程中并不严格地区分它们，配送就是送货，运输就是送货的手段。

六、目前我国运输业现状

我国运输业已取得较大的进步，但与一些发达国家相比，整体成本高、效率低。

1. 物流运输成本高

运输成本在物流总成本中占较大的比例。即便是在欧洲发达国家，运输成本一般也要占到物流总成本的三分之一以上。而我国的物流运输成本更是一直居高不下。根据中国物流与采购联合会对 2004 年全国物流运行情况的统计核算，2004 年，全国社会物流总费用为 29114 亿元，物流总费用相当于 GDP 的 21.3%，比发达国家的平均水平高出 1 倍，其中运输费用为 16558 亿元，占社会物流总费用的 56.9%。目前，我国很多的商业企业要比美国的商业企业多花费高达 40%~50% 的成本用于物流运输。2007年，意大利调查机构"亚洲观察家"组织开展的一项调查显示，中国是世界物流运输成本最高的国家之一，每年用在物流运输上的资金高达 2000 亿美元，是美国的两倍。

2. 物流运输时间长，资金周转率低

据统计，近年来我国制造企业用在物流上的时间约占 90%。而生产只占 10% 左右。运输时间较长导致我国流动资金周转率较低，我国流动资金周转率分布从国有工业企业的 1.2 到国有商业企业的 2.3 不等，美国平均为 15~20，一些大型跨国企业可以实现 30。

3. 物流运输企业运作水平不高

目前我国的大多数物流运输企业都是由传统的仓储、运输企业转型而来，在管理水平、技术力量及服务范围上还没有质的提高，此外，从整体上看，我国的物流企业普遍存在着经营规模小，市场份额少，服务功能单一、运作经验不足、信息化程度低、高素质人才缺乏等现象，企业的整体运作水平较低，缺乏先进的管理理念和模式。

检测与实训

一、复习思考题

1. 运输的起源及各种运输方式的发展。

2. 简述物流运输的特点。

3. 简述运输与各物流环节的关系。

4. 目前我国运输业发展现状如何，较之发达国家存在怎样的差距。

二、技能训练

1. 实训项目

市场调研：

（1）学生以组为单位对物流运输市场进行调研，了解物流运输市场供求情况、运输价格等，形成调研报告。

（2）通过网络了解我国西煤东运、北煤南运的主要运输方式、运输路线及运力等情况。

2. 训练要求

（1）将班级分成若干组，每组 4～6 人，由各小组组长进行成员分工，通过深入企业进行调研，通过网络或书刊查阅相关资料。

（2）要求小组成员均参与其中，分工明确，各负其责，各人要有完整的工作记录。

（3）各小组将收集的资料形成调研报告，按时交给指导教师审核。

任务二　物流运输方式的认知

任务描述

上海家化高度重视市场营销，通过大胆尝试和反复探索，成功地建立了一套以市场调研为基础、以战略规划为龙头、以品牌管理为核心、以营销传播和渠道建设为支撑的与国际潮流同步的现代市场营销体系。专卖店和专柜并存的售点模式，自营和加盟并行的管理体系，已覆盖到全国省、市、县各级发展城市中近千个零售终端。现收到来自北京市、广州市、武汉市、济南市、大连市等及周边县级市昆山、吴江等订单。

问题：就以上任务分析，可采用哪些运输方式进行运输？并说明采用哪一种运输方式最为合理。

任务分析 ✦▸

回顾五种运输方式的技术特点，结合五种运输方式的特性和适用范围，进行分析对比。

相关知识 ✦▸

一、基本运输方式

运输的工具主要是车、船、飞机、管道等，相应的运输的方式也有铁路、公路、航空、水路和管道运输五种。

（一）铁路运输

铁路运输是我国国民经济的大动脉，是我国货物运输的主要方式之一。

1. 铁路运输的技术经济特征

从技术性能上看，铁路运输具有以下特点：

（1）运行速度快。

（2）运输能力大。

（3）受自然条件影响小。

（4）通用性能好。

（5）到发时间准确。

（6）安全程度高。

（7）平均运距较长。

从经济指标上看，铁路运输的特点有：

（1）铁路运输成本较低。

（2）能耗较低。

（3）投资高。

（4）建设周期长。

2. 铁路运输的适宜对象

铁路运输的技术经济特点决定了铁路适于在内陆地区运送中、长距离、大运量的货物，也适宜运输时间性强、可靠性要求高的一般货物和特种货物。组织整车整列运输经济效果尤其明显。由于铁路运输是靠铁路线来进行的，因此对于铁路网不发达的地区，其运输受到一定程度限制。

（二）水路运输

1. 水路运输的技术经济特征

从技术性能上看，水路运输具有以下特点：

（1）运输能力大。在五种基本运输方式中，水路运输能力最大。

（2）水路运输通用性能较好。

（3）受自然条件影响较大。

（4）运送速度慢。

从经济指标上看，水陆运输特点有：

（1）水运建设投资省。

（2）运输成本低。

（3）劳动生产率高。

（4）平均运距长。

（5）促进国际贸易发展。

2. 水路运输的适宜对象

水路运输综合优势较为突出，适宜于运距长、运量大、时间性不太强的各种大宗物资运输，尤其适宜国际间的货物运输。

（三）公路运输

1. 公路运输的技术经济特征

（1）机动灵活，实现门到门运输。

（2）投资少。

（3）运输能力小。

（4）运输能耗很高。

（5）运输成本高。

（6）劳动生产率低。

2. 公路运输的适宜对象

公路运输比较适宜在短途内运输整车及零担货物；适宜进行配送运输及鲜活易腐

货物运输；适宜与铁路、水路、航空联运，为铁路、港口集疏运物资；可以深入山区及偏僻的农村进行货物运输，以及在远离铁路的区域从事干线运输。

（四）航空运输

1. 航空运输的技术经济特征

（1）运行速度快。

（2）机动性能好。

（3）航空运输安全性高。

（4）运输成本高。

2. 航空运输的适宜对象

由于航空运输的承载量小，运输成本高，因此在各种运输方式中物流量所占比例较小。较适宜运输长距离、体积小、价值高的物资，适宜运输鲜活产品及邮件等货物。

（五）管道运输

1. 管道运输的技术经济特征

管道运输有以下特点：

（1）运输量大。

（2）运输工程量小，占地少。

（3）能耗低。

（4）货损货差少。

（5）不受气候影响。

（6）专用性强。

2. 管道运输的适宜对象

适宜运送气体、液体、固体浆料的运输等。

二、运输合理化

（一）运输合理化的概念及作用

1. 概念

运输合理化是指从物流系统的总体目标出发，按照货物流通规律，运用系统理论和系统工程原理和方法，合理利用各种运输方式，选择合理的运输路线和运输工具，以最短的路径、最少的环节、最快的速度和最少的劳动消耗，组织好货物的运输与配送，以获取最大的经济效益。

2. 运输合理化五要素

影响物流运输合理化的因素很多，起决定作用的有五个方面，称作合理运输的"五要素"。

（1）运输距离。运输过程中，运输时间、运输运费等若干技术经济指标都与运输距离有一定的关系，运距长短是运输是否合理的一个最基本的因素。

（2）运输环节。每增加一个运输环节，势必要增加运输的附属活动，如装卸、包装等，各项技术经济指标也会因此发生变化，因此减少运输环节有一定的促进作用。

（3）运输工具。各种运输工具都有其优势领域，对运输工具进行优化选择最大限度的发挥运输工具的特点和作用，是运输合理化的重要的一环。

（4）运输时间。在全部物流时间中运输时间占绝大部分，尤其是远途运输，因此，运输时间的缩短对整个流通时间的缩短起着决定性的作用。此外，运输时间缩短，还需要加速运输工具的周转，充分发挥运力效能，提高运输线路通过能力，不同程度地改善不合理因素。

（5）运输费用

运费在全部物流费用中占很大的比例，运费高低在很大程度上决定整个物流系统的竞争能力。实际上，运费的相对高低，无论对货主还是对物流企业都是运输合理化的一个重要的标志。运费的高低也是各种合理化措施是否行之有效的最终判断依据之一。

3. 作用

（1）合理组织货物运输，有利于加速社会再生产的进程，促进国民经济持续、稳定、协调地发展。按照市场经济的基本要求，组织货物的合理运输，可以使物质产品迅速地从生产地向消费地转移，加速资金的周转，促进社会再生产过程的顺利进行，保持国民经济稳定、健康地发展。

（2）货物的合理运输，能节约运输费用，降低物流成本。运输费用是构成物流费用（成本）的主要部分。物流过程的合理运输，就是通过运输方式、运输工具和运输路线的选择，进行运输方案的优化，实现运输合理化。运输合理化必然会达到缩短运输里程，提高运输工具的运用效率，从而达到节约运输费用、降低物流成本的目的。

（3）合理的运输，缩短了运输时间，加快了物流速度。运输时间的长短决定着物流速度的快慢。所以，货物运输时间是决定物流速度的重要因素。合理组织运输活动，可使被运输的货物在途时间尽可能缩短，实现到货及时的目的，因而可以降低库存商品的数量，实现加快物流速度的目标。因此，从宏观角度讲，物流速度加快，减少了商品的库存量，节约了资金占用，相应地提高了社会物质产品的使用效率，同时也利于促进社会化再生产过程。

（4）运输合理化，可以节约运力，缓解运力紧张的状况，还能节约能源。运输合理化克服了许多不合理的运输现象，从而节约了运力，提高了货物的通过能力，起到合理利用运输能力的作用。同时，由于货物运输的合理性，降低了运输中的能源消耗，提高能源利用率。这些对于缓解我国目前运输和能源紧张情况具有重要作用。

（二）不合理运输的形式

不合理运输是在现有条件下可以达到的运输水平而未达到，从而造成了运力浪费、运输时间增加、运费超支等问题的运输形式。目前我国存在主要不合理运输形式有：

1. 返程或起程空驶

空车无货载行驶，可以说是不合理运输的最严重形式。在实际运输组织中，有时候必须调运空车，从管理上不能将其看成不合理运输。但是，因调运不当。货源计划不周，不采用运输社会化而形成的空驶，是不合理运输的表现。造成空驶的不合理运输主要有以下几种原因：

（1）能利用社会化的运输体系而不利用，却依靠自备车送货提货，这往往出现单程重车，单程空驶的不合理运输。

（2）由于工作失误或计划不周，造成货源不实，车辆空去空回，形成双程空驶。

（3）由于车辆过分专用，无法搭运回程货，只能单程实车，单程回空周转。

2. 对流运输

亦称"相向运输"、"交错运输"，指同一种货物，或彼此间可以互相代用而又不影响管理、技术及效益的货物，在同一线路上或平行线路上作相对方向的运送，而与对方运程的全部或一部分发生重叠交错的运输称对流运输。已经制定了合理流向图的产品，一般必须按合理流向的方向运输，如果与合理流向图指定的方向相反，也属对流运输。

在判断对流运输时需注意的是，有的对流运输是不很明显的隐蔽对流，例如不同时间的相向运输，从发生运输的那个时间看，并无出现对流，可能做出错误的判断，所以要注意隐蔽的对流运输。

3. 迂回运输

是舍近取远的一种运输。可以选取短距离进行运输而不办，却选择路程较长路线进行运输的一种不合理形式。迂回运输有一定复杂性，不能简单处之，只有当计划不周、地理不熟、组织不当而发生的迂回，才属于不合理运输，如果最短距离有交通阻塞、道路情况不好或有对噪声、排气等特殊限制而不能使用时发生的迂回，不能称为不合理运输。

4. 重复运输

本来可以直接将货物运到目的地，但是在未达目的地之处，或目的地之外的其他场所将货卸下，再重复装运送达目的地，这是重复运输的一种形式。另一种形式是，同品种货物在同一地点一边运进，同时又向外运出。重复运输的最大毛病是增加了非必要的中间环节，这就延缓了流通速度，增加了费用，增大了货损。

5. 倒流运输

是指货物从销地或中转地向产地或起运地回流的一种运输现象。其不合理程度要甚于对流运输，其原因在于，往返两程的运输都是不必要的，形成了双程的浪费。倒流运输也可以看成是隐蔽对流的一种特殊形式。

6. 过远运输

是指调运物资舍近求远，近处有资源不调而从远处调，这就造成可采取近程运输而未采取，拉长了货物运距的浪费现象。过远运输占用运力时间长、运输工具周转慢、物资占压资金时间长，远距离自然条件相差大。又易出现货损，增加了费用支出。

7. 无效运输

无效运输是指被运输的货物杂质过多，如原木使用时出现的边角料、煤炭中的煤矸石等，使运输能力浪费于无用物资。如我国原木远距离调运，大约30%都属于无效运输。

8. 运输方式选择不当

未选择各种运输工具优势而不正确地利用运输工具造成的不合理现象，常见的有以下若干形式：

（1）弃水走陆。在同时可以利用水运及陆运时，不利用成本较低的水运或水陆联运，而选择成本较高的铁路运输或汽车运输，使水运优势不能发挥。

（2）铁路、大型船舶的过近运输。不是铁路及大型船舶的经济运行里程却利用这些运力进行运输的不合理做法。主要不合理之处在于火车及大型船舶起运及到达目的地的准备、装卸时间长，且机动灵活性不足，在过近距离中利用，发挥不了运速快的优势。相反，由于装卸时间长，反而会延长运输时间。另外，和小型运输设备比较，火车及大型船舶装卸难度大、费用也较高。

（3）运输工具承载能力选择不当。不根据承运货物数量及重量选择，而盲目决定运输工具，造成过分超载、损坏车辆及货物不满载、浪费运力的现象。尤其是"大马拉小车"现象发生较多。由于装货量小，单位货物运输成本必然增加。

9. 托运方式选择不当

对于货主而言，在可以选择最好托运方式时而未选择，造成运力浪费及费用支出加大的一种不合理运输。

例如，应选择整车未选择，反而采取零担托运，应当直达而选择了中转运输，应当中转运输而选择了直达运输等都属于这一类型的不合理运输。

上述的各种不合理运输形式都是在特定条件下表现出来，在进行判断时必须注意其不合理的前提条件，否则就容易出现判断的失误。例如，如果同一种产品，商标不同，价格不同，所发生的对流，不能绝对看成不合理，因为其中存在着市场机制引导的竞争，优胜劣汰，如果强调因为表面的对流而不允许运输，就会起到保护落后、阻碍竞争甚至助长地区封锁的作用。以上对不合理运输的描述，就形式本身而言，主要从微观观察得出的结论。在实践中，必须将其放在物流系统中做综合判断，在不做系统分析和综合判断时，很可能出现"效益背反"现象。单从一种情况来看，避免了不合理，做到了合理，但它的合理却使其他部分出现不合理。只有从系统角度，综合进行判断才能有效避免"效益背反"现象，从而优化全系统。

（三）运输合理化的有效措施

（1）提高运输工具实载率；

（2）财务上减少动力投入，增加运输能力的有效措施，达到合理化；

（3）发展社会化的运输体系；

（4）开展中短距离铁路公路分流"以公代铁"的运输；

（5）尽量发展直达运输；

（6）配载运输；

（7）"四就"直拨运输；

（8）发展特殊运输技术和运输工具；

（9）通过流通加工，使运输合理化。

检测与实训

一、复习思考题

1. 按运输工具的不同，运输方式分为哪些种类？并简述各种运输种类的特点。

2. 结合实际说明促进物流运输合理化的手段。

3. 简述不合理化运输方式。

二、技能训练

1. 实训项目

不合理运输会带来运输时间的增加、运力的浪费、运输成本的增加。那么在以下的案例当中所采用的运输是否合理呢？原因是什么？

（1）小王从温州购买了100箱鞋子，准备运往乌鲁木齐销售。他雇了一辆15t的载货汽车运输。

（2）小李要从南昌运50头生猪到南京，选择公路运输方式，走南昌—鹰潭—杭州—南京线路。

（3）从浙江长兴运到上海的建筑材料都采用内河运输，走长兴—湖州—上海航线。

2. 训练要求

（1）认真分析，查看地图及相关资料。

（2）积极讨论，作出正确判断。

任务三　企业运输岗位的认知

任务描述 ✦

今天是小王第一天到企业运输部门上班，他不知道企业运输部门岗位设有哪些，也不了解每一个岗位具体职责。为了能更快地进入工作角色，适应本部门的工作，小王决定先了解运输部门的各岗位及职责。

问题：一般企业运输岗位主要有哪些，以及主要职责？

任务分析 ✦

通过各种方式帮助小王调研企业运输岗位及主要职责，如电话咨询、深入企业等。了解一般企业运输岗位主要有哪些以及主要职责。

相关知识 ✦

一、运输配送经理工作明细表

工作大项	工作细化	目标与成果
配送作业计划管理	1. 根据客户发来的订单或托运单，运用物流信息系统科学地估算进货作业量，据此制订运输配送作业计划，上报审批	按时制订运输配送作业计划
	2. 根据运输配送计划，合理安排相应的运输力量进行进货、送货作业	运输配送作业计划完成率为100%

工作大项	工作细化	目标与成果
进货管理	1. 组织人员从供货方或发货方手中取得所需运输的货物，进行货物的检验、结算，将货物从供货方或发货方手中运送到本公司指定的仓库	货物检验、结算手续齐备
	2. 协助仓储部进行获得交接、验收、入库工作	入库交接时货物完好率为100%
理货、包装、配货	1. 根据发货单和客户的要求，组织人员出库验货	出库货物合格率达100%
	2. 根据货物的特性和运输要求，选择合适的运输包装，组织人员做好货物运输包装工作	包装费用控制在预定范围内
	3. 采用科学合理的分拣方法，按照交货地点、商品性态、货物特点进行配载，把同一送货路线上的不同客户的货物组配同一货车上	货物配载出错率为0
送货管理	1. 根据公司所在的地理位置，选择、决策最佳的运输配送路线	运输配送及时率达100%
	2. 按照运输配送产品的性质，选择合理的配送方式，有效搭配每条运输配送路线运送的货物	运输配送成本控制在预算范围内
	3. 每日组织相关人员对货物到达情况进行确认，随时掌握货物在途情况，以便及时解决突发事件	突发事件及时解决率达到____%
货物运输管理	1. 负责公司所有车辆的组织、调度和日常管理，严格控制运输费用	车辆调度合理，运输费用控制在预算范围内
	2. 调查并掌握竞争对手到达各地区的运输价格，参与本公司运费价格及运补价格的制定工作	运费价格、物流服务价格有利于实现利润目标
	3. 根据客户的要求和货物的性质，合理选择承运商	货物按合同规定时间安全送达
运输部门关系维护	负责协调公司与铁路部门、航空公司、船运机构的合作关系，保障公司各种运输路线的通畅	相关部门合作满意度评分达到____分
部门人员管理	负责组织本部门员工的招聘、调配、培训及考核工作，不断提高本部门员工的基本素质及业务能力	部门员工考核平均得分达到____分

二、调度主管工作明细表

工作大项	工作细化	目标与成果
运输配送货物	1. 根据客户订单或托运单制订合理的货物调度计划，并根据计划进行货物调度，做好到达货物的按时配送及返程货物的及时提取工作	因调度失误造成货物延迟送达、未按时提取的次数每季度不超过__次
	2. 若接到客户提货电话，应在最短的时间内通知就近驾驶员前去提货	
	3. 协助相关人员做好铁路运输货物的短倒、上站和装车工作，以及协助做好海运货物的装箱或发货安排工作	
自有车辆调度	1. 根据业务员上报当天返程货物数量及当天到达货物数量，合理制订出车计划，准确快速地调度公司自有车辆	车辆调配合理、有效，配送任务按时完成率达__%
	2. 合理安排车辆的出勤，制订车辆的检修保养计划，保证出车安全	车辆保养按计划完成率达100%
	3. 若驾驶员在运输途中反映车辆出现异常状况，应及时确认产生异常的原因及程度，本着节约的原则，确定维修地点及维修方式	车辆在途异常维修费用控制在预算范围内
运输配送单据管理	1. 定期或不定期检查驾驶员填写车辆行程、费用统计表的规范程度，并于月底进行月度审核	车辆行程、费用统计表抽检合格率达__%以上
	2. 负责车辆的过桥过路费、油耗等费用的审核，做好短途运费及相关费用的控制	相关费用控制在预算范围内
	3. 做好与外挂司机就发货清单、货物托运单等相关手续的交接工作，并做好相关单据的保管	配送单据齐全、填写符合规范
驾驶员管理	1. 严格执行本公司的自有车辆管理制度，负责对驾驶员的提货、开票等业务知识进行培训和考核	驾驶员业务知识培训计划完成率达100%
	2. 每天跟踪驾驶员当天运费收取情况，发现异常及时查找原因，并上报部门经理	运费收取差错率为0
	3. 若发现驾驶员在运输途中有怠工、拖延、公车私用的现象，应立即采取措施并追查责任	不合理现象发生次数每季度不超过__次

三、货运主管工作明细表

工作大项	工作细化	目标与成果
运输路线规划	1. 根据公司物流合同的要求和货物的特点，积极设计最佳送货路线及运输方式，报领导审批后，组织执行	配送效率达成率达100%
	2. 重要合同需要反复设计多套运输路线，会同有关部门和人员进行综合评选，选择合适的运输路线，报领导审批后，组织执行	配送效率达成率达100%
运输商选择	根据物流服务合同及货物的性质，评价公司有无能力独自承担运输，如无力承担全部运输责任，广泛寻找运输商，选择合适的运输商报领导审批后，签运输合同，并监督、检查执行情况	确保货物准时运抵客户指定地点
突发问题处理	1. 及时受理运输过程中的突发事件报告，积极制定问题解决措施	突发事件及时解决率达到__%
	2. 对于重大丢失、损毁等事故，应亲临现场，根据情况制定解决办法，报领导审批后，组织解决，及时总结问题产生的原因	重大事故及时解决率达100%
	3. 评价送货员的工作质量、任务及时完成率和费用情况	评价及时、公正
货物交接手续办理	1. 货物运输前，协同仓储部相关人员办理货物出库手续，并签字确认	货物出库手续齐全
	2. 货物运抵目的地时，办理货物交接验收手续，并及时提交有关人员，向客户催款	货物交接验收手续齐全

四、调度员工作明细表

工作大项	工作细化	目标与成果
下达派车单	根据调度计划开具派车单，并按单上的要求详细填好时限、客户名称、地点、路线、数量、价格、目的地等的内容，及时下达给驾驶员及其他相关人员	派车单填写符合规范，及时下达率达100%
车辆在途跟踪	1. 熟悉每位驾驶员的出车路线，跟踪车辆的在途状态，及时通知驾驶员就近提取客户托运的货物	客户货物提取及时通知率达100%
	2. 若货车在规定时限内未返回公司，应及时进行电话追踪，发生异常状况时，立即通知相关人员协助处理	在途车辆异常反馈及时率达__%
配送单据管理	督促驾驶员如实、准确地填写车辆行程费用统计表，月底汇总后交调度主管进行审核	车辆行程、费用统计表抽检合格率达__%以上
	整理、保管配送单据，如发货清单、货物托运单、过桥过路费及油耗交易凭证	配送单据齐全、归档及时率达100%

检测与实训

一、复习思考题

1. 物流运输企业或企业物流运输部门一般设置的岗位有哪些？

2. 简述每个运输岗位的岗位职责。

二、技能训练

1. 实训项目

市场调研：

学生以组为单位对物流运输企业进行调研，了解物流运输企业主要工作岗位、岗位职责、工作环境以及工资收入等，形成调研报告。

2. 训练要求

（1）将班级分成若干组，每组4~6人，由各小组组长进行成员分工，通过深入企业进行调研。

（2）要求小组成员均参与其中，分工明确，各负其责，各人要有完整的工作记录。

（3）各小组将收集的资料形成调研报告，按时交给指导教师审核。

项目二 物流运输合同管理

1. 了解物流运输合同及合同订立过程；
2. 掌握物流运输合同的格式与内容；
3. 掌握运输合同中的纠纷案件处理方法以及处理程序。

1. 能够根据运输合同的基本格式拟定货物运输合同；
2. 能够根据合同处理方法合理处理运输过程中出现的纠纷。

任务一 运输合同的订立

天津康师傅控股有限公司向上海华联集团出售康师傅方便面 2500 箱、饮品 2000 箱、糕饼 1800 箱，由大鸿天津物流有限公司承运，代表承托双方订立运输合同。

要求：拟定一份正式的运输合同。

拟定运输合同，首先要了解运输合同中包含的内容，以及在拟定运输合同中的注意事项。

— 21 —

相关知识 ◆▶

一、物流运输合同概述

（一）合同的概念

合同是平等主体的自然人、法人、其他组织之间设立、变更、终止民事权利义务关系的协议。合同也称为契约，是商品交换的法律形式。合同具有以下法律特征：

（1）合同是双方或多方当事人的法律行为。

（2）合同关系中当事人的法律地位是平等的。

（3）合同是当事人的合法行为。

（二）运输合同的概念及分类

1. 运输合同的概念

运输合同是旅客委托承运人将旅客自己或者货物从起运地运输送到约定地点。由旅客、托运人或者收货人支付票款或者运费的合同。

2. 运输合同的分类

运输合同以运输工具区分有"公路运输合同、铁路运输合同、航空运输合同、水上运输合同"四大类；

从运输对象划分为"旅客运输合同、货物运输合同"两大类；

从运输方式上可分为"单一运输合同、联合运输合同"两种；

从是否有涉外因素分为"国内运输合同和涉外运输合同"两种。

3. 运输合同的特征

（1）运输合同是双务有偿合同。承运人应当在约定期间或者合理期间内将旅客、货物安全运输到约定地点。承运人应当按照约定的或者通常的运输路线将旅客、货物运输到约定地点。旅客、托运人或者收货人应当支付票款或者运输费用。承运人未按照约定路线或者通常路线运输增加票款或者运输费用的，旅客、托运人或者收货人可以拒绝支付增加部分的票款或者运输费用。

（2）运输合同原则上为诺成合同。客运合同自承运人向旅客交付客票时成立，但当事人另有约定或者另有交易习惯的除外。货运合同无特别规定合同成立时间，但依据《合同法》的一般原理可知货运合同亦为诺成合同。

（3）运输合同一般为附合合同。

（4）运输合同一般具有缔约强制性。从事公共运输的承运人不得拒绝旅客、托运人通常、合理的运输要求。

（5）运输合同的标的为运送行为。

二、货物运输合同

（一）货物运输合同的概念

货物运输合同也称货运合同，是指托运人将货物交给承运人，承运人按照约定事项将货物运送到目的地，托运人或收货人支付运费的运输协议。

托运人是指请求运送货物的一方。

承运人是指接运货物的运输组织或个人。

收货人是指接收货物的一方。

（二）货运合同的特征

（1）货运合同通常涉及第三人。

（2）货运合同以交付收货人为履行终点。

（三）货运合同的订立程序

在实际运输往来中，订立运输合同一般经过要约和承诺两个主要步骤。货物运输合同一般由托运人提出运输货物的要约，承运人同意运输的承诺而成立。《合同法》中规定：从事公共运输的承运人不得拒绝托运人通常、合理的运输要求。

1. 要约

要约是当事人一方向对方发出的希望与对方订立运输合同的意思表示。发出要约的一方称要约人，接收要约的一方称受要约人。

要约应具备的条件是：①要约明确表示以要约内容订立运输合同的意思或愿望；②要约的内容应具体、肯定，要涵盖合同的主要条款；③要约应送达受要约人；④要约应由特定的当事人做出。

要约生效后，对受要约人来说，只是取得承诺的资格，并没有承诺的义务，受要约人不为承诺，只是使合同不能成立，此外不负任何责任。而对受要约人来说，要约人在要约的有效期内不得随意撤销或变更要约，并负有与对方订立运输合同的义务。若以特定物为合同标的时，不得以该特定物为标的同时向第三方发出相同的要约，或与第三方订立运输合同，否则承担法律责任。要约的这一效力，即是要约的约束力。

要约发出后，有下列情形之一的，要约失效，要约人不再受原要约的拘束：

（1）要约的撤回。撤回要约的通知应当在要约到达受要约人之前或者与要约同时到达受要约人。

（2）拒绝要约的通知到达要约人。受要约人以口头或书面的方式明确通知要约人不接受该要约。

（3）受要约人对要约的内容进行实质性变更。有关合同标的、数量、质量、价款或报酬、履行期限、履行地点和方式、违约责任和解决争议方法等的变更，是对要约内容的实质性变更。

（4）要约中规定有承诺期限的，承诺期限届满，受要约人未作出承诺。对口头要约，在极短的时间内不立即作出接受的意思表示，则表明要约的失效。

（5）要约的撤销。要约可以撤销，撤销要约的通知应当在受要约人发出承诺通知之前到达受要约人。但是，有下列情形之一的，要约不得撤销：①要约人确定了承诺期限或者以其他形式明示要约不可撤销；②受要约人有理由认为要约是不可撤销的，并已经为履行合同作了准备工作。

2. 承诺

承诺是指受要约人向要约人作出的对要约完全同意的意思表示，也可称为接收提议。承诺也是一种法律行为。

承诺应具备的条件包括：①承诺必须由受要约人作出；②承诺的内容与要约的内容应完全一致；③承诺应在要约的有效期内作出；④承诺应送达要约人。

承诺的效力是指承诺所引起的法律后果。其效力在于合同成立，订立合同的阶段结束。如果法律规定或当事人约定，合同必须经过鉴证、公证或主管部门批准登记的，则履行有关手续后，合同方能成立。

不发生法律效力的承诺：①承诺被撤回，承诺在生效前可撤回，但撤回的通知必须先于承诺或与承诺同时到达要约人；②承诺迟到，承诺在要约的有效期限届满后到达要约人时，成为承诺迟到，不发生效力。

三、货物运输合同的效力

（一）托运人的权利与义务

1. 托运人的主要权利

（1）请求承运人按照合同约定的地点和时间将货物运达目的地。

（2）在承运人交付货物给收货人之前，托运人可以要求承运人中止运输、返还货物、变更到达地或者将货物交给其他收货人。

2. 托运人的主要义务

（1）托运人应按合同的约定提供托运的货物。

（2）托运人应提交相关的文件。

（3）托运人应按照约定的方式包装货物。

（4）托运人应按照合同的约定及时交付运输费和有关费用。

（5）赔偿因变更、中止运输造成的承运人损失的义务。

（二）承运人的权利与义务

1. 承运人的主要权利

（1）承运人有权收取运输费用及其他有关费用。

（2）承运人有权要求托运人提供货物运输的必要情况。

（3）承运人有权留置运到目的地的货物。

（4）承运人有权处置无人认领的货物。

2. 承运人的主要义务

（1）按照合同约定的要求配发运输工具，接受托运人依约定托运的货物。

（2）按照合同约定的时间、地点将运输的货物安全地送达目的地。

（3）货物运达目的地后，应及时通知收货人。

（4）承运人对运输过程中货物的毁损、灭失承担损害赔偿责任。如果不是由自身原因造成的，还负有举证责任加以证明。

（三）收货人的权利和义务

收货人的主要权利就是提取货物。其主要义务如下：

（1）及时提货的义务。

（2）及时验收的义务。

（3）支付运费和保管费的义务。

（四）货物运输合同的变更和解除

《合同法》规定："在承运人将货物交付收货人之前，托运人可以要求承运人中止运输、返还货物、变更到达或者将货物交给其他收货人。"但是，如果因为单方变更或解除合同给承运人造成损失的，托运人或者提货凭证持有人"应当赔偿承运人因此受到的损失"，并且还要承担因变更或解除合同而产生的各种费用。

四、运输合同的内容

1. 按年度、半年度、季度或月份签订的货物运输合同，应写明下列主要条款

（1）托运人和收货人的名称或者姓名及住所。

（2）发货站与到货站的详细名称。

（3）货物的名称（运输标的名称）。

（4）货物的性质（是否属易碎、易燃、易爆物品……）。

（5）货物的重量。

（6）货物的数量（如车种、车数、件数……）。

（7）运输形式（零担、速递、联运……）。

（8）收货地点。

（9）违约责任。

（10）费用的承担。

（11）包装要求。

（12）合同纠纷解决方式。

（13）双方约定的其他事项等。

2. 以货的运单形式签订的合同应载明下列内容

（1）托运人、收货人的名称或姓名及其详细住所或地址。

（2）发货站、到货站及主管铁路局。

（3）货物的名称。

（4）货物的包装、标志、件数和数量。

（5）承运日期。

（6）运到期限。

（7）运输费用。

（8）货车的类型或车号。

（9）双方商定的其他事项。

合同范例1

货物运输合同

托运方：（应填写全称）_____

承运方：（应填写全称）_____

根据《中华人民共和国合同法》及相关法律法规的规定，本着诚实信用，互惠互利的原则，经过双方充分协商一致，订立本合同。

第一条 货物情况（如有其他约定内容可另设合同附件，标注见合同附件）

1.1 货物名称：（应填写全称）_____

1.2 货物规格：(应明确填写货物的具体规格)

1.3 货物数量：(应使用大、小写两种形式，并具体写明数量单位)

第二条 包装要求

2.1 托运方必须按照国家规定的标准对货物进行包装。

2.2 没有规定国家或行业包装标准的，应根据保证货物运输安全的原则进行包装，否则承运方有权拒绝承运。

第三条 货物运输时间、地点

3.1 货物起运地点：(不可简写，应写全称例如××省××市××区××街××号)

3.2 货物到达地点：(应写全称，不可简写)

3.3 货物起运日期：(应写明年、月、日)

3.4 货物运到日期：(应写明年、月、日)

第四条 运输费用

4.1 运输费总额为：(应以大、小写两种形式书写)

4.2 运输费的支付方式：(是分期付款还是一次付清)

4.3 运输费的支付时间：(写明年、月、日)

第五条 货物的装卸

5.1 货物装卸由_____方负责。

5.2 货物装卸的费用由_____方承担。

第六条 托运方的权利义务

6.1 托运方的权利

6.1.1 要求承运方按照合同约定的时间、地点，把货物运输到合同中约定的目的地。

6.1.2 货物托运后，托运方需要变更到货地点、收货人或者取消托运的，有权向承运方提出变更合同的内容或解除合同的要求，但必须在货物未运到目的地之前或起运之前通知承运方。

6.2 托运方的义务

6.2.1 按约定向承运方交付运费。

6.2.2 托运方对托运的货物，应按照约定的标准进行包装并按照合同中约定的时间和数量交付托运货物。

第七条 承运方的权利义务

7.1 承运方的权利

7.1.1 向托运方收取运费。

7.1.2 对于超过合同期限仍无法交付的货物，承运方有权予以提存。

7.2 承运方的义务

7.2.1 在合同约定的期限内将货物运到指定的地点。

7.2.2 按合同中约定的方式和时间运输并负责托运货物的安全。

第八条 违约责任

8.1 托运方的违约责任

8.1.1 未按合同约定的时间提供托运的货物，托运方应付给承运方违约金_____元。

8.1.2 未按合同约定进行包装，致使其他货物或运输工具、机械设备被污染、腐蚀、受损，托运方应承担污染、腐蚀、受损部分的赔偿责任。

8.1.3 未按合同约定支付运费，每逾期一日向承运方支付运费____‰的违约金。

8.1.4 其他违约责任：____（如无内容，在空格处画线）____

8.2 承运方的违约责任

8.2.1 未按合同约定的时间运输货物，向托运方支付违约金_____元。

8.2.2 未将货物运到合同中约定的地点，向托运方支付违约金_____元。

8.2.3 运输过程中货物灭失、短少、变质、污染、损坏，向托运方赔偿货物的实际损失。

8.2.4 在符合法律和合同约定的条件下运输，由于下列原因造成货物灭失、短少、变质、污染、损坏的，承运方不承担违约责任：

①不可抗力。

②货物本身的自然属性。

③货物的合理损耗。

④托运方或收货方本身的过错。

8.2.5 其他违约责任：____（如无内容，在空格处画线）____

第九条 不可抗力

9.1 不可抗力的范围：____（根据实际情况进行确定）____

9.2 因不可抗力的原因导致双方不能按约履行合同，合同双方均不承担违约责任。

第十条 争议的解决方式

本合同在履行过程中发生的争议，由双方协商解决。如果双方不能协商一致时，选择以下第（只需填写"一"或者"二"）种方式解决：

（一）向（具体写明仲裁委员会的确切名称，如：不能将"北京仲裁委员会"写为"北京市仲裁委员会"）仲裁委员会申请仲裁。

（二）向（根据有利于我方的原则，在托运方或承运方住所地、合同签订地、合同履行地的基层法院中选择其一）人民法院起诉。

第十一条 本合同签订的地点：_____（写明详细的地点）

第十二条 本合同自双方签字盖章之日起生效。

第十三条 本合同正本一式____份，双方各执____份。

第十四条 本合同未尽事宜双方另行协商。

以下无合同正文。

托运方（章）：	承运方（章）：
法定代表人：	法定代表人：
委托代理人：	委托代理人：
地址：	地址：
电话：	电话：
开户行：	开户行：
账号：	账号：
年 月 日	年 月 日

合同范例 2

零担货物运输合同

甲方（托运方）：

联系人：

联系人手机：

联系人电话（传真）：

乙方（承运方）：

联系人：

联系人手机：

联系人电话（传真）：

甲乙双方根据《合同法》及国家有关运输规定，本着平等、互利的原则。就甲方货物委托乙方承运有关事宜。经过友好、充分协商，特订立本合同，以便双方共同遵守执行。

一、甲方委托乙方承运货物基本情况：

货物名称	规格、型号	包装状况	数量	重量	体积	货物价值	备注

二、货物起运地点：

三、货物到达地点：

四、货物送达提货方式：送货上门收货人自提。

五、运输费用：

送达地	每立方价	每千克价	送达时限

六、运输杂费：

保管费：＿＿＿＿＿＿＿＿＿＿＿＿＿＿＿＿＿＿＿

接货费：＿＿＿＿＿＿＿＿＿＿　送货费：＿＿＿＿＿＿＿＿＿＿

叉车费：＿＿＿＿＿＿＿＿＿＿　包装费：＿＿＿＿＿＿＿＿＿＿

七、结算方式：

发货后付款（现付）、货到后付款（提付）。

凭签收回单付款（凭签收回单付款每天结算一次）。

八、甲方委托乙方代收的货款，乙方保证在收到货款后，一星期内交付给甲方发生的银行汇款手续费，由甲方承担。

九、甲方委托乙方运输的货物不得夹带、匿藏危险物品和禁运物品。因夹带、匿藏危险和禁运物品被查处，由甲方承担全部法律责任和经济责任。

十、甲方委托乙方运输的货物，包装必须符合安全运输要求，对包装不符合安全运输要求的货物，乙方有权拒绝承运。甲方有权要求乙方对不符合包装要求的货物重新包装，费用由甲方承担。

十一、乙方自接收甲方货物后，应在约定的时限内，将货物送达到甲方指定的送达地。乙方在运输过程中，因发生不可抗力的自然灾害和特殊情况（交通事故、道路封锁），乙方应及时通知甲方，双方协商处理。

十二、乙方承运甲方的货物在收货人签收前承担安全责任。货物灭失、短少、损坏、污染由乙方按货物出厂价向甲方赔偿。

十三、乙方承运的货物，外包完好无损，乙方不承担包装内货物的任何损失。收货人签收将货物提走后，乙方对甲方货物安全责任中止。

十四、乙方承运甲方的货物，在运输过程中因不可抗力的自然灾害，造成货物灭失、毁损，乙方不承担违约的责任，按成本价赔偿甲方损失。

十五、甲方每次发货应实提供下列资料，如因不相符、不真实所造成的一切损失，由甲方承担（货物名称、数量、立方数或重量数、收货人姓名、电话、详细地址）。

十六、其他约定。

十七、本合同有效期：2×××年××月××日起至2×××年××月××日止。

十八、本合同在履行过程中发生争议，双方友好协商解决。不能协商解决，任何一方均可向合同签约地人民法院提请诉讼。

十九、本合同一式两份，双方签字，盖章后生效。

甲方盖章：

乙方盖章：

甲方委托代理人：

乙方委托代理人：

签约地点：

签约时间：

检测与实训

一、复习思考题

1. 简述物流运输合同概念及分类。

2. 简述物流运输合同的特点。

3. 简述物流运输合同订立的程序。

二、技能训练

1. 实训项目

山东新华制药股份有限公司（位于山东省淄博市）将一批货物运往上海医药股份有限公司，打算采用铁路进行运输，在济南铁路局淄博铁路分局办理托运，请根据以下资料编制一份运输合同。资料：

（1）地址及联系方式

张三

地址：山东省淄博高新区鲁泰大道1号

电话：0533－2197×××

李四

地址：上海市河南中路324号

电话：021－23456×××

（2）货物的基本情况

卡拉霉素　20 千克/箱，100 盒/箱，700 箱，2.6 元/盒，保价 23 万元

头孢拉定胶囊　20 千克/箱，100 盒/箱，1250 箱，2.8 元/盒，保价 40 万元

利巴韦林注射液　40 千克/箱，100 盒/箱，1500 箱，3.2 元/盒，保价 55 万元

（3）运输要求

保证货物的质量，防止变质，其中利巴韦林注射液怕压；

承运人装货；

合同签订 6 天后装货，8 天运到；

上海医药股份有限公司凭领货凭证在货款交清后取货；

如发生时间上的违约，除可免责条件外，其余违约均按运费的 3% 进行赔偿；

如有货物损失，则按实际损失进行赔偿（注意保价）。

（4）运输支付

运费预付 40%；银行汇付，在合同签订 3 天后付款并交货，货物运输完成结清全部货款；

承运方开户行：淄博商业银行；账号：9400460001004348××x

承运方代表：李超

托运方开户行：淄博建设银行；账号：6227000130710001××x

（5）合同签订日期：2012 年 4 月 1 日

2. 训练要求

（1）运输合同填计的内容和方法符合规定，正确无误。

（2）运输合同填记的项目必须填写齐全，不漏项目。

（3）运输合同填写字迹清晰，文字规范，不任意简化或代用字体。

任务二　合同纠纷案件的处理

任务描述

2010 年 6 月 16 日，张某在河北清源县收购西瓜后，委托清源县平安配货中心联系了孙某所有的冀 F37181 号货车，并于当日晚十二时与该车司机李某签订《货物运输协议书》，约定由潘新将西瓜发往北京新发地，每吨货物运费 100 元。协议签订后，李某于 17 日早五点钟把车开到配货站，一起到批发市场拉货。下午四五点钟装车完毕，一共拉了 13 吨西瓜。张某预付李某 600 元运费，双方约定剩余 700 元运费待运到新发地后付清。李某承诺当晚八九点钟就能到达目的地，但李某却把西瓜拉到了潘新白沟家

中，且关闭了手机。直到 6 月 18 日上午十点张某才与孙某取得联系。来到白沟后，孙某向张某索要 5 万元，又强迫张某与其签订《补充协议》，张某无法答应。后经反复交涉，张某凑了 5000 元作为押金交给孙某，被迫签订了《补充协议》。之后，孙某才同意将西瓜送往新发地。但到新发地后，由于耽误了时间及路上颠簸，西瓜已经破裂，无法出售，致使张某遭受重大经济损失。故张某诉至法院，要求：

（1）判令撤销张某、孙某于 2010 年 6 月 18 日签订的《补充协议》。

（2）判令孙某返还 5000 元押金。

（3）判令孙某赔偿张某经济损失 39000 元。

（4）诉讼费由孙某承担。

任务分析 ✦▶

以上案例很明显是一则运输合同纠纷案件，解决运输合同纠纷，首先要了解运输中承运人、托运人的责任及免责，了解纠纷细则，了解运输合同纠纷解决方式。

相关知识 ✦▶

在合同实际履行过程中，发生矛盾、纠纷是不可避免的事，这不仅关系到合同当事人双方切身的经济利益，也关系到合同能否继续执行的问题。因此，矛盾纠纷一旦出现应及时、合理的解决。

根据我国《合同法》第 437 条的规定，解决合同纠纷共有四种方式。一是用协商的方式，自行解决，这是最好的方式；二是用调解的方式，由有关部门帮助解决；三是用仲裁的方式由仲裁机关解决；四是用诉讼的方式，即向人民法院提起诉讼以寻求纠纷的解决。

一、协商

当事人自行协商解决合同纠纷，是指合同纠纷的当事人，在自愿互谅的基础上，按照国家有关法律、政策和合同的约定，通过摆事实、讲道理，以达成和解协议，自行解决合同纠纷的一种方式。合同签订之后，在履行过程中，由于各种因素的影响容易产生纠纷，有了纠纷怎么办，应当从有利于维护团结、有利于合同履行的角度出发，怀着互让、互谅的态度，争取在较短的时间内，通过协商求得纠纷的解决。

合同双方当事人之间自行协商解决纠纷应当遵守以下原则：一是平等自愿原则。不允许任何一方以行政命令手段，强迫对方进行协商，更不能以断绝供应、终止协作等手段相威胁，迫使对方达成只有对方尽义务，没有自己负责任的"霸王协议"。二是合法原则。即双方达成的和解协议，其内容要符合法律和政策规定，不能损害国家利益、社会公共利益和他人的利益。否则，当事人之间为解决纠纷达成的协议无效。

二、调解

合同纠纷的调解，是指双方当事人自愿在第三者（即调解的人）的主持下，在查明事实、分清是非的基础上，由第三者对纠纷双方当事人进行说明劝导，促使他们互谅互让，达成和解协议，从而解决纠纷的活动。调解有以下三个特征：

第一，调解是在第三方的主持下进行的，这与双方自行和解有着明显的不同；

第二，主持调解的第三方在调解中只是说服劝导双方当事人互相谅解，达成调解协议而不是作出裁决，这表明调解和仲裁不同；

第三，调解是依据事实和法律、政策，进行合法调解，而不是不分是非，不顾法律与政策在"和稀泥"。

发生合同纠纷的双方当事人在通过第三方主持调解解决纠纷时，应当遵守以下原则：

第一，自愿原则。自愿有两方面的含义：一是纠纷发生后，是否采用调解的方式解决，完全依靠当事人的自愿。调解不同于审判，如果纠纷当事人双方根本不愿用调解方式解决纠纷，那么就不能进行调解。二是指调解协议必须是双方当事人自愿达成。调解人在调解过程中要耐心听取双方当事人相关联系人的意见，在查明事实的基础上，对双方当事人进行说服教育，耐心劝导，晓之以理，动之以情，促使双方当事人互相谅解，达成协议。调解人既不能代替当事人达成协议，也不能把自己的意志强加给当事人。如果当事人对协议的内容有意见，则协议不能成立，调解无效。

第二，合法原则。根据合法原则的要求，双方当事人达成协议的内容不得同法律和政策相违背，凡是有法律法规规定的，按法律法规的规定办；法律法规没有明文规定，应根据党和国家的方针、政策并参照合同规定和条款进行处理。根据国家有关的法律和法规的规定，合同纠纷的调解，主要有以下三种类型：

1. 行政调解

行政调解，是指根据一方或双方当事人的申请，当事人双方在其上级业务主管部门主持下，通过说服教育，自愿达成协议，从而解决纠纷的一种方式。对于企业单位来说，有关行政领导部门和业务主管部门，是下达国家计划并监督其执行的上级领导机关，它们一般比较熟悉本系统各企业的生产经营和技术业务等情况，更容易在符合国家法律、政策或计划的要求下，具体运用说服教育的方法，说服当事人互相谅解，达成协议；如果当事人属于同一业务主管部门，则解决纠纷是该业务主管部门的一项职责，在这种情况下，当事人双方也容易达成协议；如果当事人双方分属不同的企业主管部门,则可由双方的业务主管部门共同出面进行调解。例如,按照《全民所有制工业企业转换经营机制条例》规定,国家根据需要,有权向企业下达指令性计划。企业执行计划,有权要求在政府有关部门的组织下,与需方企业签订合同,或者根据国家规定,要求与政府指定的单位签订国家订货合同。对于这种因执行计划而发生的合同纠纷,由业务主管部门出面调解,说明计划的变更情况等,对方当事人能够比较容易接受,也比较容易达成调解协议。同时应当注意合同纠纷经业务主管部门调解的,当事人双方达成调解协议的,要采用书面形式写成调解书作为解决纠纷的依据。

2. 仲裁调解

仲裁调解是指合同当事人在发生纠纷时,依照合同中的仲裁条款或者事先达成的仲裁协议,向仲裁机构提出申请,在仲裁机构主持下,根据自愿协商、互谅互让的原则,达成解决合同纠纷的协议。根据我国《仲裁法》的有关规定,由仲裁机构主持调解形成的调解协议书与仲裁机构所作的仲裁裁决书具有同等的法律效力。生效后具有法律效力,一方当事人如果不执行,另一方可以向人民法院提出申请,要求对方执行。对方拒不执行的,人民法院可以依法依照生效的调解协议书强制其执行。

3. 法院调解

法院调解,又称为诉讼中的调解,是指在人民法院的主持下,双方当事人平等协商,达成协议,经人民法院认可后,终结诉讼程序的活动。合同纠纷起诉到人民法院之后,在审理中,法院首先要进行调解。用调解的方式解决合同纠纷,是人民法院处理合同纠纷的重要方法。在人民法院主持下达成调解协议,人民法院据此制作的调解书,与判决具有同等效力。调解书只要送达双方当事人,便产生法律效力,双方都必须执行,如不执行,另一方当事人可以向人民法院提出申请,要求人民法院强制执行。根据《民事诉讼法》的规定,人民法院进行调解也必须坚持自愿、合法的原则,调解达不成协议或调解无效的,应当及时判决,不应久调不决。

三、仲裁

仲裁也称公断。调解失效,就可以进行仲裁。合同仲裁,即由第三者依据双方当事人在合同中订立的仲裁条款或自愿达成的仲裁协议,按照法律规定对合同争议事项进行居中裁断,以解决合同纠纷的一种方式。仲裁是现代世界各国普遍设立的解决争议的一种法律制度,合同争议的仲裁是各国商贸活动中通行的惯例。

合同仲裁有以下几个特点:第一,合同仲裁是合同双方当事人自愿选择的一种方法,体现了仲裁的"意思自治"的性质,即合同纠纷发生后,是否通过仲裁解决,完全要根据双方当事人的意愿决定,不得实行强制。如果一方当事人要求仲裁,而另一方当事人不同意,双方又没有达成仲裁协议,则不能进行仲裁;另外,仲裁地点,仲裁机构以及需要仲裁的事项，也都根据双方当事人的意志在仲裁协议中自主选择决定。第二，合同纠纷仲裁中，第三者的裁断具有约束力，能够最终解决争议。虽然合同纠纷的仲裁是由双方当事人自主约定提交的，但是仲裁裁决一经作出，法律即以国家强制力来保证其实施。合同纠纷经济仲裁作出裁决后，即发生法律效力，双方当事人都必须执行，如果一方当事人不执行裁决，对方当事人则有权请求法院予以强制执行。第三，合同纠纷的仲裁，方便、简单、及时、低廉。首先，我国合同仲裁实行一次裁决制度，即仲裁机构作出的一次性裁决，为发生法律效力的裁决，双方当事人对发生法律效力的仲裁决都必须履行，不得再就同一案件起诉。因为，既然当事人自主、自愿协议选择仲裁来解决合同纠纷，就意味着当事人对于仲裁机构和裁决的信任，就应当服从并积极履行仲裁裁决。其次，仲裁可以简化诉讼活动的一系列复杂程序和阶段，例如起诉、受理、调查取证、调解、开庭审理、当事人的双方进行辩论及提起上诉等程序上的规定，这些往往是要花费数月或更长的时间，加重当事人的负担。最后，合同纠纷仲裁的收费也比较低。所以它和诉讼相比，具有方便、简单、及时、低廉的特点。合同纠纷当事人双方通过仲裁解决纠纷时，应当遵守一定的原则。

四、诉讼

合同在履行过程中发生纠纷后，解决争议的方式有 4 种：即当事人自行协商解决，调解、仲裁和诉讼。其中，仲裁方法由于比较灵活、简便，解决纠纷比较快，费用又比较低，所以很受当事人欢迎。但是，如果当事人一方不愿仲裁，则不能采用仲裁的方式，而只能采用诉讼的方式来解决双方当事人之间的争议。所以，诉讼是解决合同纠纷的最终形式。

所谓合同纠纷诉讼是指人民法院根据合同当事人的请求，在所有诉讼参与人的参加下，审理和解决合同争议的活动，以及由此而产生的一系列法律关系的总和。

它是民事诉讼的重要组成部分，是解决合同纠纷的一种重要方式。与其他解决合同纠纷的方式相比，诉讼是最有效的一种方式，之所以如此，首先，因为诉讼由国家审判机关依法进行审理裁判，最具有权威性；其次，裁判发生法律效力后，以国家强制力保证裁判的执行。

合同纠纷诉讼和其他解决合同纠纷的方式特别是和仲裁方式相比，具有以下几个特点：

（1）诉讼是人民法院基于一方当事人的请求而开始的，当事人不提出要求、人民法院不能依职权主动进行诉讼。当事人不向人民法院提出诉讼请求，而向其他国家机关提出要求保护其合法权益的，不是诉讼，不能适用民事诉讼程序予以保护。

（2）法院是国家的审判机关，它是通过国家赋予的审判权来解决当事人双方之间的争议的。审判人员是国家权力机关任命的，当事人没有选择审判人员的权利，但是享有申请审判人员回避的权利。

（3）人民法院对合同纠纷案件具有法定的管辖权，只要一方当事人向有管辖权的法院起诉，法院就有权依法受理。

（4）诉讼的程序比较严格、完整。例如，《民事诉讼法》规定，审判程序包括第一审程序、第二审程序、审判监督程序等。第一审程序又包括普通程序和简易程序。另外，还规定了撤诉、上诉、反诉等制度，这些都是其他方式所不具备的。

（5）人民法院依法对案件进行审理作出的裁判生效后，不仅对当事人具有约束力，而且对社会具有普遍的约束力。当事人不得就该判决中确认的权利义务关系再行起诉，人民法院也不再对同一案件进行审理。负有义务的一方当事人拒绝履行义务时，权利人有权申请人民法院强制执行，任何公民、法人包括其他组织都要维护人民法院的判决，有义务协助执行的单位或个人应积极负责地协助人民法院执行判决，如果拒不协助执行或者阻碍人民法院判决的执行，行为人将承担相应的法律后果。以国家强制力作后盾来保证裁判的实现，也是诉讼形式有别于其他解决纠纷形式的一个显著的特点。

检测与实训 ➡

一、复习思考题

简述物流运输合同纠纷解决方式。

二、技能训练

1. 实训项目

赖某于 2011 年 5 月 15 日委托广州某物流公司运输一件注名为配件的物品从广州到佛山，标明品名为配件，收货人是封某，并有联系电话，运费为 6 元，付款方式为提付。未申明保价。赖某的代理人在托运单上签名。而货物运输到佛山后，16 号凌晨被犯罪分子撬开车门被盗，丢失 11 件货物，有公安机关报警记录，被盗货物中就有赖某的 1 件名为配件的货物。案发后，广州某物流公司极力督促公安机关破案，追回当事人的损失。赖某多次找公司要求赔偿损失，双方不能达成一致意见，赖某以运输合同纠纷为由诉至广州天河法院要求赔偿货物价值 18400 元。

问题：赖某起诉要求赔偿数额是否合理？法院会如何判决？

2. 训练要求

（1）分组讨论，认真参与。

（2）查阅相关法律条文，依法判决。

项目三　物流运输决策

知识目标

1. 了解物流运输方式的影响因素，掌握运输方式选择方法；
2. 掌握各种运输路线的选择方法；
3. 掌握扫描法安排车辆运行路线；
4. 了解企业在进行物流运输服务提供商选择时，一般会考虑的因素及采用的方法。

能力目标

1. 能够根据物流运输方式的影响因素及选择方法，合理选择运输方式；
2. 能够根据运输路线的选择方法优化运输路线；
3. 能够根据扫描法安排车辆运行路线，合理调配车辆的运行时间；
4. 能够根据运输服务商的选择方法，选择合适的运输服务商。

任务一　物流运输方式决策

任务描述

　　某生产箱包的公司分拨计划是将生产的成品先存放在工厂仓库，然后外包运输公司运往自有的基层仓库。假设有铁路运输、驼背运输、汽车运输、航空运输 4 种送货方案可供选择，这 4 种运输方式的运价、运送时间等指标如表 3-1 所示。假设每个箱包的平均价值 C 为 30 美元，所有的库存成本均为箱包价值的 30%，每件基层仓库销售量（年需求）D 为 70 万件箱包。试问该公司应选择何种运输方式。

表 3 - 1   运输方式、运价、运送时间等情况

运输方式	运输费率 R（美元/件）	门到门的运送时间 T（天）	运输批量 Q（万件）
铁路运输	0.10	21	10
驼背运输	0.15	14	5
汽车运输	0.20	5	5
航空运输	1.40	2	2.5

任务分析

分析运输方式选择考虑因素，其中运输成本是比较重要的影响因素之一。计算运输成本不能单纯的考虑运费，还要考虑由于运输方式选择而影响的其他环节的成本，即要计算总的运输成本。

相关知识

一、物流运输方式的决定因素

选择何种运输方式，可以在考虑具体条件基础上，根据如下具体因素作出判断：

1. 运输期限

各运输工具可以按照它的速度编组来安排日程，加上两端及中转的作业时间，就可以计算出所需的运输时间。在商品流通中，要研究这些运输方式的现状，进行有计划的运输，期望有一个准确的交货日期是基本的要求。

2. 运输成本

在考虑运输成本时，必须注意运输费用与其他物流体系中的其他系统之间存在着互为利弊的关系，不能只考虑运输费用来决定运输方式，而要对全部总成本及其构成比重作全面考虑后决定。

3. 运输距离

运输距离在一般情况下可以按照以下原则确定，在 300km 以内，用汽车运输；300 ~ 500km 区间内，用铁路运输；500km 以上，用船舶运输；但是在没有水路的情况下，500km 以上的货物运输用铁路运输是比较经济的，当然运距的确定还要看货物的情况决定。

4. 运输批量

运输批量和运输费用之间有比较紧密地关系。一般来说，15 ~ 20t 以上的商品用铁路运输；数百吨以上的原材料之类的商品，如有水路，应选择船舶运输。

5. 货物种类

如欲对运输方式的选择作进一步定量的分析，则应考虑不同运输工具类型所提供

的服务特征，这些服务特征中最重要的是成本、速度和可靠性。因此，服务成本、平均运达时间（速度）和运达时间的变动性（可靠性）应作为运输方式选择的依据。

二、物流运输方式的决策方法

1. 成本比较法

方案中最合理的应该是，既能满足顾客需求，又使总成本最低的服务。

例1 见任务描述。

在途运输的年存货成本为 $ICDT/365$，两端储存点的存货成本各为 $ICQ/2$，但其中的 C 值有差别，工厂储存点的 C 为产品的价格，购买者储存点的 C 为产品价格与运费率之和。运输服务方案比较结果如表 3-2 所示。

表 3-2 　　　　　　　　　运输服务方案比较　　　　　　　　单位：美元

成本类型	计算方法	运输服务类型			
		铁路运输	驼背运输	汽车运输	航空运输
运输费用	$R \times D$	0.10×700000 $= 70000$	0.15×700000 $= 105000$	$0.2 \times 700000 =$ 140000	$1.4 \times 700000 =$ 980000
在途库存持有成本	$ICDT/365$	$(0.30 \times 30 \times$ $70000 \times 21/365 =$ 362466	$(0.30 \times 30 \times$ $700000 \times 14/365 =$ 241644	$(0.30 \times 30 \times$ $700000 \times 5) /$ $365 = 86301$	$(0.30 \times 30 \times$ $700000 \times 2) /$ $365 = 34521$
工厂库存持有成本	$ICQ/2$	$(0.30 \times 30 \times$ $100000) /2 =$ 450000	$(0.30 \times 30 \times$ $50000 \times 0.93) /$ $2 = 209250$	$(0.30 \times 30 \times$ $50000 \times 0.84) /$ $2 = 189000$	$(0.30 \times 30 \times$ $25000 \times 0.80) /$ $2 = 90000$
仓库库存持有成本	$ICQ/2$	$(0.30 \times 30.1 \times$ $100000) /2 =$ 451500	$(0.30 \times 30.15 \times$ $50000 \times 0.93/2 =$ 210296	$(0.30 \times 30.2 \times$ $50000 \times 0.84) /2 =$ 190260	$(0.30 \times 31.4 \times$ $25000 \times 0.80) /$ $2 = 94200$
总成本		1333966	766190	605561	1198721

由表 3-2 的计算结果可知，在四种运输方式的方案中，汽车运输的总成本最低，因此，应选择汽车运输方案。

2. 竞争因素决定法

运输方法的选择如果直接涉及竞争优势，则应采用考虑竞争因素的方法。当买方通过供应渠道从若干个供应商处购买商品时，物流服务和价格就会影响到买方对供应商的选择。反之，供应商也可以供应渠道运输方式的选择控制物流服务的竞争要素而影响买方。

对买方来说，良好的运输服务（较短的运达时间和较少的运达时间）意味着可保持较低的存货水平和较确定的运作时间表。为了能获得所期望的运输服务。买方的行为是将更大的购买份额专项能提供较好运输服务的供应商，供应商可以用从交易额扩大而得到的更多利润去支付由于特佳服务而增加的成本，从而鼓励供应商去寻求更适合于买方需要的运输服务方式，而不是单纯追求低成本。这样，运输服务方式的选择成了供应商和买方共同的决策。当然，当一个供应商为了争取买方而选择特佳运输方式时，参与竞争的其他供应商也可能做出竞争反应，因此，下属的例子是说明在不计及供应商的竞争对手反应情况下，买方能提供特佳运输服务的供应商转移更多交易份额的程度。

例2 某制造商分别从两个供应商处购买了共3000个配件，每个配件单价100元。目前这3000个配件是由两个供应商平均提供的，如供应商缩短运达时间，则可以多得到交易份额，每缩短一天，可从总交易量中多得5%的份额，即150个配件。供应商可从每个配件中赚得占配件价格（不包括运输费用）20%的利润。

于是供应商A考虑，如将运输方式从铁路转到卡车运输或航空运输是否有利可图。各种运输方式的运输费率和运达时间如表3-3所示。

表3-3 运输费率和运达时间

运输方式	运输费率（元/件）	运达时间（天）
铁路	2.50	7
卡车	6.00	4
航空	10.35	2

显然供应商A只是根据他可能获得的潜在利润来对运输方式进行选择。表3-4表示供应商A使用不同运输方式可能获得的预期利润。

表3-4 供应商A使用不同运输方式的利润比较 单位：元

运输方式	配件销售量	毛利	运输成本核算	净利润
铁路	1500	30000	3750	26250
卡车	1950	39000	11700	27300
航空	2250	45000	23287.5	21712.5

如果制造商对能提供更好运输服务的供应商给予更多份额的交易的承诺实现，则供应商A应当选择卡车运输。当然，与此同时供应商A要密切注意供应商B可能做出的竞争反应。

3. 需要注意的问题

在考虑运输服务的直接成本的同时，有必要考虑运输方式对库存成本的影响和运输绩效对物流渠道成员购买选择的影响。当然，除此之外，还有其他一些因素需要考虑，其中有些是决策者不能控制的。

（1）如果供应商和买方对彼此的成本有一定了解将会促进双方的有效合作。但供应商和买方如果是相互独立的法律实体，二者之间若没有某种形式的信息交流，双方就很难获得完全的成本信息。在任何情况下，合作都应该朝着更密切关注对运输服务选择的反应或对方购买量的变化的方向发展。

（2）如果分拨渠道中有相互竞争的供应商，买方和供应商都应采取合理的行动来平衡运输成本和运输服务，以获得最佳收益。

（3）价格的影响。

（4）运输费率、产品种类、库存成本的变化和竞争对手可能采取的反击措施都增加了问题的动态因素，大大增加了运输方式决策的复杂性。

（5）运输方式的选择对供应商存货的间接作用。供应商也会和买方一样由于运输方式变化改变运输批量，进而导致库存水平的变化。供应商可以调整价格来反映这一变化，反过来又影响运输服务的选择。

检测与实训

一、复习思考题

1. 简述物流运输方式选择的影响因素。

2. 简述物流运输方式的决策方法。

二、技能训练

1. 实训项目

某电器有限公司要从 X 市的工厂直接将 500 台电器送往位于 Y 市的一个批发中心，这批货物价值 180 万元。Y 市的批发中心确定这批电器的标准运输时间为 2.5 天，如果超过了标准时间，电器的机会成本为 30 元/台。电器公司的物流总管设计了三种运输方案：

A 公司是一家长途货运公司，可以按优惠运费率 0.05 元/（千米·台）来承运这批电脑，装卸费为 0.10 元/台。X 市到 Y 市的公路运价里程为 1100 千米，估计需要 3 天时间，因为装卸货物会占用较长时间。

B 公司是一家水运公司，可以提供水陆联运服务，即先用汽车从电器厂的仓库将货物运至 X 市码头（20 千米），装船运至 Y 市码头（1200 千米），再用汽车运至批发中心（17 千米）。由于中转多次，估计需要 5 天才能运到。询价后得知。陆运运费率为 0.06 元/（千米·台），装卸费为 0.10 元/台，水运运费率为 0.06 元/（千米·百台）。

C 公司是一家物流公司，可以提供全方位物流，报价 22280 元。该公司承诺在标准时间内运到，但是准点的概率为80%。

问题：请问物流总管应该选择哪一种运输方案？

2. 训练要求

（1）各种运输方式的成本构成要预先掌握。

（2）认真计算，考虑全面。

任务二　物流运输路线决策

任务描述

设配送中心向7个客户配送货物，其配送路线网络、配送中心与客户的距离以及客户之间的距离如图3-1所示，图中各配送点上面的数字表示客户的需求量（单位：t），线路上的数字表示两节点之间的距离（单位：km），现配送中心有2台4t卡车和2台6t卡车两种车辆可供使用。

问题1：试用节约里程法制订最优的配送方案。

问题2：设配送中心在向客户配送货物过程中单位时间平均支出成本为450元，假定卡车行驶的平均速度为25km/h，试比较优化后的方案比单独向各客户分送可节约多少费用？

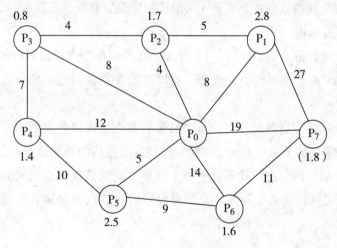

图3-1　配送路线网络

任务分析

运输路线的选择影响到运输设备和人员的利用，企业自备运输车辆进行货物运输的情况下，当存在多条运输路线可选择时，就需要运用一定的方法来确定最佳的运输路线，正确地确定运输路线可以降低运输成本，减少一些不合理运输，提高企业货物运输的经济效益。因此，运输路线的选择，在运输决策中是个重要问题。其中节约里程法是其中一种比较常用的方法，解决任务之前，必须掌握节约里程法的基本原理，基本过程，结合任务本身进行分析。

相关知识 ◆

经过归纳，可以将运输路线决策分为以下三种方法。

一、最短路线法

（一）起讫点不同的单一问题决策

对分离的、单个始发点和终点的网络运输路线选择问题，最简单和直观的方法是最短路线法，它对于解决起讫点不同的单一问题的决策很有效，网络由节点和线组成，点与点之间由线连接，线代表点与点之间运行的成本（距离、时间或时间和距离加权的组合）。初始，除始发点外，所有节点都被认为是未解的，即均未确定是否在选定的运输路线上。始发点作为已解的点，计算从原点开始。

1. 计算方法及步骤

（1）第 n 次迭代的目标：寻求第 n 次最近始发点的节点，重复 $n = 1$，2，…，直到最近的节点是终点为止；

（2）第 n 次迭代的输入值：$(n-1)$ 个最近始发点的节点是由以前的迭代根据离始发点最短路线和距离计算而得的，这些节点以及始发点称为已解的节点，其余的节点是尚未解的点；

（3）第 n 个最近节点的候选点：每个已解的节点由线路分支通向一个或多个尚未解的节点，这些未解的节点中有一个以最短路线分支连接的是候选点；

（4）第 n 个最近的节点的计算：将每个已解节点及其候选点之间的距离和从始发点到该已解节点之间的距离加起来，总距离最短的候选点即是第 n 个最近的节点，也就是始发点到达该点最短距离的路径。

2. 最短路线法举例

例 3 图 3-2 所示的是一张高速公路网示意图，其中 A 是始发节点，J 是终点；B，C，D，E，F，G，H，I 是网络中的节点，节点与节点之间以线路连接，线路上标明了两个节点之间的距离，以运行时间（min）表示，要求确定一条从原点 A 到终点 J 的最短的运输路线。

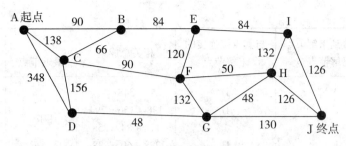

图 3 - 2　公路网络示意图

我们首先列出如表 3 - 5 所示第一个已解的节点就是起点 A。与 A 点直接连接的未解的节点有 B、C 和 D 点。第一步，我们可以看到 B 点是距 A 点最近的节点，记为 AB。由于 B 点是唯一选择，所以它就成为已解的节点。

随后，找到距 A 点和 B 点最近的未解的节点。只要列出距各个已解的节点最近的连接点，我们有 A—C，B—C，记为第二步。注意从起点通过已解的节点到某一节点所需的时间应该等于到达这个节点的最短时间加上一节点之间的时间，也就是说，从 A 点经过 B 点到达 C 的距离为 AB + BC = 90 + 66 = 156min。而从 A 直达 C 的时间为 138min。现在 C 也成了已解节点。

第三次迭代要找到与各已解节点直接连接的最近的未解节点。表 3 - 5 中，有三个候选点，从起点到这三个候选点 D，E，F 所需的时间，相应为 348min、174min、228min，其中连接 BE 的时间最短，为 174min，因此 E 点就是第三次迭代的结果。

重复上述过程直到到达终点 J，即第八步。最小的路线时间是 384min，连线在表 3 - 5 上，以（＊）符号标出者，最优路线为 A—B—E—I—J。

表 3 - 5　　　　　　　　　　　最短路线方法计算

步骤	直接连接到未解节点的已解节点	与其直接连接的未解节点	相关总成本	第 n 个最近节点	最小成本	最新连接
1	A	B	90	B	90	AB＊
2	A B	C C	138 90 + 66 = 156	C	138	AC
3	A B	D E	348 90 + 84 = 174	E	174	BE＊
4	A C E	D F I	348 138 + 90 = 228 174 + 84 = 258	F	228	CF

步骤	直接连接到未解节点的已解节点	与其直接连接的未解节点	相关总成本	第 n 个最近节点	最小成本	最新连接
5	A C E F	D D I H	348 $138+156=294$ $174+84=258$ $228+60=288$	1	258	EI*
6	A C F I	D D H J	348 $138+156=294$ $228+60=288$ $258+126=384$	H	288	FH
7	A C F H I	D D G G J	348 $138+156=294$ $288+132=420$ $288+48=336$ $258+126=384$	D	294	CD
8	H I	J J	$288+126=414$ $258+126=384$	J	384	IJ*

注：*号表示最小成本线。

（二）一对多配送的最短路线问题——节约里程法

对于单个始发点和多个终点的运输配送问题，一般采用节约里程法。其基本原理是：几何学中三角形一边之长必定小于另外两边之和。

节约里程法的核心思想是依次将运输问题中的两个回路合并为一个回路，每次使合并后的总运输距离减少的幅度最大，直到达到一辆车的装载限制时，再进行下一辆车的优化。优化过程分为并行方式和串行方式。

假如一家配送中心（DC）向两个用户 A、B 运货，配送中心到两用户的最短距离分别是 L_a 和 L_b，A 和 B 间的最短距离为 L_{ab}，A、B 的货物需求量分别是 Q_a 和 Q_b，且 (Q_a+Q_b) 小于运输装载量 Q，如图 3-3 所示，如果配送中心分别送货，那么需要两个车次，总路程为：$L_1=2(L_a+L_b)$。

如果改用一辆车对两客户进行巡回送货，则只需一个车次，行走的总路程为：

$$L_2=L_a+L_b+L_{ab}$$

由三角形的性质我们知道：

$$L_{ab}<(L_a+L_b)$$

所以第二次的配送方案明显优于第一种，且行走总路程节约：

图 3 – 3 配送路线比较

$$\Delta L = (L_a + L_b) - L_{ab}$$

如果配送中心的供货范围内还存在着：3，4，5，…，n 个用户，在运载车辆载重和体积都允许的情况下，可将它们按着节约路程的大小依次连入巡回线路，直至满载为止，余下的用户可用同样方法确定巡回路线，另外派车。

例 4 见本节课开篇任务描述。具体计算如下：

（1）里程如表 3 – 6 所示。

表 3 – 6　　　　　　　　　　　　　　　　里程表

需要量	P_0						
2.8	8	P_1					
1.7	4	5	P_2				
0.8	8	9	4	P_3			
1.4	12	16	11	7	P_4		
2.5	5	13	9	13	10	P_5	
1.6	14	22	18	22	19	9	P_6
1.8	19	27	23	27	30	20	11	P_7

（2）节约里程如表 3 – 7 所示。

表 3 – 7　　　　　　　　　　　　　　　　节约里程表

需要量	P_0						
2.8	8	P_1					
1.7	4	5（7）	P_2				
0.8	8	9（7）	4（8）	P_3			
1.4	12	16（4）	11（5）	7（13）	P_4		
2.5	5	13（0）	9（0）	13（0）	10（7）	P_5	
1.6	14	22（0）	18（0）	22（0）	19（7）	9（10）	P_6
1.8	19	27（0）	23（0）	27（0）	30（1）	20（4）	11（22）	P_7

（3）节约里程数排序如表 3 - 8 所示。

表 3 - 8　　　　　　　　　　　　　节约里程数排序

序号	路线	节约里程	序号	路线	节约里程
1	$P_6 P_7$	22	7	$P_4 P_5$	7
2	$P_3 P_4$	13	8	$P_1 P_2$	7
3	$P_5 P_6$	10	9	$P_2 P_4$	5
4	$P_2 P_3$	8	10	$P_1 P_4$	4
5	$P_1 P_3$	7	11	$P_5 P_7$	4
6	$P_4 P_6$	7	12	$P_4 P_7$	1

（4）配送路线选择如图 3 - 4 所示。

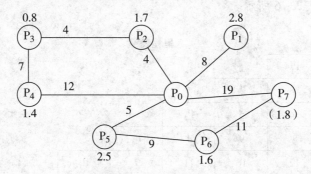

图 3 - 4　配送路线优化

节省的配送时间为：

$$\Delta T = \frac{\Delta S}{v} = \frac{53}{25} = 2.12(\text{h})$$

节省的费用为：

$$P = \Delta T \times F = 2.12 \times 450 = 954(\text{元})$$

二、经验试探法

1. 起讫点重合的问题决策

物流管理人员经常遇到的一个路线选择问题是始发点就是终点的路线选择，即起点和终点是重合的。这类问题通常在运输工具是私人所有的情况下发生，例如，配送车辆从仓库送货至零售点，然后返回仓库，再重新装货；当地的配送车辆从零售店送货至顾客，再返回；接送孩子上学的校车的运行路线；送报车辆的运行路线；垃圾收集车辆的运行路线等。这类问题求解的目标是寻求访问各点的次序，以求运行时间或距离最小化。始发点和终点相重合的路线选择问题通常被称为"旅行推销员"问题，对这类问题应用经验试探法比较有效。

2. 解决问题的步骤

经验告诉我们，当运行路线不发生交叉时，经过各停留点的次序是合理的，同时，如有可能应尽量使运行路线形成菱形。图3-5所示是通过各点的运行路线示意图，其中图3-5（a）是不合理的运行路线，图3-5（b）是合理的运行路线。根据上述两项原则物流管理人员可以很快画出一张路线图，而如用电子计算机计算反而需要花费好几个小时。当然如果点与点之间的空间关系并不真正代表其运行时间或距离（如有路障，单行道路，交通拥挤等），则使用电子计算机寻求路线上的停留点的合理次序更为方便。

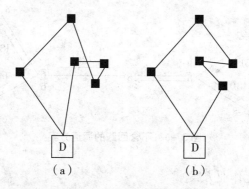

（a）　　　　　（b）

图3-5　运输线路示意

三、多起迄点问题的决策

如果有多个货源地服务于多个目的地，那么我们面临的问题是，要指定各目的地的供货地，同时要找到供货地、目的地之间的最佳路径。解决这类问题常常可以运用线性规划算法——运输路线图上作业法和表上作业法。

（一）图上作业法

1. 运输路线图上作业法

由于运力安排的不合理，常出现两种浪费现象，一种是对流现象，另一种是迂回现象。所谓对流，就是在一段路线上有同一种物品往返在运输；所谓迂回现象，一条是小半圈，一条是大半圈，如果选择的路线的距离大于全回路程的一半，则就是迂回现象。图上作业法可以帮助我们避免对流和迂回现象。运用线性规划理论可以证明，一个运输方案，如果没有对流和迂回现象，它就是一个运力最省的最优方案。

2. 不含回路的图上作业方案

运输路线上不含回路，方法比较简单。从各个端点开始，按"各端供需归邻站"

的原则进行调配，如图3-6所示。在图3-6中，有4个起运站①，③，⑥，⑧，供应量分别为7，8，6，4；另有4个目的地（运输终点）②，④，⑤，⑦，需求量分别为2，8，7，8。圆圈内的数字表示站号，圆圈旁的数字表示供需量。其中有负号的数字表示需求量，不带负号的数字表示供应量。为了便于检查对流现象，我们把流向箭头统一画在右旁。箭头旁标出的带括号的数字表示调运量。从端点①开始，把7个单位的物资供给②，②尚余两个单位，再供应给③；端点④的8个单位物资由③供给，③尚余5个单位，供给⑤；端点⑧的4个单位供给⑥，⑦的8个单位由⑥供给，⑥尚余2个单位供给⑤。这样就得出一个最优调运方案。

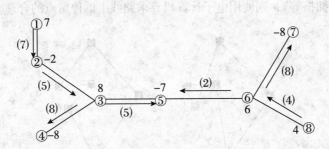

图3-6　不含回路的调运方案

3. 含有回路的图上作业方案

运输路线中有回路，可以分三步逐渐求解，直到寻求最优方案。

（1）第一步，去段破圈，确定初始运输方案。在每个回路中，去掉一段路线，变成不含回路的情况，按上述方法作出调运方案。

（2）第二步，检查有无迂回现象。因为流向画在道路右旁，所以圈内圈外都画有一些流向。分别检查每个回路，如果圈内和圈外流向的总长度都不超过回路总长度的一半，那么，这个回路上就没有迂回现象了，转第三步。

（3）第三步，改变原来的去段和破圈方式，转第二步，如图3-7所示。

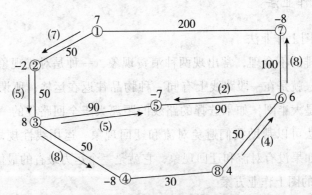

图3-7　含有回路的调运方案

在图 3 - 7 中①，②，③，⑤，⑥，⑦组成的回路中，去掉①至⑦的线路；在由④，⑧，⑥，⑤，③组成的回路中，去掉④到⑧的路线；便与图 3 - 6 的情况一样了。可以得出类似的调运方案。图中各路线旁的不带括号的数字表示两点间的距离。

在图 3 - 7 上部的回路中，总长度为580，调运方案外圈总长度为50 + 50 + 90 + 100 = 290，内圈总长度为90，均不超过回路总长度的一半。而在图下部的一个回路中，回路总长度为310，而外圈总长度为50 + 90 + 50 = 190，大于回路总长度的一半，所以此方案不是最优方案，应当进行调整。我们去掉①到⑦，⑤到⑥之间的路线，运输道路也不含回路了。按前面的办法，可作出调运方案，如图 3 - 8 所示。

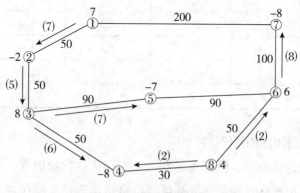

图 3 - 8 最优调运方案

（4）确定最优方案，对各回路进行检验，对各回路内圈和外圈分别计算，都不超过回路总长度的一半，即不存在迂回现象，所以它是最优方案。

（二）表上作业法

物流公司在进行配货时或经销商在进行商品销售时，从若干个产地调运到若干个销地，一般每个产地生产量和每个销地的需求量都是已知的，各地之间的运输单价也已知，那么如何确定一个最佳运输方案，使得总运输费用最低，这就是所谓的产销运输问题。这类运输问题可用表上作业法完成。产销运输问题可分为供需平衡和供需不平衡问题，这里重点介绍一下供需平衡的问题，对于供需不平衡问题可以通过增加虚拟变量转换为供需平衡后求解。

表上作业法是指用列表的方法求解线性规划问题中运输模型的计算方法。是线性规划一种求解方法。当某些线性规划问题采用图上作业法难以进行直观求解时，就可以将各元素列成相关表，作为初始方案，然后采用检验数来验证这个方案，否则就要采用闭合回路法、位势法等方法进行调整，直至得到满意的结果。这种列表求解方法就是表上作业法。表上作业法有两种方法求解，即最小元素法和西北角法，下面主要介绍最小元素法，具体通过实例体现。

例5 某物流公司给四个客户甲、乙、丙和丁配送货物，配送量分别为3t、6t、5t和6t。物流公司在该地区有三个配送中心，每个配送中心的货物供应量分别为7t、4t和9t。由于各个配送中心距离客户的距离不一样，所以配送货物的单位价格也不同。需求量和供应量及价格数据如表3-9所示。其中价格单位为万元/吨。

表3-9 　　　　　　　　　　　　配送中心与客户供需与价格

客户 物流中心	甲	乙	丙	丁	供应量（t）
1	2.3	3.1	2.3	3.0	7
2	2.1	2.9	2.2	2.8	4
3	2.7	2.4	3.0	2.5	9
需求量（t）	3	6	5	6	

1. 最小元素法求出初始可行解

物流公司在配送货物时，除了考虑准时、安全送达货物以外，尽可能减少配送成本。首先以最小单位价格开始配送，从单位价格最小到最大顺序逐一使供需平衡，配送中供需达到规定量的划掉。从表3-9中找到最低配送单位价格为2.1万元/吨，由于甲客户需求量为3t，物流中心2的供应量为4t，取 min {3, 4} =3填入表中，甲客户一栏需求量达到规定量，把甲客户一栏划去，如表3-10所示。

表3-10 　　　　　　　　　　　最小元素法求初始可行解（一）

客户 物流中心	甲	乙	丙	丁	供应量（t）
1	2.3	3.1	2.3	3.0	7
2	3 　2.1	2.9	2.2	2.8	4
3	2.7	2.4	3.0	2.5	9
需求量（t）	3	6	5	6	

再从表中未划去的价格中找到最小价格开始配送，这时最小的单位价格为2.2万元/吨。由于丙客户需求量为5t，而物流中心2的供应量仅为4t且已经配给甲客户3t，故配给丙客户只能1t，取 min {5, 1} =1填入表中，物流中心2一行供应量达到规定量，把物流中心2一行划去，如表3-11所示。

表 3 - 11　　　　　　　　　　　最小元素法求初始可行解（二）

物流中心＼客户	甲	乙	丙	丁	供应量（t）
1	2.3	3.1	2.3	3.0	7
2	3 2.1	2.9	1 2.2	2.8	4
3	2.7	2.4	3.0	2.5	9
需求量（t）	3	6	5	6	

同理，按照上面的做法一直划下去，最后的结果如表 3 - 12 所示。

表 3 - 12　　　　　　　　　　　最小元素法求初始可行解（三）

物流中心＼客户	甲	乙	丙	丁	供应量（t）
1	2.3	3.1	4 2.3	3 3.0	7
2	3 2.1	2.9	1 2.2	2.8	4
3	2.7	6 2.4	3.0	3 2.5	9
需求量（t）	3	6	5	6	

最后可得到最小配送成本为：

$Z_{\min} = 4 \times 2.3 + 3 \times 3.0 + 3 \times 2.1 + 1 \times 2.2 + 6 \times 2.4 + 3 \times 2.5$（万元）。

2. 闭合回路法判断最优解

上表中未填入数字的称为空格，需要计算所有空格的检验数，若检验数全部大于等于 0，则上述填入的数字为最优解，否则不是最优解，需要进一步计算。表 3 - 12 中的空格（11）闭合回路，可采取空格（11）—空格（13）—空格（23）—空格（21）—空格（11）组成回路。

检验数：$K_{11} = 0.1$

同理，空格（12）、空格（22）、空格（24）、空格（31）和空格（33）的检验数分别为：$K_{12} = 0.2$，$K_{22} = 0.1$，$K_{24} = -0.1$，$K_{31} = 1$ 和 $K_{33} = 1.2$。空格检验数 $K_{24} = -0.1$ 为负数，所以上述不是最优解。

3. 闭合回路调整法对上述变量进行调整

由于 $K_{24} = -0.1$，故空格（24）必须要使用，先对（24）转角进行调整。取转角最小值 min $\{1, 3, 4\}$ = 1 填入空格（24）中，其空格（24）转角值相应做出如下调整，如表 3 - 13 所示。

表3-13   闭合回路判断是否最优

物流中心 \ 客户	甲	乙	丙	丁	供应量（t）
1	2.3	3.1	5 2.3	2 3.0	7
2	3 2.1	2.9	2.2	1 2.8	4
3	2.7	6 2.4	3.0	3 2.5	9
需求量（t）	3	6	5	6	

调整后的空格检验数如下：

$K_{11}=0$，$K_{12}=0.2$，$K_{22}=0.2$，$K_{23}=0.1$，$K_{31}=0.9$，$K_{33}=1.2$

所有空格检验数均为正数，说明上表中的解为最优解。即，物流中心1给丙客户配送5吨货物，给丁客户配送2吨货物；物流公司2给甲客户配送3吨货物，给丁客户配送1吨货物。物流中心3给乙客户配送6吨货物，给丁客户配送3吨货物。此时物流公司的配送总成本最小。

$Z_{min}=5\times2.3+2\times3.0+3\times2.1+1\times2.8+6\times2.4+3\times2.5$（万元）。

从计算结果可以看出，最优解比初始可行解总成本又降低了0.1万元。

通过建立物流配送模型，利用表上作业法解出最小配送成本，解决了降低配送中心的配送成本问题，提升了物流公司的市场竞争力。

检测与实训 ✤

一、复习思考题

1. 如何运用节约里程法计算最短路线？

2. 如何运用表上作业法和图上作业法优化运输路线？

二、技能训练

1. 实训项目

设配送中心向5个客户配送货物，其配送路线网络、配送中心与客户的距离以及客户之间的距离如图3-9所示，图中括号内的数字表示客户的需求量（单位：t），线路上的数字表示两节点之间的距离（单位：km），现配送中心有3台2t卡车和2台4t卡车两种车辆可供使用。

（1）试用节约里程法制订最优的配送方案。

（2）假定卡车行驶的平均速度为40km/h，试比较优化后的方案比单独向各客户分送可节约多少时间？

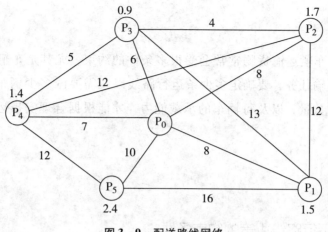

图 3 - 9 配送路线网络

2. 训练要求

在形成里程表和节约里程数时，数字繁多，注意认真仔细。

任务三 物流运输车辆运行路线决策

任务描述

某公司从其所属的仓库用送货车辆到各客户点提货，然后将客户的货物运回仓库，以便集运成大的批量再进行远程运输，全天的提货量如图 3 - 10 所示，提货量以件为单位。送货车每次可运载 1 万件，完成一次运行路线一般需一天时间。该公司要求确定：需多少条路线（即多少车辆送货车）；每条路线上有哪几个客户点；送货车服务有关客户点的顺序。

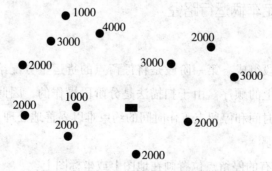

图 3 - 10 各客户全天的提货量

任务分析 ✈

在现实中，车辆运输货物常常会受很多条件的约束，尤其是车辆运行路线的确定。比如以上运输任务，要确定多少条运行路线以及需要派多少辆车，必须要明确各提货点的提货数量，以及每辆车的承载能力，才能根据合理安排运输车辆以及运输路线。

相关知识 ✈

一、车辆运行路线决策的约束条件

车辆运行路线选择问题，受到以下条件的约束：

（1）每个停留点规定的提货数量和送货数量。

（2）所使用的各种类型的车辆的载重量和载货容积。

（3）车辆在路线上休息前允许的最大行驶时间。

（4）停留点规定的在一天内可以进行的提货时间。

（5）可能只允许送货后再提货的时间。

（6）司乘人员可能在一天的特定时间进行的短时间休息或进餐。

上述约束条件使问题的决策复杂化，甚至难以寻求最优化的解决方案。实际中，这些约束条件常常发生。例如，停留点的工作时间约束；不同载重量和容积的多种类型车辆；一条路线上允许的最大运行时间；不同区段的车速限制；运行途中的障碍物；甚至道路上的车辆堵塞等。为此，我们可以采取扫描法对有约束条件的车辆运行线路问题求解，这不一定是最优解，但是可以得出一个比较满意的解。

二、扫描法确定车辆运行路径

1. 扫描法简述

扫描法由两个阶段组成，第一阶段是将停留点的货运量分配给送货车，第二阶段是安排停留点在路线上的顺序。由于扫描法是分阶段操作的，因此有些时间方面的问题，如路线上的总的时间和停留点工作时间的约束难以妥善地处理。

2. 扫描法求解步骤

（1）将仓库和所有的停留点位置画在地图上或坐标图上。

（2）通过仓库位置放置一直尺，直尺指向任何方向均可，然后顺时针或逆时针方向转动直尺，直到直尺交到一个停留点。询问累积的装货量是否超过送货车的载重量

或载货容积（首先要使用最大的送货车辆）。如是，将最后的停留点排除后将路线确定下来再从这个被排除的停留点开始继续扫描，从而开始一条新的路线。这样扫描下去直至全部的停留点都被分配到路线上。

（3）对每条运行路线安排停留点顺序，以求运行距离最小化。停留点的顺序可用前面阐述过的起讫点重合问题决策的方法。

3. 扫描法举例

例6　见本节课任务描述。

解　以仓库为中心，按逆时针旋转，如图 3 - 11 所示。

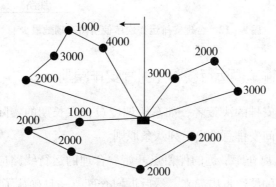

图 3 - 11　配送路线数量及所需车辆

三、车辆运作时间的决策

上述的车辆运行路线的设计是假定一辆送货车服务一条路线，如果路线短，就会发生送货车辆在剩余的时间里得不到充分利用的问题。实际上如果第二条路线能在第一条路线任务完成后开始，则完成第一条路线的送货车辆可用于第二条路线的送货。因此，送货车的需求量取决于线路之间的衔接，要使车辆的空闲时间最小。

例7　假设有一个车辆运行路线和时间安排问题，该问题中涉及的车辆都是相同规格的各条路线的出发时间和返达时间如表 3 - 14 所示。

表 3 - 14　　　　　　　　　　　　　车辆出发和返达时间

路线号	出发时间	返达时间	路线号	出发时间	返达时间
1	8：00AM	10：25AM	6	3：03PM	5：13PM
2	9：30AM	11：45AM	7	12：24PM	2：22PM
3	2：00PM	4：53PM	8	1：33PM	4：43PM
4	11：31AM	3：21PM	9	8：00AM	10：34AM
5	8：12AM	9：52AM	10	10：56AM	2：25PM

如图 3 - 12 所示，将车辆的运作时间合理地安排在各条线路上，可以用最少的车辆数完成规定的任务。

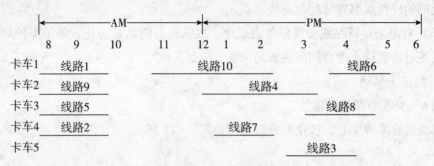

图 3 - 12 合理安排运作次序使所需车辆数最少

四、满意的运输车辆运行线路和时间安排原则

运行路线和时间安排的决策者，如车辆调度员，在长期的实际工作经验中为实现满意的运行路线和时间安排总结出下列八条原则。

（1）运行线路从离仓库最远的停留点开始。合理的运行线路应从离仓库最远的停留点开始将该集聚区的停留点串起来，然后返回仓库。一旦确认了最远的停留点之后，送货车辆应满载相邻这个关键停留点的一些停留点的货物。这辆运货车满载后，再选择另一个最远的停留点，用另一辆运货车转载相邻第二个最远停留点的一些停留点的货物，按此程序进行下去，直至所有停留点的货物都分配给运货车辆。

（2）最有效的运行线路是使用大载重量的车辆。

（3）将相应接近的停留点的货物装在一辆车上。车辆的运行路线应将相互接近的停留点串起来，以便停留点之间的运行距离最小化，这样也就使总的路线上的运行时间最小化，如图 3 - 13 所示。

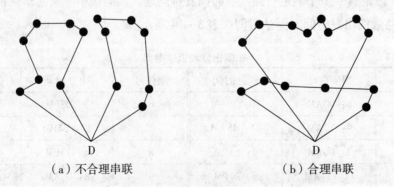

（a）不合理串联   （b）合理串联

图 3 - 13 车辆将停留点串起来的示意

图 3-13 所示的是将有关停留点的货分配给车辆,从而将各点串起来的示意图。其中图 3-13 (a),串得不合理,车辆的运行路线长,要尽量避免,图 3-13 (b) 是合理的串法。

(4) 将集聚在一起的停留点安排同一天送货。图 3-14 所示的是仓库好的集聚和差的集聚的例子。

(5) 一辆运货车顺次途经停留点的路线成立。运货车辆顺序途经各停留点的路线不应交叉,并应成菱形状(如图 3-14b 所示)。不过,停留点工作时间的约束和在停留点送货后再提货的要求往往会导致路线交叉。

(6) 提货应在送货过程中进行,而不是运行路线结束后。

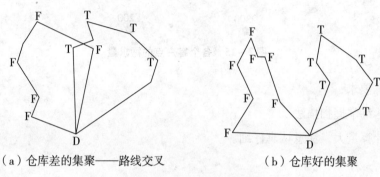

(a) 仓库差的集聚——路线交叉　　　　(b) 仓库好的集聚

图 3-14　同一天停留点集聚

(7) 对偏离运行路线的单独停留点可应用其他方案。

(8) 应当避免停留点工作时间太短的约束。当然上述的原则也仅是合理路线设计一般规则,管理人员面对的车辆运作的许多复杂情况并不是上述原则所能包容的。遇到特殊的约束条件,管理人员要根据自己的经验随机处置。

检测与实训

一、复习思考题

1. 车辆运行路线决策的约束条件有哪些?

2. 简述如何用扫描法确定车辆运行路径?

3. 简述满意的运输车辆运行线路和时间安排原则?

二、技能训练

1. 实训项目

某配送中心配送货物到各客户点,各个客户点的需求量如图 3-15 所示。货运量以件为单位,送货车每次可运载 1000 件。配送中心到各个客户的路段为二级公路,货车平均时速为 40km/h。该配送中心要求确定:①需要安排多少条路线;每天路线上有哪几个客户点，用菱形状法连起来。②计算每条线路运输所用时间。

已知：各点间的距离 OA = 15，OB = 20，OC = 25，OD = 20，AB = 20，AC = 5，AD = 5，BC = 10，BD = 3，CD = 27，OE = 30，OF = 22，OG = 16，EF = 27，EG = 36，FG = 15。

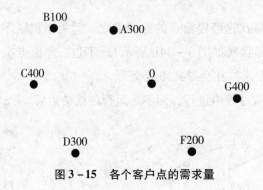

图 3 – 15　各个客户点的需求量

2. 训练要求

（1）熟练掌握扫描法。

（2）计算量大，注意认真仔细。

任务四　运输服务商的选择

任务描述

某外资大型连锁经营企业决定进驻中国，在中国境内各大中城市开始多家门店。货物运输及配送在连锁经营中至关重要，是他们首要考虑的因素之一。而面对中国国内琳琅满目的物流运输服务企业，如何进行选择成为决策者们最为关心的问题。

问题：如果你是决策者，你应该如何选择合适的物流运输服务企业？

任务分析

不同的客户对于选择哪个具体的运输服务企业有不同的偏好和决策标准，但是，绝大多数客户会重点考虑运输企业的服务质量和运输费用，所以我们在选择运输服务商时应重点从这两方面进行比较分析。

相关知识

不同的客户对于选择哪个具体的运输服务企业有不同的偏好和决策标准，但是，绝大多数客户对于运输企业的服务质量和运输费用两项比较重视。

一、运输服务质量比较法

（1）运输质量运输所体现的价值是把货物从一个地方运送到另一个地方，完成地理上的位移，而无须对货物本身进行任何加工。但如果运输保管不当，就会对货物的质量产生影响。因此，客户在选择运输服务商时会将其运输质量作为一个重要的因素来考虑。以海运为例，客户通常从这几个方面来考虑：①该航运公司提供运输的工具，如船的船龄、船舶状态、集装箱新旧程度等。②该公司所雇用的装卸公司的服务质量。③该公司的所雇用的船员的经验及工作责任心。④该公司的货物运输控制流程。

（2）服务理念随着各服务商运输质量的提高，客户对服务的要求也越来越高，于是客户在选择不同的运输服务商时还会考虑其他的服务理念。①运输的准班率。②航班的时间间隔、船舶的发船密度、铁路运输的发车间隔等，合理的间隔同样也将方便客户选择托运的时间及发货的密度等。③单证的准确率，票据、提单、发票等单证在打印、传递、送达、电传等方面差错率低。④信息查询的方便程度。⑤货运纠纷的处理。

二、运输价格比较法

正如前文所述，各运输服务商为了稳定自己的市场份额，都会努力提高服务质量，而随着竞争的日趋激烈，对于某些货物来说不同的运输服务商所提供的服务质量已近乎相同，因此运价很容易成为各服务商的最后竞争手段。于是客户在选择时，面对几乎相同的服务质量，或有些客户对服务质量要求不高时，运输价格成为了另一个重要的决策准则。

三、综合因素选择法

当然会有更多的客户在选择运输服务商时会同时考虑多个因素，如同时考虑服务质量和运输价格，以及服务商的品牌、服务商的经济实力、服务商的服务网点数量等。如果以公式来表示则为：

$$S = \frac{K_1 Q}{K_2 P} + K_3 B + K_4 C + K_5 N + \cdots + K_n O$$

其中，S——综合因素

K_n——不同因素的权数，$n = 1, 2, 3, \cdots$；

Q——服务质量；

P——运输价格；

B——运输服务商的品牌；

C——运输服务商的总资产状况；

N——运输服务商的网点数；

O——其他因素。

客户可以根据自己的需要，调整不同因素的权数，然后作出决策。

检测与实训

一、复习思考题

1. 简述运输服务商选择时应考虑的因素。

2. 选择运输服务商方法有哪些?

二、技能训练

1. 实训项目

浙江某丝绸厂向法国里昂出口一批丝绸，运输总经理通过初步拟定了三家进出口公司为其提供进出口运输服务，一是浙江顺达进出口有限公司，二是浙江省国兴进出口有限公司，三是浙江中大技术进出口集团有限公司，请进行比较分析，该丝绸厂应选择哪家进出口公司，说明理由。

2. 训练要求

（1）通过网络了解以上三家公司基本情况进行比较分析。

（2）说明你采用了哪种决策方法。

项目四　公路货物运输操作实务

1. 了解我国主要公路干线，公路货物运输车辆等基本知识；
2. 掌握公路整车货物运输作业流程；
3. 掌握公路零担货物运输作业流程；
4. 了解公路货物运输运费计算的要求，掌握公路货物运输运费计算的步骤及方法。

1. 能够根据公路货物运输作业流程合理组织货物运输；
2. 能够缮制并准确填写各种公路运输单据；
3. 能够合理进行运输车辆调度，编制调度计划；
4. 对于零担运输的货物能够根据配装配载原则正确配装配载。

任务一　认识公路货物运输

学生以小组为单位，查阅国内外公路运输的发展历史和现状，我国主要的公路交通图，列出常见的公路运输车辆类型及每种车辆主要运输货物。

要求：

（1）总结我国公路运输的发展趋势与发展方向。

（2）调查清楚每种类型的车辆适用于运输哪些货物。

合理组织公路货物运输，首先要了解公路货物运输的设施设备，尤其是运输车辆和运输路线，所以必须了解我国的公路运输交通路线情况，市场运行情况等。

相关知识

一、公路

（一）公路的基本构成

路基、路面桥梁、涵洞、排水系统、防护工程设施、交通服务设施。

（二）我国公路分级

1. 技术分级

我国公路技术分级为两大类：汽车专用公路、一般公路；五个等级：高速公路、一级、二级、三级、四级。

（1）汽车专用公路

高速公路——专供汽车分道高速行驶的全封闭、全立交的公路，折合成小客车的年平均昼夜交通流量在 2.5 万辆以上，有四个以上的行车道。

一级专用公路——连接高速公路与大城市的结合部、开发区及专区的干线公路，要求与高速公路基本相同，部分控制出入口，折合成小客车的年平均昼夜交通流量在 1 万 ~ 2.5 万辆以上。

二级专用公路——为连接政治、经济中心或大型专区的公路，有两个以上行车道，折合成中型载货汽车的年平均昼夜交通流量为 4500 ~ 7000 辆。

（2）一般公路

二级公路——为连接政治、经济中心或大型专区的公路，两个以上行车道，折合成中型载货汽车的年平均昼夜交通流量为 2000 ~ 5000 辆。

三级公路——折合成中型载货汽车的年平均昼夜交通流量在 2000 辆以下，为沟通县、乡镇的集散公路。

四级公路——折合成中型载货汽车的年平均昼夜交通流量在 200 辆以下，多为沟通乡、镇、村等的地方公路。

（3）我国各级公路的设计年限

高速、一级公路：20 年；二级公路：15 年；三级公路：10 年；四级公路：不超过 10 年。

2. 我国公路的行政分级

（1）公路行政级别

国道——国家干线公路；

省道——省、自治区、直辖市干线公路；

县道——县级公路；

乡道——乡村公路；

专用公路——工业专区、军事要地与外部联系的公路。

（2）国道系统分类及编号

我国国道分为三大类：

第一类：以北京为中心向全国各地延伸的国道（共 12 条）1 + 序号：如 107 国道（北京—深圳）。

第二类：南北纵线国道（不通过北京）（共 27 条）2 + 序号：如 210 国道（包头—南宁）。

第三类：东西横线国道（不通过北京）（共 29 条）3 + 序号：如 310 国道（连云港—天水）。

根据交通运输部公布的数据，到 2010 年年底，全国已建成通车的公路总里程达到 398.4 万千米，其中高速公路通车里程已达 7.4 万千米、农村公路（县、乡、村）通车里程达到 345 万千米，我国已全面建成"五纵七横"国道主干线，如表 4 - 1 所示。

表 4 - 1　　　　　　　　　我国主要高速公路

编号	路线简称	主控点	里程（km）
G010	同三线	同江—哈尔滨（含珲春—长春支线）—长春—沈阳—大连—烟台—青岛—连云港—上海—宁波—福州—深圳—广州—湛江—海安—海口—三亚	5700
G020	京福线	北京—天津—（含天津—塘沽支线）—济南—徐州（含泰安—淮阴支线）—合肥—南昌—福州	2540
G030	京珠线	北京—石家庄—郑州—武汉—长沙—广州—珠海	2310
G040	二河线	二连浩特—集宁—大同—太原—西安—成都—昆明—河口	3610
G050	渝湛线	重庆—贵阳—南宁—湛江	1430
G015	绥满线	绥芬河—哈尔滨—满洲里	1280
G025	丹拉线	丹东—沈阳—唐山（含唐山—天津支线）—北京—集宁—呼和浩特—银川—兰州—拉萨	4590
G035	青银线	青岛—济南—石家庄—太原—银川	1610
G045	连霍线	连云港—徐州—郑州—西安—兰州—乌鲁木齐—霍尔果斯	3980
G055	沪蓉线	上海—南京—合肥—武汉—重庆—成都（含万县—南充—成都支线）	2970

续　表

编号	路线简称	主控点	里程（km）
G065	沪瑞线	上海—杭州（含宁波—杭州—南京支线）—南昌—贵阳—昆明—瑞丽	4090
G075	衡昆线	衡阳—南宁（含南宁—友谊关支线）—昆明	1980

图4-1　国道主干线（示意）

图4-2　国家高速公路网（示意）

二、汽车货运站场

1. 汽车货运站场的主要功能

（1）运输组织功能

A. 对经营区内的货源、货流等进行调查和预测。

B. 掌握站场情况，提供站场管理、操作工艺决策。

C. 掌握运输车辆情况，确定车辆技术状况和维修标准。

D. 制订货物运输计划。

（2）中转和装卸储运功能

A. 货物中转、零担货物收存与发送、水运和铁路运输货物的中转、集装箱货物的分解发送。

B. 具备装卸车设备。

C. 具有仓储设施与设备。

（3）中介代理功能

A. 为服务区内各单位和个体，代办各种货运业务。

B. 为货主和车主提供双向服务，选择最佳线路。

C. 组织多式联运，实行"一次承运，全程服务"。

（4）通信信息服务功能

A. 对中近期货物的流量、流向、流时进行统计，为货运站组织管理提供依据。

B. 掌握车流、货源信息、货物运距、批量、优化运输方案，合理安排中转、堆存、及时调整和安排车辆、装卸等。

C. 提供开放性服务，提供货物流量、流向、流时、仓储信息。

D. 向车主、货主提供配载信息，为车主、货主牵线搭桥。

E. 辅助服务功能。

2. 货运站的类型

因为有四种货运形式：整车货运、快速货运、零担货运、集装箱货运，对应的也有四类货运站：整车货运站、零担货运站（含快速货运）、集装箱货运站、综合货运站。

（1）整车货运站，指从事货运商务作业（托运、承运、结算等）的场所，主要经办大批量货物的运输。

（2）零担货运站，专门经营零担货物运输的汽车站。

3. 集装箱货运站

主要承担集装箱中转运输任务的货运站。

三、货运汽车

货运汽车的主要类型：

（1）按用途和使用分类

普通货运汽车——普通货运汽车是指具有栏板式车厢，用于运载普通货物的汽车。

专用货运汽车——装置有专用设备、具备专用功能、承担专门运输任务的汽车，如汽车列车、箱式货车、冷藏保温车、罐式车、自卸车等。

（2）按最大总质量分类

微型货车：最大总质量不超过 1.8t；轻型货车：最大总质量为 1.8~6t；

中型货车：最大总质量为 6~14t； 重型货车：最大总质量在 14t 以上。

敞车车身　　　　　　　　　　箱式车身

自卸汽车　　　　　专用车辆：混凝土搅拌车

图 4-3　货运车型

检测与实训

一、复习思考题

1. 公路运输的特点有哪些？

2. 公路运输主要的设施设备有哪些？

3. 试论述我国公路货物运输发展现状？

4. 公路货物运输一般分为哪几类？各有哪些特点？

二、技能训练

1. 实训项目

组织学生到货运站参观并询问货运站的整个作业流程，了解货运车辆的基本性能参数，适用于运输哪种货物。

2. 训练要求

（1）参观时，要积极、主动、认真、注意安全。

（2）形成正式的书面调研报告。

任务二　公路整车货物运输

任务描述

2010 年 5 月 15 日，石家庄天成商贸有限公司（石家庄市东运路 88 号，电话：0311 - 85185662）向秦皇岛市昌黎第一酿酒厂购得白酒和葡萄酒各 500 箱，每箱 10kg，外包装为纸箱，尺寸 25cm×25cm×40cm，货物内包装为玻璃瓶，由秦皇岛纳新公路运输公司（秦皇岛市东岗路 63 号，电话：0335 - 77565789）承运。

要求：请按照整车货运作业的程序受理这批货物，并正确填写货物托运书。

任务分析

该次运输任务为公路货物运输的整车货物运输，因此必须首先了解公路整车货物运输受理作业的程序，熟悉整车货物运输受理作业内容，然后结合所运输的货物特点、数量等具体操作。

相关知识

一、整车货物运输的概念

根据公路货物运输的规定，凡一次货物运输在 3t 以上者均可视为整车运输，如货物质量虽在 3t 以下，但不能与其他货物拼装运输，需单独提供车辆办理运输，也可视为整车运输。需要注意的是以下货物必须按整车运输：

（1）需要冷藏加温运输的货物，如冻肉、冻鱼等。

（2）需要用专车运输的货物，如石油等危险货物，粮食、粉剂等散装货物。

（3）易于污染其他货物的不洁货物，如炭黑、垃圾等。

（4）蜜蜂。

（5）不易于计数的散装货物，如矿砂、矿石等。

（6）未装入容器的活动物，如活的猪、牛、羊。

（7）一件重量超过 2t、体积超过 $3m^3$ 或长度超过 9m 的货物（发站认为不致影响中转站或到站卸车作业者除外）。

二、整车运输组织方法

(一) 双班运输

1. 双班运输的概述

一天 24 小时内，如果一辆车出车工作两个班次（以 8 小时为一个班次）或三个班次，就成为双班运输或多班运输。基本出发点是"人停车少停或不停"，尽可能提高设备的利用率，提供更大的运力。

2. 双班运输的组织

根据驾驶员劳动组织的不同，双班运输主要有以下几种组织形式：

（1）一车两人，日夜双班。每车固定配备两名驾驶员，每隔一段时间（如每周）白班和夜班驾驶员互换一次。驾驶员可在正常编制情况下加倍配备。这种组织形式的优点是能做到定人、定车，能保证车辆有比较充裕的保修时间，驾驶员工作、休息时间能得到正常的安排，行车安排也比较简单，伸缩性大，易于得到物资单位及有关部门的配合。其缺点是车辆在时间利用上还不够充分，驾驶员不能完全做到当面交接。这种组织形式具体交接班方法如图 4-4 所示。

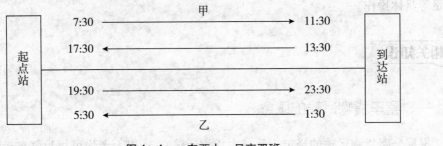

图 4-4 一车两人，日夜双班

（2）一车三人，两工一休。每车配备三名驾驶员，每名驾驶员工作两天，休息一天，轮流担任日、夜班，并按规定地点定时进行交接班。这种组织形式适用于一个车班内能完成一个或几个运次的短途运输任务，因此在城市出租车运输中采用较多。采用这种组织形式，能做到定车、定人，车辆出车时间较长，运输效率较高。缺点是每车班驾驶一次工作时间较长，容易疲劳，安排车辆和保修时间比较紧张，另外需要配备的驾驶员数量也较多。具体组织形式如表 4-2 所示。

（3）一车两人，日夜加班，分段交班。每班配备两名驾驶员，分段驾驶，定点（中间站）交接。每隔一段时间驾驶员对换行驶路段，确保劳逸均衡。这种组织形式一般适用于运距比较长，车辆在一昼夜内可以到达或往返的运输任务。其具体交接班方法如图 4-5 所示。

表 4－2　　　　　　　　　　　　两工一休排班

	一	二	三	四	五	六	七
甲	日	日	休	夜	夜	休	日
乙	夜	休	日	日	休	夜	夜
丙	休	夜	夜	休	日	日	休

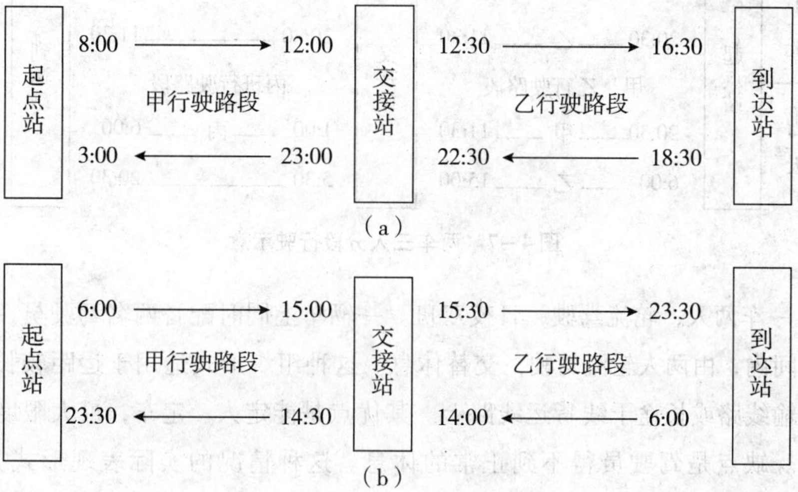

起点站
8:00
12:00
甲行驶路段
3:00
23:00
交接站
12:30
16:30
乙行驶路段
22:30
18:30
到达站
（a）
起点站
6:00
15:00
甲行驶路段
23:30
14:30
交接站
15:30
23:30
乙行驶路段
14:00
6:00
到达站
（b）

图 4－5　一车两人分段行驶示意

（4）一车三人，日夜加班，分段交班。每车配备三名驾驶员，分日夜两班行驶，驾驶员在中途定点、定量进行交接。中途交接站可设在离终点站较近（约含全程的三分之一），并在一个车班时间内能往返一次的地点。在起点站配备的两名驾驶员采用日班制，每隔一段时间可使三名驾驶员轮流调换行驶线路或时间。这种组织形式车辆在时间上利用充分，运输效率较高，能做到定车、定人运行，驾驶员的工作时间比较均衡。缺点是车辆几乎全日行驶，如不能做到快速保养，则遇保养时需另派机动车顶替。因此，这种组织形式只能在保养力量很强、驾驶员充足或为完成短期突击性运输任务时采用较为适宜。形式如图 4－6 所示。

起点站
6:30
12:00
3:00
21:00
6:00
12:00
3:00
21:00
交接站
12:30
15:30
20:30
17:30
12:30
15:30
20:30
17:30
到达站
乙行驶路段
丙行驶路段

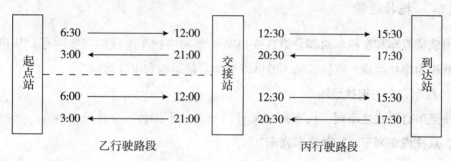

图 4－6　一车三人分段行驶示意

（5）两车三人，日夜双班，分段交接。每两辆车配备三名驾驶员，分段驾驶。其中两人各负责一车，固定在起点站与交接站之间行驶，另一人每天交换两辆车，驾驶员在固定时间交接。交接站同样设在离起点站或到达站较远的位置。这种组织形式适用于两天可以往返一次的行驶线路上，具体交接班方法如图4-7所示。

图4-7 两车三人分段行驶示意

（6）一车两人，轮流驾驶，日夜双班。一辆车上同时配备两名驾驶员，在车辆全部周转时间内，由两人轮流驾驶，交替休息。这种组织形式适用于运距较长、货流不固定的运输线路或长途干线货运线路上。其优点是能定人、定车，最大限度地提高车辆利用率。缺点是驾驶员得不到正常的休息。这种情况的实际表现形式如表4-3所示。

表4-3   一车两人行驶

时间		14：30—17：00	17：00—21：00	21：00—1：00	1：00—5：00	5：00—12：00	12：00—19：00	19：00—21：30
作业项目		准备与装车	运行	运行	睡眠	运行	运行	卸车与加油
执行者	驾驶员A	√	√		√	√		√
	驾驶员B	√		√	√		√	√

（二）拖挂运输

由载货汽车和全挂车两部分组成或由牵引车和半挂车组成的汽车列车，从事货物运输就称为拖挂运输。拖挂运输一般可以分为定挂运输和甩挂运输。

1. 汽车列车与拖挂运输

按照组合形式之不同，汽车列车又可以分为如下四种：全挂汽车列车、半挂汽车列车、双挂汽车列车、特种汽车列车。

（1）拖挂运输概念。以汽车列车形式参加运输生产活动的一种运行方式。拖挂运输是世界汽车货运发展的主要趋势之一。提高车辆核定吨位，增加载重量是提高车辆生产率的一个有效途径。但由于受多种原因的影响，汽车列车技术速度的下降和装卸作业停歇时间的延长，从而使车辆生产率的提高受到一定的限制。

（2）拖挂运输的优点。在载重量相同的条件下，汽车列车与单辆汽车相比，有下述优点：①结构简单，制造、修理和保养费用较低；②车辆重量利用系数（额定载重量与自重的比值）较高；③车厢装货面积较大，车辆有效载重量能够充分利用；④可根据运输需要和条件灵活地调配车辆；⑤可以提高劳动生产率和降低汽车运输成本。

（3）拖挂运输的组织。在组织拖挂运输工作中，既可将汽车和全挂车或牵引车和半挂车固定配套使用，还可利用牵引和被牵引车辆能够摘挂的特点，实行甩挂运输和区段牵引制运输形式。甩挂运输是在一点装货和一点卸货，或一点装货和多点卸货、或多点装货和一点卸货的固定路线上，配备数量多于汽车（或牵引车）的全挂车（或半挂车），组织穿梭式的往复运输。运输过程中，汽车或牵引车在装卸货点甩下全挂车或半挂车装卸货，挂走已装货（已卸货）的挂车或半挂车。区段牵引制运输是在长途运输中将汽车列车行驶的路线划成几个牵引段，汽车列车越段时，更换牵引车和驾驶员，半挂车则由装货点直达卸货点。这两种运输形式都有利于节省车辆等待装卸货物的停歇时间，提高车辆运用效率，加速货物运达速度。后一种方法还能保证驾驶员的正常劳动和车辆的正常保养和维修。

2. 定挂运输

（1）概念。汽车列车在完成运行和装卸作业后，汽车（或牵引车）与全挂车（或半挂车）一般不予分离的定车定挂组织形式。

（2）定挂运行组织的要求。①在货物装卸和车辆运行调度方面必须加强组织，否则不能收到预期的效果。②加强现场调度与指挥工作，合理组织装卸作业。③足够长度的装卸作业线。④挂车上货物的装载高度和重量应加以适当限制，以确保汽车列车行驶的安全性。⑤汽车列车易受道路条件的限制。

（3）定挂运输工作组织。①合理组织装卸作业。②挂车上货物的装载要求。③汽车列车运行调度，加强现场调度与指挥工作。④汽车列车运行易于受道路条件的限制，必须采取适当措施予以妥善解决。

3. 甩挂运输

（1）概念。甩挂运输是汽车列车（一辆牵引车与一辆或一辆以上挂车的组合）在运输过程中，根据不同的装卸和运行条件，由载货汽车或牵引车按照一定的计划，相应地更换拖带挂车继续行驶的一种运行方式。

甩挂运输既保留了直达行驶法的优点，又克服了分段行驶法转运时装卸时间长的缺点，使得车辆载重量和时间利用均能得到充分地发挥，具有较佳的经济效益。

（2）甩挂运输组织形式。

A. 一线两点甩挂运输

一线两点甩挂运输有两种形式，一种是"一线两点，一端甩挂"——装甩卸不甩、卸甩装不甩；一种是"一线两点，两端甩挂"。这种形式主要适用于短途往复式运输线路上和装卸点固定、运量较大的地区。

B. 循环甩挂作业

循环甩挂作业是指在闭合循环回路的各装卸点上，配备一定数量的周转集装箱或挂车，汽车列车每到达一个装卸点后甩下所带集装箱或挂车，装卸工人集中力量完成主车的装（或卸）作业，然后装（挂）上预先准备好的集装箱（挂车）继续行驶。

C. 一线多点、沿途甩挂

这种形式的原则是远装前挂、近装后挂，主要适用于装货（或卸货）地点集中，卸货（或装货）地点分散，货源比较稳定的同一运输线路上。

D. 多线一点、轮流拖带

主要适用于发货点集中、卸货点分散，或卸货点集中、装货点分散的线路上。

三、整车货物运输作业程序

公路货物运输基本作业程序包括托运与承运、审批与认定、组织装车、货物运送、在途追踪、到货签收及回单、运输统计与结算等内容。公路货物运输货运作业基本程序如图4-8所示。

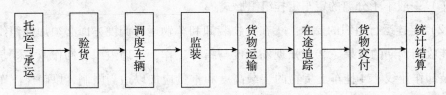

图4-8 整车货物运输作业流程

（一）货物的托运与承运

在公路货物运输中，货物托运人向公路运输部门提出运送货物的要求，叫托运；公路运输部门接受货物运输的行为则叫受理，也称承运。具体的工作程序如下：

1. 货物托运人填写托运单

货物托运单是托运人与承运人（承运单位）之间就货物运输所签订的契约，它明确规定了货物承运期间双方的责任与权利，货物托运单是公路运输部门开局货票的凭证，是调整部门派车、货物装卸和货物到达交付的依据；在运输期间发生运输延滞、空驶、运输事故时，货物托运单是判定双方责任的原始记录，它同时还是货物收据和交货凭证。

公路货物运输托运单是由公路货物运输管理部门印发，货主向公路运输单位托运时填写的单证。托运单要详细填写货物的名称、包装式样、件数、每件的体积和重量、托运总吨位、所需车种和辆数、要求时间以及运输要求等。对特殊货物运输，要在托运单上写明。如有委托事项，也应在单内注明。

托运单填写要求如下：

（1）托运人必须准确填写运单的各项内容，字迹要清楚，对所填写的内容及所提供的有关证明文件的真实性负责，并签字盖章。托运人或承运人改动运单所填写的内容时，必须签字盖章予以证明。

（2）一张运单托运的货物必须是同一托运人；对拼装分卸的货物应将每一拼装或分卸情况在运单记事栏内注明。

（3）易腐、易碎、易溢漏的液体、危险货物与普通货物以及性质相抵触、运输条件不同的货物，不得用一张运单托运。

（4）一张运单托运的件货，凡不是具备同品名、同规格、同包装的以及搬家货物，应提交物品清单（一式三份，具体格式如表4－5所示），加盖车站承运日期戳后，一份由发站存查，一份随同运输票据递交到站，一份退还托运人，除个人托运的物品外，可使用记有物品清单内容的其他单据代替物品清单，托运人对其他物品运单和物品清单内的填记内容的真实性应负完全责任，错报货物品名、重量时，还应按规定支付违约金。

（5）托运集装箱时应注明箱号和铅封印文号码，接运港、站的集装箱，还应注明船名、航次或车站货箱位，并提交装箱清单。

（6）轻泡货物按体积折算重量的货物，要准确填写货物的数量、体积、折算标准、折算重量及其有关数据。

（7）托运人要求自理装卸车的，经承运人确认后，在运单内注明。

（8）托运人委托承运人向收货人代递有关证明文件、化验报告或单据等，须在托运人记事栏内注明名称和份数。

（9）托运人对所填写的内容及所提供的有关证明文件的真实性负责，并签字盖章；托运人或承运人改动运单时，亦须签字盖章说明。

（10）托运有特殊要求的货物，应由托、承双方商定运输条件和特约事项，填注于运单上。例如，对保鲜冷冻食品等，托运人应提供货物的性质、温湿度要求以及对运输条件的限定。

货物托运单的式样不同运输部门可以有所不同，式样如表4－4所示。

表 4—4

汽车货物运单

托运人（单位）：　　　　　　　经办人：

电话：　　　　　　地址：

运单编号：

发货人	地址		电话		装货地点			厂休日
收货人	地址		电话		卸货地点			厂休日
付款人	地址		电话		约定起运时间 月　日	约定到达时间 月　日	需要车种
货物名称及规格	包装形式	件数	件重（千克）	体积（厘米）长×宽×高	重量（吨）	保险保价价格	货物等级	计费项目	计费重量	单价
								运费	
								装卸费	
合计									
托运人注意事项	付款人银行账号						计费里程	承运人记载事项		承运人银行账号
注意事项	1. 填在一张货物运单内的货物必须是属同一托运人。对拼装分卸货物，应将每一拼装或分卸情况在运单记事栏内注明。易腐蚀、易碎货物、易溢漏的液体、危险货物与普通货物以及性质相抵触，运输条件不同的货物，不得用同一张运单托运。托运人、承运人修改运单时，须签字盖章。 2. 货物名称应具体填写具体品名，如货品名过多，须另附物品清单。 3. 保险或保价货物，在相应价格栏中填写货物声明价格。						托运人签章　年　月　日		承运人签章　年　月　日

注：
1. 填在一张货物运单内的货物必须是属同一托运人。对拼装分卸货物，应将每一拼装或分卸情况在运单记事栏内注明。易腐蚀、易碎货物、易溢漏的液体、危险货物与普通货物以及性质相抵触，运输条件不同的货物，不得用同一张运单托运。托运人、承运人修改运单时，须签字盖章。
2. 本运单一式两份：①受理存根；②托运回执。

表 4 - 5 　　　　　　　　　交运物品清单

起运地点：　　　　　　　　　　　　　　　　　　　　运单号码：

编号	货物名称及规格	包装形式	件数	新旧程度	体积（厘米）长×宽×高	重量（千克）	保险保价价格

2. 受理托运

承运人在收到托运人的托运单后，要对托运单的内容进行审核，主要审核以下几个方面：

（1）审核货物的详细情况如名称、体积、重量、种类、运输要求等，然后根据具体情况确定是否受理。通常有下列情况的，承运人不予受理。

第一，法律禁止流通的物品或各级政府部门指令不予运输的物品。

第二，属于国家统管的货物或经各级政府部门列入管理的货物，必须取得准运证明方可出运。

第三，禁运的危险货物。

第四，未取得准运证的超长、超高、超宽的货物。

第五，未取得卫生检疫合格证明的动、植物。

第六，需要托运人押运而托运人不能押运的货物。

当市场部业务人员接到客户（厂家或发货商等）的出货通知单后，就会将其复印几份发给营运部、财务部等相关部门负责人进行审核；审核全面无误后交开单员，根据出货明细（到站、收货人、联系电话等）开具单据；输单员出货信息资料输入计算机，同时营运部根据出货日期和时间制订发货计划。运输部根据出货量安排车辆及理货计划，同时立即将信息传达给运输调度和其他相关部门人员，做好出货前的准备工作。

（2）检查有关运输凭证。货物托运人应向运输部门提供证明文件和随货同行的有关票据，如动植物检疫合格证、超限运输许可证等。

（3）审核货物有无特殊要求，如运输期限、押运人数、装卸搬运要求等有关事项。

在审核托运单内容后，编制托运单号，确定货物的运输里程、运杂费，计算总运费并将结算通知货主。

3. 确定货物运输的计费里程和运杂费

具体见任务四。

4. 托运编号及分送

货物运输部门受理后，应将托运单按编码的托运号码告知调度、运务部门，并将结算情况通知托运方。

（二）验货

1. 货物的核实

要认真核实以下内容：

（1）托运单所列的货物是否已经处于待运状态。

（2）装运的货物数量、发运日期有无变更。

（3）连续运输的货源有无保证。

（4）货物包装是否符合运输要求，危险货物的包装是否符合《危险货物运输规则》规定。货物的包装检查是承运人的职责之一。为了保证货物在运输过程中的完好和便于装载，发货人在托运货物之前，应根据"国家标准"（GB）以及有关规定进行包装，凡在"标准"内没被列入的货物，发货人应根据托运货物的质量、性质、运距、道路、气候等条件，按照运输工作的需要做好包装工作。承运人对发货人托运的货物，应认真检查其包装质量，发现货物包装不合要求时，应建议并督促发货人将其货物按有关规定改变包装，然后再行承运。

凡在搬运、装卸、运送或保管过程中，需要加以特别注意的货物，托运方除必须改变包装外，还应在每件货物包装外表明显处，贴上货物运输指示标志。

（5）确定货物体积、重量的换算标准及其交接方式。

（6）货物场地的机械设备、通行能力。

（7）运输道路的桥涵、沟管、电缆、架空电线等详细情况。

2. 理货

理货的主要内容如下：

（1）承运双方共同验货。

（2）落实货源、货流；落实装卸、搬运设备。

（3）查清货物待运条件是否变更。

（4）确定装车时间。

（5）通知发货、收货单位做好过磅、分垛、装卸等工作。

（三）调度车辆

1. 编制车辆调度计划

（1）车辆调度计划

车辆计划是企业计划期内的运力计划，主要表明企业在计划期内营运车辆的类型及各类车辆数量的增减变化情况及其平均运力。

车辆计划主要内容包括车辆类型及区分年初、年末及全年平均车辆数、各季度车辆增减数量、标记吨位等。车辆调度计划如表4-6所示。

表4-6　　　　　　　　　　　车辆调度计划

车辆计划										
类别		额定吨位	年初		增或减			年末		全年平均	
			车数	吨位	季度	车数	吨位	车数	吨位	车数	总吨位
货车	大型货车										
	中型货车										
	零担货车										
	集装货车										
挂车	全挂车										
	半挂车										

（2）车辆调度计划的编制

确定年初车辆数、增加与减少车辆数、标记吨数、年末车辆数、平均车辆数、平均总吨位数。

年初车辆数及吨（座）位数应根据前一统计期末实有数据列入。

增加车辆，包括由其他单位调入和新增的车辆。车辆减少，是指调拨给其他单位和计划报废的车辆及原属营运车辆经批准封存或改为非营运的车辆，均应从营运车数中减去。

年末车辆数量及吨（座）位数按计划期车辆增减后的实有数量计算。车辆的标记吨位以记载于行车执照上的数据为准，不得随意更换改动。若车辆进行改装，则应以改装后的数据为准。

车辆编制过程中经常用到车辆数位平均车数和平均总吨位数，是指货运企业在计划时期内平均拥有的吨位总数。

平均车数 = 计划营运车日总数/计划期日历天数

平均每日吨（座）位数 = 计划营运车吨（座）日总数/计划期日历天数

车辆平均吨位 = 计划营运车吨（座）日总数/计划期营运车日

车吨（座）日 = 营运车日 × 标记吨（座）位

（3）车辆调度的程序

A. 做好用车预约

应坚持做到：当班用车一小时前预约，下午用车上午预约，次日用车当日预约，夜间用车下班前预约，集体活动用车两天（三天）前预约，长途用车三日或一周前预约等。调度对每日用车要心中有数，做好预约登记工作。

B. 做好派车计划

调度根据掌握的用车时间、等车地点、乘车人单位和姓名、乘车人数、行车路线等情况，做计划安排，并将执行任务的司机姓名、车号、出车地点等在调度办公室公布或口头通知司机本人。

C. 做好解释工作

对未能安排上车辆，或变更出车时间的人员，要及时说明情况，做好解释工作，以减少误会，或造成误事。

调度工作应做到原则性强，坚持按制度办事，不徇私情；要有科学性，即掌握单位车辆使用的特点和规律；还要加强预见性，做好车辆强度的准备工作。

（4）车辆调度的要求

各级调度应在上级领导下，进行运力和运量的平衡，合理安排运输，直接组织车辆运行并随时进行监督和检查，保证月度生产计划的实现。

A. 根据运输任务和运输生产计划，编制车辆运行作业计划，并通过作业运行计划组织企业内部的各个生产环节，使其形成一个有机的整体，进行有计划的生产，最大限度地发挥汽车运输潜力。

B. 掌握货物流量、流向、季节性变化，全面细致地安排运输生产，并针对运输工作中存在的主要问题，及时反映，并向有关部门提出要求，采取措施，保证运输计划的完成。

C. 加强现场管理和运行车辆的调度指挥，根据调运情况，组织合理运输，不断研究和改进运输调度工作，以最少的人力、物力完成最多的运输任务。

D. 认真贯彻汽车预防保养制度，保证运行车辆能按时调回进行保养，严禁超载，维护车辆技术状况完好。

（5）车辆调度人员的责任

为了做好各项工作，一般调度部门设置计划调度员、值班调度员、综合调度员和调度长，其责任分述如下：

A. 计划调度员

a. 编制、审核车辆平衡方案和车辆运行作业计划，并在工作中贯彻执行，检查总结。

b. 掌握运输计划及重点物资完成情况，及时进行分析研究，提出措施和意见。

B. 值班调度员

a. 正确执行车辆运行计划，发布调度命令，及时处理日常生产中发生的问题，保证上下级调度机构之间的联系。

b. 随时了解运输计划和重点任务完成进度，听取各方面反映，做好调度记录，发现有关情况及时向领导指示、汇报。

c. 随时掌握车况、货况、路况，加强与有关单位的联系，保证单位内外协作。

d. 签发行车路单，详细交代任务和注意事项。

e. 做好车辆动态登记工作，收集行车路单及有关业务单据。

C. 综合调度员

a. 及时统计运力及其分布、增减情况和运行效率指标。

b. 统计安全运输情况。

c. 统计运输生产计划和重点运输完成进度。

d. 统计车辆运行作业计划的完成情况及保养对号率。

e. 及时绘制有关资料的汇总和保管。

D. 调度长

全面领导和安排工作，在调度工作中正确地贯彻执行有关政策法令，充分地发挥全组人员的积极性，确保运输任务的完成。

（6）调度工作的"三熟悉、三掌握、两了解"

调度人员通过调查研究，对客观情况必须做到"三熟悉、三掌握、两了解"。

A. 三熟悉

a. 熟悉各种车辆的一般技术性能和技术状况、车型、技种、吨位容积、车身高度、自重、使用性能、拖挂能力、技术设备、修保计划、自编号与牌照号，驾驶员姓名。

b. 熟悉汽车运输的各项规章制度、安全工作条例、交通规则、监理制度的基本内容。

c. 熟悉营运指标完成情况。

B. 三掌握

a. 掌握运输路线、站点分布、装卸现场的条件及能力等情况并加强与有关部门的联系。

b. 掌握货物流量、流向、货种性能、包装规定，不断地分析研究货源物资的分布情况，并能加强有关部门的联系。

c. 掌握天气变化情况。

C. 两了解

a. 了解驾驶员技术水平和思想情况、个性、特长、主要爱好、身体健康情况、家庭情况等。

b. 了解各种营运单据的处理程序。

2. 调度作业的操作流程

（1）发布调度命令

指挥汽车运行的命令和口头指示，只能由调度员发布；在调度命令发布前，应详细了解现场情况，书写命令内容，受令单位必须正确、完整、清晰，先拟后发，发布时要反复核对，要一事一令。

（2）登记调度命令

根据调度员发布的调度命令，登记调度命令，调度命令必须直接下达给司机。

（3）交付调度命令

调度命令下达给司机，必须由司机签名复核，调度员也应签名确认，具体如表4-7所示。

表4-7　　　　　　　　　　　　调度命令登记簿

序号	时间	命令内容				接受命令人姓名	调度员姓名
		汽车号码	货物种类	起始地	目的地		

（四）监装

在车辆到达厂家出货地点后，司乘人员和现场接货人员（运输物流员）会同厂家出货负责人，根据出货清单，对货物包装、数量和重量等进行清点和核实。核对无误后进行装车环节服务。

（1）车辆到达装货地点，监装人员应根据货票或运单填写的内容、数量和发货单位联系发货，并确定交货办法。一般情况下，散装货物根据体积换算标准确定装载量，件杂货以件计算。

（2）货物装车前，监装人员检查货物包装有无破损、渗漏、污染等情况。监装员如果发现不适合装车情况，应及时和发货人商议修补或调换。如果发货人自愿承担由此引起的货损，则应在随车同行的单证上做批注和加盖印章，以明确责任。

（3）装车完毕后，应清查货位，检查有无错装、漏装，并与发货人核对实际装车件数，确认无误后，办理交接签收手续。

（五）运输途中作业

货物在运送途中发生的各项货运作业统称为途中作业。途中作业主要包括途中货物交接、货物整理或换装等作业内容。为方便货主，整车货物运输还允许途中拼装或分卸作业，考虑到车辆周转的及时性，对整车拼装或分卸应加以严密组织。

为保证货物运输的安全与完好，便于划清企业内部的运输责任，货物在运输途中如发生装卸、换装、保管等作业，驾驶员之间、驾驶员与站务人员之间，应认真办理交接检查手续。在交接过程中如发现异常，由交出方编制记录备案。

（六）货物到达作业

货物在到站进行的各种货运作业，称为到达作业。货物到达作业内容包括：货物到达前的准备、票据的交接、货物的验收、货物的卸车、保管和交付等。

（1）货物监卸人员在接到卸货预报后，应立即检查卸货地点、货位、行车道路、卸车机械等。在车辆到达卸货地点后，应会同收货人员、驾驶员、卸车人员检查车辆装载有无异常，一旦发现异常应做出卸车记录后再开始卸车。

（2）卸货时应根据运单及货票所列的项目与收货人点件或监秤记码交接。如发现货损货差，则应按有关规定编制记录并申报处理。收货人员可在记录或货票上签署意见但无权拒收货物。交接完毕后，应由收货人在货票上拒收货物。交接完毕后，应由收货人在货票上收回回单联上签字盖章，公路承运人的责任即告终止。

检测与实训 ▶

一、复习思考题

1. 什么是整体货物运输？

2. 必须按整车运输的货物有哪些？

3. 公路整车运输有哪些组织方法？简要叙述。

4. 简述公路整车运输作业流程。

二、技能训练

1. 实训项目

班内同学每7人一组，具体：托运人1人，收货人1人，运单审核员1人，监装员1人，调度员1人，押运员1人，货物交付员1人，对开篇任务形成运输组织方案并模拟操作。

2. 训练要求

（1）形成电子版整车货物运输组织方案书，并上交。

（2）提前准备好所需单据（货运单、调度命令登记簿、交运物品清单）和所需器具。

（3）一组完成后，轮流进行。

（4）训练地点最好是汽车货物站，也可模拟汽车货物站。

任务三　公路零担货物运输

任务描述 ✛

天津天宇物流有限公司组织零担运输，从天津到北京每天两班车，采用保价运输，保价费率为千分之一。本次运输任务是将一些不同客户的货物运至北京各超市（具体见下表），运输时间要求当日到达。

品名	重量（kg）	体积（m³）	箱数（箱）	单位价值（元）	发货方	收货方
康师傅方便面	5	0.040	150	48	天津康师傅控股有限公司	北京 A 超市
康师傅饼干	3	0.040	270	76		
心相印卷纸	3	0.040	180	40	天津日用品制造厂	北京 B 超市
长城干红葡萄酒	8	0.035	100	750		北京 C 超市
罐装王老吉	10	0.030	250	72	天津饮料供应商	
娃哈哈矿泉水	5	0.035	200	48		

问题：请问天津天宇物流有限公司将如何组织这次运输任务？

任务分析

该次运输任务为零担货物运输，因此必须首先了解公路零担货物运输受理作业的程序，熟悉零担货物运输受理作业内容，然后结合所运输的货物特点、数量等具体操作。

相关知识

一、零担货物运输组织形式

1. 零担货物运输含义

零担货运是指托运人一次托运货物不足 3t 的为零担运输。按件托运的零担货物，单件体积一般不小于 $0.01m^3$（单件重量 10kg 以上的除外），不大于 $1.5m^3$；单件重量不超过 200kg；货物的长度、宽度、高度分别不超过 3.5m，1.5m 和 1.3m。

2. 零担货物运输主要特点

公路零担货物运输的主要特点是一票托运量小，托运批次多，托运时间和到站分散，一辆货车所装货物往往由多个托运人的货物汇集而成并由几个收货人接货。具体如下：

（1）货物批量小，品种繁多。

（2）托运批次多，托运时间和到站分散。

（3）一辆货车所装货物有多个托运人的货物汇集而成并由多个收货人接受。

（4）优点：安全、快速、方便、价廉、服务周到、运送方法多样。

（5）计划性较差、组货渠道杂、单位运输成本较高。

3. 零担货物运输组织形式

（1）固定式：也称"四定运输"，指车辆运行采取定路线、定班期、定车辆、定时间的一种运输组织形式。

（2）非固定式：具体情况具体对待。

（3）直达式（如图 4-9 所示）

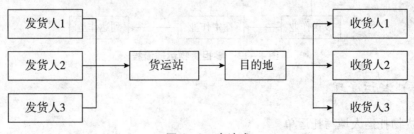

图 4-9　直达式

（4）中转式（如图 4 - 10 所示）

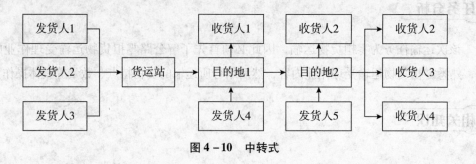

图 4 - 10　中转式

（5）沿途式（如图 4 - 11 所示）

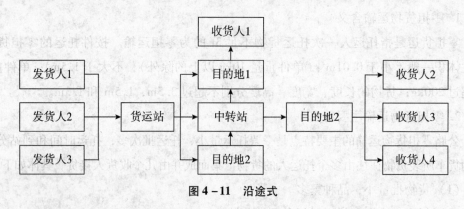

图 4 - 11　沿途式

二、零担货物运输作业程序

零担货物运输业务也是从受理托运开始的，即核对运单、检查货物包装。接下来是过磅量方、验收入库、开票收费、货物配载装车、货物中转、货运到达等业务。流程如图 4 - 12 所示。

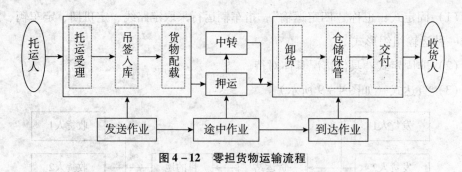

图 4 - 12　零担货物运输流程

（一）托运受理

1. 货物托运人填写托运单

公路零担货物运输托运单范本如表 4 - 8 所示，填写要求见整车货物运输。

表 4 - 8   公路货物运单

起运日期：　　年　月　日　　　　　　　　　　　　　　　　　　　　　　　　编号：

承运人：		地址邮编：		传真电话：		车牌号：			车型：		
托运人：		地址：		电话：		转货地点：					
收货人：		地址：		电话：		转货地点：					

货物名称及规格	包装形式	体积	件数	实际重量	计费重量	计费里程	货运周转量	货物等级	运价率	运费金额	报价保险	其他费用
合计												

货物运单签订地	结算方式		币种		运杂费合计	万　千　百　拾　元　角　分

特约事项	1. 承运单位不开拆检验，如运到时包装完好，货物出现短缺，承运方不负全部责任。 2. 承运单位必须按委托单位要求，按时运抵目的地（途中堵车、车出故障等因素外），并交接好手续，如收货人拒收，其责任由委托方负责。 3. 委托方对货物重量（体积）如有隐瞒或夹带易燃、易爆等违禁物品所造成的经济损失由委托方负责。 4. 委托方对货物应主动参加运输保险，如货物未投保，客观原因所造成的损耗由委托方自理。 5. 在货物运输过程中，如出现货物破损、受潮、残缺等人为造成的损失均由承运方负责。 6. 托运人办理货物运输，应当向承运人准确表明收货人的名称或姓名或凭指示的收货人，货物的名称、规格、型号、性质、重量、数量、收货地点等有关货物运输的必要情况。 7. 承运人运输货物实行接单交接，对包装内部承担保证之责，在提货时包装完好的货物，视为承运人已经按照承运单的记载完成运输任务。 8. 托运人对贵重物品应参加保险（每件价值在 300 元以上），凡无保险、无保价运输的货物发生灭失最高按 300 元以内赔偿，发生货损每件最高按运费 3 倍理赔，承运人不承担任何间接理赔责任。 9. 货到站后承运人应及时通知收货，收货人在接到通知之日起三日内凭有效证件提货，超过限定时间每天加收货费的 10% 作为保管费，超过 30 天按无主论处，代收货款或提货时付运费的，提货人不履行义务，承运人有权将该批货物留置。 10. 本单视为合同，双方签字生效，具有经济合同之效力，望双方共同遵守。

托运人签章或运输合同编号：	年　月　日
承运人签章：	年　月　日
收货人签章：	年　月　日

2. 零担货物的受理托运

零担货物的受理托运是指零担货物承运人根据营业范围内的线路、站点、距离、中转车站、各车站的装卸能力、货物的性质及运输限制等业务规则和有关规定接受托运零担货物，办理托运手续。受理托运时，必须由托运人认真填写托运单，承运人认真审核各项内容是否正确，如确认无误，在运单上签字盖章，表示接受托运。

具体审核的内容：

（1）检查核对托运单的各栏有无涂改，对涂改不清的应重新填写。

（2）审核到站与收货人地址是否相符，以免误运。

（3）对货物的品名和属性进行鉴别，注意区别普通零担货物与笨重零担货物，同时注意货物的长、宽、高能否适应零担货物的装载及起运站、中转站、到达站的装卸能力等。

（4）对一种货物多种包装的应认真核对。详细记载，以免错提错交。

（5）对托运人在声明事项栏内填写的内容应特别注意货主的要求是否符合有关规定，能否承运。

（6）核对货物品名、数量和包装标志是否与托运单相符。

（7）注意是否夹带限制运输的货物或危险货物，做到清点数量，防止发生差错。

（8）对长大、笨重的零担货物，要区别终点站，长大件不超过零担货运班车车厢的长度和高度；中途站长大件不超过零担货运班车后门宽度和高度；笨重零担货物，不超过发站和到站的自有或委托装卸能力。

（9）单件重量，一般在人力搬运装卸的条件下，以不超过40kg为宜，笨重零担货物应按起运、中转、到达站的起重装卸能力受理。

（二）过磅量方

货物重量是正确装载、凭以核算运费和发生事故后正确处理赔偿费用的重要依据。因此，必须随票过磅或量方，准确无误。货物重量分为实际重量、计费重量和标定重量3种。

（1）实际重量是根据货物过磅后（包括包装在内）的毛重来确定。

（2）计费重量可分为实际重量和体积重量。

（3）标定重量是对特定的货物所规定的统一计费标准。

同一托运人一次托运轻泡和实重两种货物至同一目的地者，可以合并称重或合并量方拆重计费（不能拼装者例外）。过磅或量方后，应将重量或体积填入托运单内。一张托运单的货物分批过磅、量方时，应将每批重量和长、宽、高体积尺寸记在托运单内，以备查考。然后将总重量和总体积填入托运单并告知货主。零担货物过磅量方后，司磅、收货人员应在托运单上签字证明并指定货位将货物搬入仓库，然后在托运单上签注货位号，加盖承运日期戳，将托运单留存一份备查，另一份交还给货主。

过磅量方，确认无误后，拴贴零担货物标签。零担标签、标志是建立货物本身与其运输票据间的联系，是标明货物本身性质，也是理货、装卸、中转、交付货物的重要识别凭证。标签的各栏必须认真详细填写，在每件货物两端或正、侧两面明显处各拴一张，样式如表4-9、表4-10所示。

表4-9　　　　　　　　　行李、包裹零担货运标签（一）

车次	
起站	
到站	
票号	
总件数	
站发	
	年　月　日

表4-10　　　　　　　　　行李、包裹零担货运标签（二）

站　　　　至　　　　站	
	年　月　日

（三）验收入库

零担货物验收入库是车站对货物履行运输、保管责任的开始。把好验收关，就能有效杜绝差错。实践中零担货物验收入库注意事项：

（1）凡未办理托运手续的货物，一律不准进入仓库。

（2）认真核对运单、货物，坚持照单验收入库。

（3）检查货物包装，是否符合相关的规定，有无破损、异迹。

（4）一批货物不要堆放在两处，库内要做到层次分明，留有通道，标签向外，箭头向上。

（5）露天堆放的货物要注意下垫上盖。

（四）货物配载配装

装车前必须根据车辆的载货吨位、车厢容积、货物性质和货物运送方向及中转还是直达等，做好货物配载工作。

1. 零担货物配载注意事项

整理各种随货同行单据，包括提货联、随货联、托运单、零担货票及其他附送单据，按中转、直达分开。在组织中转时应考虑发运到中转次数最少的中转站进行中转，不得任意中转，更不得迂回中转。凡中转货物一律不得分批运送。

根据车辆核定吨位，车厢容积和起运货物的重量、理化性质、长度、大小、形状等，合理配载，编制货物交接清单。

2. 配载原则

（1）中转先行、急件先行、先托先行、合同先运。

（2）重不压轻：重货垫底、轻脆在上（轻：轻货；脆：易碎）、注意层限、大不压小、好不压坏。

（3）互不污染：干湿分离、鲜活门口、异味分厢（茶叶、纸品、食品与化工产品）。

（4）防窜防盗：易窜物品要加固，其他材料来辅助；贵重易盗放里头、门口缝隙要堵住（易窜物品：汽车、电缆、锌锭、钢材、设备等；辅助材料：枕木、铁丝、抓钉、木板、纸、板、草垫等；贵重易盗：高投保货物及高价值货物；放置门口后包装易被钩破的货物：服装、纺织品、粮食、聚丙烯等包装容易被钩破泄漏的，用木板等辅助材料堵住门口缝隙）。

（5）整体平衡：笨货两头、大件门口、左右对称、前后均衡。

（6）优化空间：计划周密、先紧后松、堆码紧凑、梯形调整（计划周密包括：轻重货的合理搭配等）。建议轻重货物搭配标准为：

A. 行包车厢一般装载量为40t或者120m³，轻重货搭配比例以重货25~30t和轻货以50~80m³最佳。

B. 行邮车厢一般装载量为23t或者145m³，轻重货搭配比例以重货8~12t和轻货以60~90m³最佳。

C. 五定车厢一般装载量为60t或者120m³，轻重货搭配比例以重货40~50t和轻货以30~50m³最佳。

D. 先紧后松：货物计划不明确；装载重量够了，但空间的利用不够，空间的利用不够的对货物要进行梯形调整。

E. 安全接触：软硬隔离、辅材防护、遇有凹凸、铺垫填充（软包装货物指：纸箱、编织袋、纸袋、塑料包装的；硬包装货物：裸装的坚硬货物、外形不规则的设备和建材等，铺垫辅助填充材料：泡沫、纸板、元明粉、耐挤压货物）。

（7）根据需要和可能，为中途作业站留有一定的吨位和容积。

3. 货物配装

零担货物的装车作业主要包括对库内集结货物编制配装计划和进行合理装载等内

容。零担货物的配装计划应根据零担货物的流量、流向、性质、包装等情况统一安排。

装车作业流程：

（1）车辆选型

根据客户订单的货品总重量、总体积，进行车辆选型（如表 4 – 11 所示）。

表 4 – 11　　　　　　　　　　　　　　车辆选型

货品名称	配送数量（箱）	单件重量（kg）	总重量（kg）	单件体积	总体积

（2）与收货操作员交接

装车操作员与收货操作员根据操作经理拟走货计划逐票（按照运单）交接需装车货物的数量、破损，核实无误后签字确认。

（3）草拟"货物装载清单"

A. 操作经理向公司市场营销部催要"货物发送计划"，向车站索要当班各条线路要发送的车皮车厢号。把握住当班要进行发送装车的货物名称、数量、质量、特性要求和相关说明等，提前做好发送人员的安排和必要的相关说明。

B. 操作经理根据"货物发送计划"、当班车体情况和货物库存情况（电子"库存货物日报表"），对当班各条线路上各个车厢进行货物初步轻重配载，在系统上确认并打印相应的"货物装载清单"。

（4）装车准备工作

A. 装车操作员要向客户、销售代表获取货物特性和保护要求，并协同销售代表及时将货物种别归类，整理出与货物特性、保护要求相适应的措施资料。

B. 装车操作员在装车前向装卸工、叉车司机说明货物特性和安全（人员和货物）注意事项，重申人员、货物的保护要求与措施。特别注意超大超重件、易损货物、外包装质量要求严格的货物装车。

C. 装车操作员根据打印的"货物装载清单"和货物库存情况（"电子库存货物日报表"），规划好货物在车厢中装车顺序、摆放情况，做好相应的装卸工、叉车司机安排。

D. 装车操作员根据货物的特性、保护要求以及作业现场情况，确定装车方式与作业方法，要求装卸工提前做好作业工具（含辅助工具）的检查和准备以及货物防护辅助材料的准备。

（5）查单验货

A. 装车操作员按操作经理打印的"货物装载清单"中货物情况，找到相应的"货物运单"（随货联），并掌握"货物运单"和货物上的"货运标签"中的仓位、货物名称、数量、运号等信息核查所要装车的货物情况，作好相应的记录并对数量和包装有异常的货物进行临时处理。如发现有货无票、有票无货以及附单不正确情况时要做好相应的记录并立刻报告操作经理。

B. 装卸工协同操作员按"货物运单"（随货联）与"库存货物日报表"核查要发送装车的货物在库情况，如发现运单中没有记载的货物异常情况时要做好相应的记录并立刻报告操作经理。

（6）核查车体状况

A. 装车操作员在发送车厢没有按时进站时，要立刻报告操作经理/组长。

B. 装车操作员在发送车厢进站后，在装卸工的协助下对操作经理所安排的车厢进行检查并作好相应的记录：核对车厢号；检查车厢门窗、车体的完好情况，门窗是否开关正常；车厢的干净卫生情况，否则要安排装卸工及时清理并做好相应的防护措施；视货物情况对车厢内侧面（一般来说不平整）做好相应的防护措施。

C. 装车操作员在车厢状况检查后，如在对发现车厢异常情况采取相应的补救措施后仍没解决时要立刻报告操作经理/组长处理。

（7）监装

在装车时尽量做到"后送先装"。由于配送车辆大多是后开门的厢式货车，故先卸车的货物应装在车厢后部，靠近车厢门，后卸车的货物装在前部。根据最优配送路线设计各客户的配装顺序，如图4－13所示。

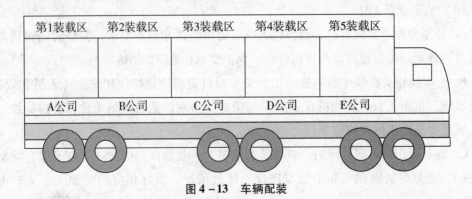

图4－13　车辆配装

在进行装车时，要根据货物的形状体积进行摆放，要尽量提高车辆仓容的利用率。如图4－14所示。

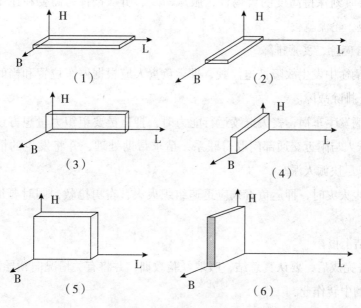

图 4—14 货物配装形式

（五）途中作业

途中作业主要有货物的押运及中转作业。

1. 货物押运作业

（1）掌握货物押运途中的路情和社会治安保卫力量情况

A. 熟悉路基情况，是柏油路还是水泥路，道路宽度如何，有多少个 "Z" 字形急转弯和多少个桥梁，沿途要穿过多少个闹市区。还要注意雨雪天对道路造成的危害。

B. 向当地派出所详细了解近几年的沿途盗窃、当地车匪路霸活动等社会治安情况。

（2）拟订方案

在接到执行押运命令后，保卫部门应迅速拟定预案。预案内容包括运送时间、地点、路线、执行押运任务的负责人和遇到异常情况所采取的措施等。

（3）送请领导签发

填写押运登记表送领导审核、签发。

（4）事前检查

详细检查车辆、警卫设备、通信器材等是否完好，手续是否齐全。

（5）依章执行

严格执行押运守则和途中的规章制度，严禁途中走亲访友，严禁携带易燃易爆物品和其他无关物品。要严格保密，不准向无关人员泄露押运事项，严禁途中无故停留。

押运途中，要时刻保持高度的警惕性，服从命令、听从指挥，需要在途中就餐时，应保证双人守卫，轮流就餐。

（6）沉着应急，妥善排障

A. 若车辆途中发生故障被迫停驶，押运负责人应根据停车位置和当时情况指挥司机尽快抢修，排除故障。

B. 当车辆发生车祸，丧失继续运行能力时，押运员要组织力量想方设法保护好现场。同时，派人与附近交通部门取得联系，请求帮助处理，并将发生的情况迅速报告上级领导，以尽快派人派车。

C. 当发生火灾时，押运负责人应迅速组织灭火，奋勇抢救，同时要加强警戒，保护好现场。

（7）总结汇报

押运任务完成后，要认真总结，吸取经验教训，并将有关情况向领导汇报。

2. 货物的中转作业

中转零担货物要消耗很多人力和物力，运送时间长，作业环节多，还容易发生事故；而在零担事故中，又大部分发生在中转零担货物上。由此可见零担货物中转工作在零担货物运输组织中占有很重要的地位。为此，零担货物的始发组织站和中转组织站要严格按着"多装直达、合理中转"的组织原则去组织零担货物运送，够直达条件的不中转，必须中转的要合理中转，力争超越中转，杜绝不合理中转，就能达到安全、迅速、经济、合理地运送零担货物的目的。

零担货物中转站要根据零担物的流量、流向及中转货物货源情况，按照"先直达、后中转"和"能装一站，不装两站"等装配原则，采取坐车、过车、落地等方法，组织好零担货物的中转作业。零担货物中转方法有以下 3 种：

（1）坐车法

在到达的零担车内，对同一到站或同一中转范围的零担货物留于车内，再加装与车内同一到站或同一中转范围的零担货物，组织一个新的整零车，这些留于车内，不进行装卸的货物称为坐车货物，这种组织方法称为坐车法。

在作业中零担车组织站必须对坐车货物进行清点、核对（核心货物除外），防止误卸和漏卸事故的发生。这种方法省略了坐车货物的装卸作业，从而可提高作业效率，减少货物损失的可能性。

（2）过车法

将到达货车内的中转货物直接倒装至另一辆货车内，但两车内必须都是同一到站或同一中转范围内的货物。过车法，可以向空车里过，也可以向留有货物（核心）的重车里过。过车法的优点是卸车的同时就完成了装车作业，减少了一次作业时间，又不占用货位，提高了作业效率。

（3）落地法

将到达货车内的中转货物卸入库内货位，经集结后再装整零车。由于这种方法需要进行多次装卸作业，货物中转时间长，占用货位多，车辆停留时间长，影响运输速度。但对中转量大的车站，落地法可充分集结货物，提高直达率和货车装载量。

上述3种中转作业方法，零担货物中转站通常结合本站具体条件综合运用。为了提高中转作业效率，节省装卸劳力，零担货物中转工作应贯彻以"坐过为主，落地为辅"的原则。

（六）货物到达交付

零担班车到站后，对普通到货零担及中转联运零担应分别处理。除将普通到货按流向卸入货位外，对需要中转的联运货物，应办理驳仓手续，分别移送有关货组，办理仓储及中转作业。

到站卸货注意事项：

（1）要认真办好承运车与车站的交接工作。班车到站时，车站货运人员应向随车理货员或驾驶员索阅货物交接清单以及随附的有关单证，两者要注意核对，如有不符，应在交接清单上注明不符情况。

实践中货票不符的处理如下：

A. 有单无货，双方签注情况后，在交接单上注明，原单返回。

B. 有货无单，确认货物目的地，收货后仓库保管员签发收货清单，双方盖章，清单寄回起运站。

C. 货物目的地错误，将货物原车返回起运站。

D. 货物短缺、破损、受潮、污染、腐烂时，均不得拒收，但应在交接清单上签注并作出记录。双方共同签字确认，填写事故清单。

（2）要检查车门、车窗及敞车的篷布覆盖、绳索捆扎有无松动、漏雨等情况，确认货物在运送过程中的状态和完整性，以便在发生货损货差时划清责任并防止误卸。

（3）零担货物到站卸货验收完毕后，到达本站的货物，应填写"零担货物到货登记表"，并迅速以"到货通知单"或电话形式发出通知，催促收货人提货，一面将通知的方式和日期记入到货登记簿内备查。对合同运输单位的货物，应立即组织送货上门。

（4）收票交货是零担货物运输最后一道工序，货物交付完毕，收回货票提货联，公路汽车运输宣告结束。

检测与实训 ✦➤

一、复习思考题

1. 什么是零担货物运输？其主要特点是什么？

2. 零担货物运输主要有哪些组织形式？简要叙述。

3. 简述公路整车运输作业流程。

4. 试述车辆配装配载的原则。

二、技能训练

1. 实训项目

班内同学每 11 人一组，具体：托运人 1 人，核对运单 1 人，检查货物包装 1 人，验货司磅 1 人，扣、贴货物标签、标志 1 人，货物入库 1 人，配货装车 2 人，到站卸货和货物交付 2 人，收货人 1 人，对开篇任务形成运输组织方案并模拟操作。

2. 训练要求

（1）形成电子版整车货物运输组织方案书，并上交。

（2）提前准备好所需单据（货运单、调度命令登记簿、交运物品清单）和所需器具。

（3）一组完成后，轮流进行。

（4）训练地点最好是汽车货物站，也可模拟汽车货物站。

任务四 公路货物运费的计算

任务描述 ✦➤

某人在济南购买四箱鞋子，委托捷诚物流运输公司托运至青岛，鞋子每箱规格为 1.0m×0.8m×0.8m，毛重 200kg。

问题：货主需要支付多少运费？

任务分析 ✦➤

计算铁路运输运费，要分析该运输任务所采用的铁路运输方式，结合所运输的商品种类，商品的数量，运输的始发地和目的地即运输距离等，然后根据铁路运输运费计算的公式进行计算。

相关知识 ✚

一、公路货物运价的种类

公路货物运价根据不同的要求，可以有不同的分类：

1. 按照运价适用的范围划分

（1）普通运价：普通运价是运价的基本形式，通常按货物的种类或等级制定。它通常被作为其他运价形式的参照标准。

（2）特定运价：特定运价是普通运价的一种补充形式，适用于特定货物、车型、地区或运输线路。其运价水平比普通运价高些或者低些。

（3）优待运价：优待运价属于优待减价性质，适用于某些部门或有专门用途的货物，也适用于返程运输的货物带回空容器等。

2. 按照货物托运数量及发运情况划分

（1）整车运价：整车运价适用于一批按重量、体积或形状要求，需要以一辆车装载，按照整车托运的货物。一般是指一次托运货物计算重量达到3t或3t以上时运价。

（2）零担运价：零担运价适用于每批不够整车条件运输，而按零担托运的货物。一般是指一次托运货物计费重量不足3t时的运价。由于零担货物批量小，到站分散，货物种类繁多，在运输中需要比整车运输花费较多的支出，所以同一品名的零担运价比整车运价高。

（3）集装箱运价：集装箱运价是指运用集装箱运价和以整车或零担为基础计算的集装箱运价两种形式。集装箱运输价格一般低于零担运价，但是高于整车运价。

3. 按照运价的计价形式

（1）计程运价：以吨·千米（t·km）或者以千克·千米（kg·km）为单位计价。

（2）计时运价：以吨·小时（t·h）为单位计价；

（3）长距价：适用于长途运输货物，一般实行递远递减的运价结构；

（4）短距价：适用于短途运输的货物，一般按照递近递减原则，采用里程分段计费的办法计费；

（5）加成运价：适用于一些专项物资、非常规运行线单程货物的运输，以及特殊条件下货物的运输，特种货物的运输等。

4. 按照运价与距离的关系划分

（1）与距离无关的运价：指运距发生变化而运价率不变的运价，适用于到发作业费（又称吨次费，即承运、交付货物等环节上的费用）和中转作业费较高的货物运输。

（2）与距离有关的运价：指随运距变化而有不同运价率的运价，适用于运输费用较高的货物运输。

5. 其他类型的运价

（1）协议运价：指由承运、托运双方自由协商达成的运价。这种运价在不受运价管制的地区或者不受管制的时期适用。

（2）站到站运价：指托运人和收货人自己协商达成的运价。这种运价在不受运价管制的地区或者不受管制的时期适用。

（3）服务时间运价：运价的高低与运输服务时间挂钩。运输时间短，运价高；反之，运价低。如果正好按照规定的时间完成运输，则按照标准运价计费。

（4）总量运价：总量运价适合于零担运输，即托运人给予承运人的累计运量达到一定数额，便享受运价优惠。运量越多，优惠越大。

（5）限额赔偿运价：限额赔偿运价是指如果在运输中存在货差货损，承运人只赔偿某一限额，而不是货物的全部价值。这种运价低于正常运价。

二、货物基本运价的确定

货物基本运价的确定，一般需要在普通货物运价的基础上采取一定的加成比例。

1. 普通货物运价

普通货物运价实行分等计价，以一等货物为基础，二等货物加成15%，三等货物加成30%。

2. 特种货物运价

（1）一级长大笨重货物在整批货物基本运价的基础上加成40%~60%。

（2）二级长大笨重货物在整批货物基本运价的基础上加成60%~80%。

（3）普通车运输特种货物，执行特殊货物运价。适用罐装车、冷藏车及其他具有特殊构造和专门用途的专用车运输货物时，在整车货物基本运价基础上加成30%。特种车辆运价和特种货物运价两个价目不准同时加成使用。

3. 危险货物运价

（1）一级危险货物在整车（零担）货物基本运价基础上加成60%~80%。

（2）二级危险货物在整车（零担）货物基本运价基础上加成40%~60%。

4. 贵重、鲜活货物运价

贵重、鲜活货物在整车（零担）货物基本运价基础上加成40%~60%。

5. 快速货物运价

快速货物运价按计价类别在相应运价的基础上可加成40%。

三、运费计算步骤

第一步，确定货物的种类和基本运价（见附件2、附件3）；

第二步，确定货物运输的计费重量；

确定货物计费重量的原则：

对于不同的公路运输业务类型应当遵循不同的重量计费标准：

（1）一般货物：不论整批或者零担货物，计费重量均按毛重计算。

A. 整批货物吨以下计至100kg，位数不足100kg的，四舍五入；

B. 零担货物的起码计费重量是1kg，重量在1kg以上的，位数不足1kg的四舍五入。

（2）轻泡货物：以每立方米折合333kg确定计费重量。

A. 装运的整批轻泡货物的长度、宽度、高度，以不超过有关道路交通安全规定为限度，按车辆标记吨位计算重量；

B. 零担运输轻泡货物以货物包装最长、最宽、最高部位尺寸计算体积，按每立方米折合333kg计算重量。

（3）包车运输，按照车辆的标记吨位计算。

（4）散装货物：如砖、瓦、沙、土、矿石、木材等，其体积按照各省、市、自治区、直辖市统一规定重量换算标准计算重量。

（5）货物重量：一般以起运地过磅为准。起运地不能或不便于过磅的货物，由承托双方协商确定计费重量。

第三步，确定计费里程；

（1）里程单位：以千米为单位，位数不足1km的，进整为1km。

（2）里程确定：

A. 货物运输的运营里程，按交通部和各省、市、自治区、直辖市交通行政主管部门核定、颁布的《运营里程图》执行。《运营里程图》为核定的里程有承、托双方共同测定或者经协商按车辆实际运行里程计算。

B. 货物运送的计费里程：按装货地点至卸货地点的实际载货行驶里程计算。

C. 因自然灾害造成道路中断，车辆须绕道而行的，按实际行驶里程计算。

D. 城市市区里程按当地交通主管部门确定的市区平均运营里程计算，当地交通主管部门为确定的，由承托双方协商确定。

第四步，计算公路货物运输的运费，公式如下：

（1）整批货物运费 = 吨次数×计费重量 + 整批货物运价×计费重量 + 计费里程 + 货物运输其他费用。

（2）零担货物运费 = 零担货物运价×计费重量×计费里程 + 货物运输其他费用。

（3）包车费用 = 包车时间×［元/（吨位·小时）］。

（4）专线货物运输费用：在各地的专线运输中，由于计费里程是固定的，所以运价单元是元/吨。

例1 某货主托运一批瓷砖，重4538kg，承运人公布的一级普通货物费率为1.2元/（吨·千米），吨次费为16元/吨，该批货物运输距离为125km，瓷砖为普货三级，计价加成30%，途中通行费40元。计算货主应支付多少运费？

解：计算过程如下：

第一步，瓷砖重4538kg，超过3t，按整车办理，计费重量为4.5t。

第二步，瓷砖为三级普货，计价加成30%。

运价 = 1.2 × （1 + 30%） = 1.56（元）

第三步，计算总运费。

运费 = 16 × 4.5 + 1.56 × 4.5 × 125 + 40 = 989.5（元）

检测与实训 ➤

一、复习思考题

1. 公路货价有哪几种？

2. 公路基本运价如何确定？

3. 简述公路运费计算步骤。

二、技能训练

1. 实训项目

（1）有一批自行车从上海真如发运到广州南站，货物重量为37300kg，用标重50t的棚车运输，计算运输费用。

（2）货物与运输情况如下，试计算运价。

货号	货物名称	重量（t）	始发地	目的地
1	化工	20	安徽合肥	江苏南京
2	石材	18	江西玉山	浙江台州

2. 训练要求

（1）熟悉运费计算方法和过程。

（2）能够通过网络或其他方式查询公路货物运输参考价目表、货物分类表。

（3）熟悉中国交通地图，可以通过网络或其他方式查询公路里程表。

项目五　铁路货物运输操作实务

任务一　认识铁路货物运输

任务描述

1. 2012 年 1 月 30 日，济南中迪服饰实业有限公司业务员小王向北京中迪服饰实业有限公司分公司托运一批针织内衣，共 100 袋，每袋重 27.5kg，单价为 1000 元/袋，小王准备采用铁路运输。

问题：他应该选择铁路运输中哪一种运输组织形式？

2. 水果、蔬菜、木材、原油、砂石、钢材、服装、家具和生猪等物品适合什么类型的铁路车辆来运输？

任务分析

要选择合适的铁路运输方式，首先要了解铁路货物运输有哪些组织形式，熟悉每一种运输组织形式的概念、特点，结合该运输任务具体内容进行合理选择。

相关知识

一、铁路货物运输方式

铁路货物运输以批为单位，一批是铁路承运货物、计收运费、交付货物和处理事故的单位。铁路货物运输按照一批货物的重量、体积、性质、形状分为整车运输、零担运输和集装箱运输三种。

（一）整车运输

一批货物的重量、体积、性质或形状需要一辆或一辆以上铁路货车装运（用集装箱装运除外），即为整车运输。

1. 整车运输的条件

（1）货物的重量或体积。我国现有的货车以棚车、敞车、平车和罐车为主，标记载重量（简称为标重）大多为50t、60t及其以上，棚车的容积在100m³以上。达到这个重量或容积条件的货物，应按整车运输。有一些专为运输某种货物的专用货车，如毒品车、散装水泥车、散装粮食车、长大货物车、家畜车等，按专用车的标重、容积确定货物的重量与体积是否需要一辆货车装载。

（2）货物的性质或形状。有些货物虽然重量体积不够一车，但按其性质、形状需要单独使用一辆（阔大货物至少需要一辆）货车时，也应该整车运输。下列货物除按集装箱运输外，应按整车运输办理，即不得按零担运输的货物：①需要冷藏、保温或加温运输的货物；②规定限制按整车运输的危险货物；③易于污染其他货物的污秽品；④蜜蜂；⑤不易计算件数的货物；⑥未装容器的活动物；⑦一件货物重量超过2t、体积超过3m³或长度超过9m的货物（经发现确认不影响中转站和到站装卸作业的除外）。

2. 特殊整车运输

（1）整车分卸。托运人托运同一到站的货物数量不足一车而又不能按零担办理时，要求将同一线路上2个或最多不超过3个到站的货物同装一车时，按整车分卸办理。整车分卸由于在运输途中需要办理分卸，中途分卸站既办理到达作业，又办理途中作业，对铁路运输组织工作影响较大，因此，从社会的整体利益考虑，对其规定了必要的限制条件。整车分卸货物必须具备下列条件：

A. 托运的货物必须是规定不得按零担托运的货物（除密封、使用冷藏车装运需要制冷或保温的货物和不易计算件数的货物外）。

B. 到达分卸站的一批货物数量不够一车。

C. 到站必须是同一径路上二个或三个到站。

D. 货物必须在站内卸车。

E. 在发站装车必须装在同一货车内作为一批托运的货物。

按整车分卸办理的货物，除派有押运人者外，托运人须在每件货物上拴挂标记，分卸站卸车后，对车内货物必须整理，以防偏重或倒塌。

（2）准、米轨直通运输

所谓准、米轨直通运输是指使用一份运输票据，跨及准轨（轨距 1435mm）与米轨（轨距 1000mm）铁路，将货物从发站直接运至到站。不办理准、米轨之间直通运输的货物有：

A. 鲜活货物及需要冷藏、保温或加温运输的货物。

B. 罐车运输的货物。

C. 每件重量超过 5t（特别商定者除外），长度超过 16m 或体积超过米轨装载限界的货物。

D. 一批重质货物重量为 30t、50t、60t，一批轻浮货物体积为 60m^3、95m^3、115m^3。

（二）零担运输

一批货物的重量、体积、性质或形状不需要一辆铁路货车装运（用集装箱装运除外），即属于零担运输，简称零担。

1. 零担运输的分类

根据零担货物性质和作业特点，零担货物分为：

（1）普通零担货物，简称普零货物或普零，即按零担办理的普通货物。

（2）危险零担货物，简称危零货物或危零，即按零担办理的危险货物。

（3）笨重零担货物，简称笨零货物或笨零，是指：一件重量在 1t 以上，体积在 2m^3 以上或长度在 5m 以上，需要敞车装运的货物；货物性质适宜敞车装运和吊装吊卸的货物。

（4）易腐蚀零担货物，简称鲜零货物或鲜零，即按零担办理的鲜活易腐货物。

根据组织零担货物的运输方式来分：

为了加速零担货物的运送，合理使用车辆，根据零担货物的流向流量、运距长短、集结时间和车站作业能力等因素，组织零担货物的运输方式可分整装零担车（简称整零车）和沿途零担车（简称沿零车）。

（1）整零车又分为：直达整零车——所装的货物不经过中转站中转，可以直接运到货物到站。全车所装的货物到达一个站的，叫一站直达整零车，全车所装的货物到达两个站的，叫两站直达整零车。

中转整零车——所装的货物为同一去向，但到站分散。组织中转整零车应尽可能装运到距离货物到站最近的中转站，以减少中转次数。

此外，为了及时运送零散的长大、笨重或危险货物，整零车中还有同一径路的三站直达整零车，或三站中转整零车。但第一到站与第三到站间的距离不得超过500km。

（2）沿零车是指在指定区段内运行，装运该区段内各站发到的零担货物。

沿零车又分为：直通沿零车——即通过几个沿零区段不进行货物的中转（换装）作业，但需要在途中经过几次列车改编的长距离沿零车。

区段沿零车——即在两个技术站间运行的短距离沿途零担车。

2. 零担运输的条件

凡不够整车运输条件的货物，可按零担货物托运。零担货物一件体积不得小于 $0.02m^3$。但一件重量在 10kg 以上时，则不受此最小体积限制。零担货物每批件数不得超过 300 件。

零担运输需要等待凑整车，因而速度慢，为克服这一缺点，已发展出定路线、定时间的零担班车，也可利用汽车运输的灵活性，发展上门服务的零担送货运输。例如日本现大量使用的"宅配便"就属于这种形式。

（三）集装箱运输

铁路使用集装箱进行的货物运输，是铁路货物运输的种类之一。集装箱运输是指以集装箱这种大型容器为载体，将货物集合组装成集装单元，以便在现代流通领域内运用大型装卸机械和大型载运车辆进行装卸、搬运作业和完成运输任务。集装箱适合运输精密、贵重、易损的货物。

使用集装箱运输的货物，每批必须是同一箱型、同一箱主、同一箱态（空箱、重箱），至少一箱，最多不得超过铁路一辆货车所能装运的箱数、集装箱总重之和不得超过货车的最大容许载重量（详见项目八）。

二、铁路货车

我们把铁路上用于载运货物的车辆统称为货车。铁路货车按其用途不同，可分为通用货车和专用货车。通用货车是装运普通货物的车辆，货物类型多不固定，也无特殊要求。铁路货车中这类货车占的比重较大，一般有敞车、平车、棚车、保温车和罐车等几种。专用货车一般指只运送一种或很少几种货物的车辆。用途比较单一，同一种车辆要求装载的货物重量或外形尺寸比较统一。有时在铁路上的运营方式也比较特别，如固定编组、专列运行。专用货车一般有集装箱车、长大货物车、有毒物品运输车、家畜车、水泥车、粮食车和特种车等。

1. 敞车

敞车具有端、侧壁而无车顶的货车，主要供运送煤炭、矿石、矿建物资、木材、钢材等大宗货物用，也可用来运送重量不大的机械设备。若在所装运的货物上蒙盖防水帆布或其他遮篷物后，可代替棚车承运怕雨淋的货物。因此敞车具有很大通用性，在货车组成中数量最多；约占货车总数的 50% 以上。敞车按卸货方式不同可分为两类：一类是适用于人工或机械装卸作业的通用敞车；另一类是适用于大型工矿企业、站场、码头之间成列固定编组运输，用翻车机卸货的敞车。

图 5－1　敞车

2. 棚车

棚车，有侧壁、端壁、地板和车顶，在侧壁上有门和窗的货车图，用于运送怕日晒、雨淋、雪侵的货物，包括各种粮谷、日用工业品及贵重仪器设备等。一部分棚车还可以运送人员和马匹。中国旧有的棚车型式很多，多为载重 30t 的小型车。从 1953 年起中国开始制造载重 50t、容积 101m³，车体为全钢结构的 P50 型棚车。1957 年后设计制造了载重 60t、容积为 120m³ 的 P13、P60，P61 型棚车；1980 年设计制造了 P62 型棚车；20 世纪 90 年代后生产了 P63、P64、P70 型棚车。P63 型棚车载重 60t、容积 137m³，车体为全钢电焊结构，钢结构内部装有木质内衬板和木地板，除供运送需要防雨雪和较为贵重的货物外，亦可用于装运人员及马匹，车辆长为 16.438m，构造速度为 100km/h。

3. 罐车

罐车车体呈罐形的车辆，用来装运各种液体、液化气体和粉末状货物等。这些货物包括汽油、原油、各种黏油、植物油、液氨、酒精、水、各种酸碱类液体、水泥、

图 5 – 2　棚车

氧化铅粉等。罐车在铁路运输中占有很重要的地位，我国在 20 世纪 50 年代初期只能生产载重 25t、有效容积仅为 30.5m³ 的全焊结构罐车，1953 年设计制造了载重 50t、有效容积 51m³ 的全焊结构罐车，以后又制造了有效容积 60m³、载重 52t 以及有效容积 77m³、载重 63t 的各种罐车，容积最大的罐车是有效容积为 110m³ 的液化气体罐车，罐体呈鱼腹形。罐车用于装运液态、气态或粉状货物的车辆，通常有纵向水平置放的圆柱形罐体，以及排卸装置和进入孔、安全阀等附属装置。罐体内有表示装载量的容积标尺。旧型罐车顶上有空气包，作为液体膨胀的附加容器，新型罐车没有空气包，仅在装载时留出供膨胀用的容积。罐体为全封闭型结构，本身有足够的强度和刚度，因此有些新型罐车取消了枕梁间的部分底架，成为无底架罐车。这种罐车自重较轻，但由于所装货物多属易燃品或危险品，为了保证运输安全，罐体连接处必须有极高的可靠性。随着罐车的用途不同，结构也有差异。

（1）黏油罐车：用于装载原油、矿物油等，通常在罐体下部外侧设有夹层加温套，卸车时通入蒸汽对货物进行加温，使其易于从下卸阀排出。

（2）轻油罐车：用于装运汽油等轻质液态货物，这种罐车没有加温套，货物通常由上部进入孔通过抽油管卸出而不用下卸阀，以免渗漏发生危险。

（3）酸碱类罐车：用于装运各种酸类或碱类液态货物。罐体内部通常有耐腐蚀涂层，或用不锈钢制造。罐体下部有加温套，上部设抽液管。

（4）液化气罐车：用于装运液化气体。罐体能承受 2 兆帕的工作压力，设有气相和液相阀，上部有遮阳罩。

（5）粉状货物罐车：用于装运散装水泥、面粉等粉状货物。罐体为卧式或立式。卸货时把压缩空气通入气室，使罐内货物流态化，随气流经管道输送到指定地点。

图 5-3　罐车

4. 有盖漏斗车

有盖漏斗车由棚车派生出来的一种专用货车，用于装运散装粮谷、化肥、水泥、化工原料等怕湿散粒货物。车体下部设有漏斗，侧墙垂直，没有门窗，端墙下部向内倾斜，车顶有装货口，口上有可以锁闭的盖，漏斗底门可以用人力或机械开闭。打开底门，货物靠自身重力自动卸出。

图 5-4　有盖漏斗车

5. 家畜车

家畜车用于装运家畜或家禽的车辆，结构与普通棚车类似，但侧墙、端墙由固定和活动栅格组成，可以调节开口改变通风。车内分 2~3 层，并有押运人员休息和放置用具、饲料的小间，以及相互连通的水箱。目前此类车已经停止生产，现有家畜车也进行了加改成 J5SQ，J6SQ，用于装运小汽车的专用车辆。

6. 平车

平车是用于装运原木、钢材、建筑材料等长型货物和集装箱、机械设备等的货车，只有地板而没有侧墙、端墙和车顶。有些平车装有高 0.5~0.8m 可以放倒的侧板和端板，需要时可以将其立起，以便装运一些通常由敞车运输的货物。近年来各种专用平车有了很大发展。长大货物车用于装载超长、超重和超限的货物，如大功率变压器、发电机定子和转子、大型机床、轧钢机牌坊、合成反应塔等。长大货物车的载重量可达数十至数百吨。按结构区分有：

（1）长大平车，为长度较一般平车长的多轴平车。

（2）凹底平车，俗称元宝车，底架中部装货平台比两端降低，可装载截面尺寸较大的货物。

（3）重联平车，由两个或两个以上平车或多轴平车重联而成，两端平车上设置可旋转的枕鞍，用于装运长形的自承货物；落下孔车，其装货平台上开孔，使货物的某些部分可以落在地板面以下，从而可以装载更大型的货物。

（4）钳夹车，货物通过它下部的耳孔和销、上部的支承同前后钳形梁的相应部位相连接，此时货物本身成为承载车体的一个组成部分，空载时，两钳形梁可相互连接；转向架常采取多轴形式，甚至把几个多轴转向架用桥架连接起来，组成组合转向架来支承车体。

（5）背负式平车和集装箱平车，一些国家的铁路在汽车拖挂运输和集装箱运输广泛发展的基础上，为降低运输费用，与公路运输相竞争而发展的专用平车，用于装运汽车挂车或半挂车和集装箱。这种车辆采用关节式结构，相邻车端可共用一台二轴转向架以减轻车辆自重；采用小直径车轮，最大限度地降低装载平台的高度，以适应半拖车或集装箱体积大而重量较轻的特点。背负式平车上设有半挂车的支架，停车时可以放倒，以便用牵引车将半挂车由站台拉到连挂的平车上，或由平车拉到站台上。

（6）轿车平车：发达国家铁路上为运输轿车而发展起来的一种专用平车。车体分为 2~3 层。常采用小直径车轮使平车得到较大的装载高度。设有跳板，以便轿车自行上下平车。

7. 保温车

保温车又称冷藏车，用于运送易腐货物。外形似棚车，周身遍装隔热材料，侧墙上有可密闭的外开式车门。车内有降温装置，可使车内保持需要的低温；有的车还有加温装置，在寒冷季节可使车内保持高于车外的温度。按制冷方式的不同，保温车有不同类型。

（1）冰箱冷藏车：利用冰盐混合物融化时吸热以降低车内温度。旧型冰箱冷藏车

图 5 - 5 平车

的冰箱设在车体两端，车内温度不够均匀，因而需增设强迫通风装置。较后出现的车顶冰箱式，冰箱沿纵向分布在车顶上，可以改善车内的温度分布，但也存在车辆重心高、需经常加冰加盐和清洗冰箱困难的缺点。冰箱冷藏车还要求在地面上设置加冰站网，有些国家已不采用。我国也于 2000 年后停止生产，目前现在的该类车辆加改成 PB 车，替代棚车使用，用于专线运输。

（2）机械冷藏车：利用液态制冷剂蒸发，吸收车内热量，再将蒸汽压缩至液态，通过冷凝器将热量散发到车体外部，如此循环，达到制冷的目的。常用的制冷剂有氨、氟利昂 F12 等。同冰箱冷藏车相比，机械冷藏车可以获得较低而较均匀的车内温度，而且温度能自动调节。机械冷藏车有车组和单节两种类型。中国铁路的机械冷藏车组有：23 节式（包括 20 节货物车，1 节柴油发电车，1 节制冷机械车和 1 节乘务员车）和 12 节式（包括 10 节货物车、1 节带乘务员室的柴油发电车和 1 节制冷机械车），由发电车供电，制冷车以氨作制冷剂集中制冷，而以盐水在机械车和货物车间循环作为冷媒。此外尚有 10 节、9 节和 5 节式，车组中只有 1 节带乘务员室的柴油发电车，其余为货物车，发电车集中供电，而由各节货物车上以氟利昂 F12 做制冷剂的制冷设备单独制冷。多节式冷藏车组只有在货物发运量足够大时，它的载重量才能得到充分利用，因而它的组成向着较少节数发展。单节机械冷藏车将发电、制冷、货物间和控制设备设在同一节车上，既可单独使用，也可编成车组，而且还可以自动控制实现无人管理，因而正在迅速发展。

（3）无冷源冷藏车：车上仅有隔热车体而无任何制冷或加温装置。中国铁路新研制成的冷板式冷藏车即属此类。冷板式冷藏车车顶上设有长方形箱状容器——冷冻板，内装低晶共融溶液，靠地面上的制冷装置使溶液冻结。通常一次制冷足够一个运程的需要。车上的溶液可以重复使用，不需要沿途添加，因而可以节约运输时间。无冷源冷藏车在一些国家的铁路上得到越来越多的应用。

此外，还有用干冰（固态二氧化碳）、液态二氧化碳、液态氮等做制冷剂的冷藏车。

8. 铁路货车型号

货车的基本型号用大写的汉语拼音字母来表示，这些字母多数是各类货车名称的第一个汉字的汉语拼音首字母，但也有个别例外。具体见教材最后附表。

检测与实训 ✦➤

一、复习思考题

1. 铁路货物运输种类有哪些？限制条件分别是哪些？

2. 铁路运输的主要设施设备？

二、技能训练

1. 实训项目

（1）张三今年从北京一所高校毕业，准备到上海一家公司工作。张三毕业时，有许多书籍和一些生活用品。张三向铁路部门申请用 1t 集装箱运输他的这些物品，铁路部门会批准他的申请吗？

（2）山西大同煤矿有 200 吨煤炭要用货车运送到浙江某火力电厂，可以采用哪种铁路货物运输形式运输？为什么？

2. 训练要求

（1）了解铁路货物运输的集中运输方式及适用情况。

（2）通过网络查阅铁路货物车站及运输车辆类型的相关资料。

任务二 铁路货物运输作业

任务描述 ✦➤

2012 年 1 月 30 日，济南中迪服饰实业有限公司业务员小王向北京中迪服饰实业有限公司分公司托运一批针织内衣，共 100 袋，每袋重 27.5kg，单价为 1000 元/袋，小王准备采用铁路运输。

问题：业务员小王如何办理货物的托运？

任务分析 ➤

铁路货物运输作业包括货物发送作业、货物及车辆的途中作业和货物在终点站的到达作业三大部分，其中货物托运是铁路运输的货物发送作业部分。此次铁路运输任务是从济南运至北京一批针织内衣，可从济南铁路局办理托运手续，根据货物特点选择合适的铁路运输方式，填写相应的铁路运单，办理货物交接。

相关知识 ➤

铁路货物运输作业包括货物发送作业、货物及车辆的途中作业和货物在终点站的到达作业三大部分。

一、铁路货物发送作业

铁路货物的发送作业一般包括托运、受理、进货和验收、装车、制票和承运等。但整车与零担发送是不同的，整车货物是先装车后承运，零担是先承运后装车，集装箱与零担基本相同。整车有计划，零担随到随承运。

（一）零担运输发送

托运人向车站提交运单，车站受理审核，录入运单信息。集配计划，形成到站或不同方向的货流分析，对组成整零车的零担货物，向托运人发进货通知，车站调用已知运单信息验货，进入指定货区、货位，如果货物状况有变，可修改运单信息，建立新的已进货的运单。

货物进入货位后，托运人办理财务手续，车站填制货票，将领货凭证和丙联交托运人。车站依承运文件组织配装整零车，通知装卸班组装车，最后，根据已装货物打印货物清单，货运统分析报表。

（二）整车发送计划管理

1. 货物的托运与承运

整车按月签运输合同，以要车计划表办理。

2. 月要车计划表的提报、审批与下达

月要车计划是发货人在托运整车货物运输前，向铁路部门提出的托运计划。其内容包括：到达局和车站，发送局和车站，发货单位和收货单位，货物品类、名称和吨数，车种和车数等。月份要车计划也是铁路组织运输、安排运力的基础和依据，主要适合与大型生产企业、跨国公司等要车量多的企业。

托运人于上旬报下月要车计划，按发站、品类和到达局填，核查营业范围、合理运输、违反法令、货源、车种是否合理、能否成组或直达。

经车站审核后的要车计划表，汇总形成月度运输计划如表 5 - 1 所示，上报局，由部审核，平衡后下达。

表 5 - 1 铁路要车计划

年　月份要车计划表　　发货单位章　　名　称_____

年　月　日提出　　（批准计划号码）　电话号码_____地　址_____

顺号	到达			收货单位		货物		吨数	车种代号	车数	下面铁路填写					发站	电报码
	局	车站	电报码	名称	电话号码	名称	代号				计费重量运价号	核减号	特征号	装车数一批			
1																	
2																品类	代号
3																	
4																	
5																附注	
6																	
合计																	

注：车种代号：棚车 P、敞车 C、平板 N、轻油罐车 Q、重油罐车 G、保温车 E、有毒物品运输车 PD、牲畜车 J、砂石车 K、自备车（化工）在车种代号前加 Z。

说明：托运人根据已签订的年、季整车大宗货物运输合同，提出月度要车计划表。其他整车托运货物的，也填写月度要车计划表，填表同时，提交货物运单，经承运人签字盖章，合同即告成立。

3. 编制旬日要车计划

旬日要车计划是以批准的月份要车计划为依据，由托运人向发送车站分上、中、下旬提出具体发送日期和车数的分段托运计划（也称执行计划），通过旬日的分段安排来保证月份要车计划的实现。托运人要按照铁路的规定填报《旬日要车计划表》，填报时应注意以下问题：

（1）旬日要车计划的到站、品类和车数，必须与批准的月份要车计划的内容相符。

（2）旬日要车计划的车数，应按月份要车计划力求平衡，防止因日装车数不均衡而造成忙闲不均和货位紧张的困难。

（3）已纳入月份要车计划，并确定了直达列车装车日期的，要按确定的装车日期安排旬日要车计划。

4. 日请求车报送与下达

车站根据旬日计划，9 时前编次日请求车计划，计入"货运工作日况表"要车计划栏。按局别、货物品类汇总车数，报路局货调。当日 15 时下达审批的日请求车计划，通知托运人，准备次日装车。

5. 计划外要车和变更计划

计划外运输，车站报路局，批复后纳入旬计划或日计划。

二、发送的详细过程

（一）货物的托运

托运是托运人向承运人提出运单和运输要求称为托运。须完成的工作有：

（1）对货物进行符合运输要求的包装。

（2）在货件上标明清晰明显的标记。

（3）备齐必要的证明文件。

A. 物资管理，麻醉剂枪支、民用爆炸品，须药证管理部门或公安证明。

B. 物资运输归口管理，烟草、酒类，须有关管理部门证明文件。

C. 国家行政管理，如进出口货物，须进出口许可证。

D. 卫生检疫，种子、苗木、动物，须动植物检疫部门的检疫证明。

（4）向车站提交货物运单。

运单是托运人和承运人签定的确认运输过程中各方的权利、义务与责任的运输合同，是托运人向承运人提出托运的申请，是承运人承运货物核收运费、签制货票的依据，是货运过程的一种单据，是编制记录备查或处理事故赔偿的依据。

A. 一般一批为一单，机保车、同一到站、同一收货人可数批合为一单，整车分卸，除基本单一份外，每一分卸站另加分卸运单两份（分卸站、收货人各一份）；

B. 运单由"运单"和"领货凭证"两部分组成，运单：托运人——发站——到站——收货人；领货凭证：发站——托运人——收货人——到站；

C. 如有改正，托、承运人各自盖章，承运人对托运人签记事项除变更到站、收货人和收货人地址各栏（应加盖站名日期戳）外，不得更改其他；

D. 现付运单为黑色印刷，到付或后付运单为红色印刷，剧毒品专用运单为黄色印刷。常用的铁路货物运单正面式样如表 5 - 2 所示。

表 5－2

货物指定于2011年12月15日

货位

计划号码或运输号码：

运到期限　　　日

货物运单

托运人 → 发运人 → 到站 → 收货人

铁路货物运单

××铁路局

承运人／托运人	装车
承运人／托运人	施封
货票第	第　　号

托运人填写

发　站		到站（局）		车种车号	货车标重
到站所属省（市）				施封号码	
托运人	名　称		电话	经　由	铁路货车篷布号
	住　址				集装箱号码
收货人	名　称		电话	运价里程	运价类型	运价号
	住　址					运价率
货物名称	件数	包装	货物价格	托运人确定重量（千克）	承运人确定重量（千克）	计费重量
						现　付
			保　险：			费别	金额
合　计						
托运人记载事项				承运人记载事项		

托运人盖章或签字　　承运人记载事项签字　　到站交付日期戳　　发站承运日期戳

年　月　日

注：本单不作为收款凭，托运人签约需见背面。

领货凭证

车种及车号	
货票第　　　号	
到期限　　　日	
发站	
托运人	
收货人	
货物名称	件数	重量
托运人盖章或签字		
发站承运日期戳		

注：收货人须知见背面。

领货凭证、货物运单（背面）

货物运单（背面）

托运人须知：

1. 托运人持本货物运单向铁路托运货物，证明并确认和愿意遵守铁路货物运输的有关规定。

2. 货物运单所记载的货物名称、重量与货物的实际完全相符，托运人对其真实性负责。

3. 货物的内容、品质和价值是托运人提供的，承运人在接收和承运货物时并未全部核对。

4. 托运人应及时将领货凭证寄交收货人，凭以联系到站领取货物。

领货凭证（背面）

收货人领货须知：

1. 收货人接到托运人寄交的领货凭证后，应及时向到站联系领取货物。

2. 收货人领取货物已超过免费暂存期限时，应按规定支付货物暂存费。

3. 收货人在到站领取货物，如遇货物未到时，应要求到站在本证背面加盖车站截证证明货物未到。

货物运单填写说明：

a. "发站"栏和"到站（局）"栏，应分别按《铁路货物运价里程表》规定的站名完整填写，不得填写简称。"到站（局）"填写到站主管铁路局名的第一个字，例如：到达北京铁路局的，则填写"（京）"字。

b. "到站所属省（市）、自治区"栏，填写到站所在地的省（市）、自治区名称。

c. "托运人"栏应该详细填写发货人姓名或发货单位的名称，所在地地址以及联系电话。

d. "收货人"栏应该详细填写收货人姓名或收货单位的名称，所在地地址以及联系电话。

e. "件数"栏，应按货物名称及包装种类，分别记明件数。若是集装箱运输，则以集装箱的个数为准，而不是按货物的件数计算。

f. "包装"栏，应按货物的外包装填写。若是集装箱货物应在包装栏填写"集装箱"，并注明是几吨箱。

g. 货物价格按货物的实际价格算。

h. 托运人确定"重量（kg）"栏，集装箱货物以集装箱的最大载重量算。

运单内各栏如有更改时，在更改处，属于托运人填改处，应由托运人盖章证明；属于承运人记载事项，应由车站加盖站名戳记。承运人对托运人填写记事项除《货物运单和货票编制办法》第17条规定内容可以更改外，其他内容不得更改。

（5）运单填写注意事项

运单的填写分为托运人填写和承运人填写两部分。在运单中"托运人填写"（粗线的左侧）和"领货凭证"有关各栏由托运人填写，右侧各栏由承运人填写。承、托双方在填写时应对运单所填写的内容负责。运单填写要做到正确、完备、真实、详细、清楚、更改盖章。

A. 发站、到站（局）和到站所属省（市）、自治区各栏。发站和到站应按"铁路货物运价里程表"中所记载的名称填写，不得省略，不得简称。同时，还必须注意到站营业限制，剧毒品按"全路剧毒办理站名表"确定；其他货物按"铁路货物运价里程表"上册"站名索引表"的第9栏"营业办理限制"确定。

到站所属省（市）、自治区栏，填写到站所在地的省（市）、自治区的名称；到站及到站所属铁路局、省（市）、自治区三者必须相符。

B. 托运人、收货人名称、地址及电话各栏。托运人、收货人名称，应填写托运单位、收货单位的完整名称；当为自然人时，应填写其姓名。对于危险货物，应是资质认定了的企业法人。

托运人地址或收货人地址，应详细填写其所在省（市）、自治区城镇街道、门牌号码或乡、镇、村名称。电话号码也应填写，以便到货通知或联系。

C. 货物名称栏。货物名称栏应填写《铁路货物运价规则》附件三"铁路货物运输品名检查表"内所列载的品名，危险货物应填写《铁路危险货物运输管理规定》附件一"铁路危险货物运输品名表"内所列在的品名，并在品名之后用括号注明危险货物的编号。对于"铁路货物运输品名检查表"或"铁路危险货物运输品名表"未列在品名的货物，应填写生产或贸易上通用的具体名称。

D. 包装栏。本栏填写包装种类，如"木箱""纸箱""麻袋""铁桶"等，按件承运的无包装填写"无"字；使用集装箱运输的货物填写箱型；只按质量承运的货物，本栏可不填写。

E. 件数栏。按货物名称与包装种类分别填写件数：使用集装箱运输的货物填写箱数；只按质量承运的货物，本栏填写"散""堆""罐"字样。

F. 货物价格栏。按保价运输或货物保险运输时，必须填写此栏。一票多种货物时，按货物的名称分别填写，也可填写一个总数。

托运人确定重量栏。按货物名称与包装种类，以千克为单位，分别填写货物的重量，也可填写一个总数。

G. 合计栏。货物价格、托运人确定重量各栏填写其合计数。件数栏填写合计数或"散""堆""罐"字样。

H. 托运人记载事项栏。此栏填写需要有托运人记载的事项。

a. 货物状态有缺陷，但不至于影响货物安全运输，应具体注明其缺陷。

b. 需要证明文件运输的货物，应填写证明文件名称、号码及填发日期。

c. 派有押运人的货物，应填写押运人姓名、证明文件名称以及证明文件与业务培训合格证号码。

d. 托运易腐货物或"短寿命"放射性物品时，应填写"容许运输期限××天"字样。

e. 整车货物，应填写要求使用的车种、吨位、是否苫盖篷布；在专用线卸车时，还应填写"××专用线卸车"字样。

f. 委托承运人代封货车或集装箱时，应填写"委托承运人施封"字样。

g. 使用自备货车或租用铁路货车在营业线上运输货物时，应填写"××单位自备车"或"××单位租用车"字样。

h. 笨重货件或规格相同的零担货物，应注明货件的长、宽、高，规格不同的零担货物，应注明全批货物的体积。

i. 利用从九龙回空车辆装运货物时，深圳接运单位应注明所装货物的合同号码。

j. 委托铁路代递的有关文件或单据，应填写文件、单据的名称和页数。

k. 托运人使自备篷车时，应填写"自备篷车×张"字样。

l. 整车分卸货物，应分别注明最终到站和各分卸站的站名、货物品名、件数、质量。

m. 发站由托运人组织装车，到站由承运人卸车，托运人要求到站会同收货人卸车时，应填写此要求事项。

n. 使用自备集装箱运输货物时，应填写"使用×t自备箱"字样。

o. 集装箱内单件质量超过100kg时应注明。

l. 其他应注明的事项。

有关危险货物应注明的事项如下：

a. 托运危险货物时，应填写货物承运人的"资质证书"号码及经办人的身份证、业务培训合格证号码。

b. 国外进口危险货物按原包装运输时，应填写"进口原包装"字样。

c. 使用旧包装容器装危险货物（剧毒品除外），应填写"使用旧包装，符合安全要求"字样。

d. 托运的货物，在《国际海运危险货物规则》、《国际铁路运输危险货物技术规则》等有关国际运输组织规定中属危险货物，而我国铁路按非危险货物运输时，可继续按非危险货物运输，但应填写"转海运进（出）口"或"国际联运进（出）口"字样。

e. 经批准改变包装试运时，应填写"试运包装"字样。

f. 经批准进行危险货物新产品试运时。应填写"危险货物新产品试运"字样。

g. 我国《铁道危险货物运输管理规则》中"自备罐车装运危险品规则规则"附件一未做规定的品名，经铁道部批准后进行试运时，应填写"自备罐车试运"字样。

h. 托运爆炸品保险箱时，应填写保险箱的统一编号。

i. 按普通货物条件运输的危险货物，应填写"××（名称），可按普通货物运输"字样。

j. 使用润滑油罐车运输润滑油时，应注明"罐车卸后回送××站"字样。

k. 领货凭证。

（二）受理

托运人提出运单后，经承运人审查，若符合运输条件，则在货物运单上签证货物搬入日期（零担）或装车日期（整车）的作业，称为受理。车站受理货物运单时，应确认托运的货物是否符合运输条件，各栏填写是否齐全、正确、清楚，领货凭证与运单相关栏是否一致等。具体确认事项还包括：

（1）整车有无批准的计划号。

（2）到站名及到站的办理限制，有无停限装令。

（3）托运人、收货人名称、地址。

（4）货物名称、件数、包装、重量。

（5）货物重量、体积、长度是否符合铁路办理条件，车站起重能力。

（6）技术资料、证明文件。

（7）一批的条件。

（8）易腐货物的运到期限是否满足。

（9）急运物资（救灾、农用物资、鲜活货物、文艺演出搬家），应优先运输。

对货物运单确认无误后，应指定进货日期或装车日期。

（三）进货和验收

进货是在货场内装车的货物，托运人按照承运人受理时签证的搬入日期，将货物搬入车站，堆放在指定货位，完好地交给承运人的作业。

验货是车站在接受托运人搬入车站的货物时，按运单记载对品名、件数、运输包装、重量检查，确认符合要求并同意货物进入场、库指定货位的作业。对搬入货场的货物，车站要检查货物品名与运单记载是否相符，运输包装和标志是否符合规定。按件数承运的货物，应对照运单点清件数。零担和集装箱货物要核对货签是否齐全、正确。零担货物还应核对货物外形尺寸和体积，对个人托运的行李、搬家货物，要按照物品清单进行核对，并抽查是否按规定在包装内放入标记（货签）。集装箱货物还要核对箱号、封号，检查施封是否正确、有效。需要使用装载加固装置和加固材料的货物，应按规定对装载加固装置和加固材料的数量、质量、规格进行检查。对超限、超长、集重货物，应按托运人提供的技术资料复测尺寸。

按规定由铁路确定重量的货物，要认真过秤。由托运人确定重量的货物，车站应组织抽查。抽查的间隔时间，每一托运人（大宗货物分品种）不超过一个月，零担和集装箱货物不超过一个月。对按密度计算重量的货物，应以定期测定的密度作为计算重量的依据。

货物应稳固、整齐地堆码在指定货位上。整车货物要定型堆码，保持一定高度。零担和集装箱货物，要按批堆码，货签向外，留有通道。需要隔离的，应按规定隔离。货物与线路或站台边缘的距离必须符合规定。

（四）装车

1. 装（卸）车作业的责任范围

（1）在车站公共装卸场所（货场）装卸车的货物，一般由承运人负责，其他场所（专用铁路和铁路专用线）装卸车的货，由托运人或收货人负责。

（2）特殊设备、工具或技术物，由托运人或收货人负责。罐运、冻腐货、未装容器的活动物、蜜蜂、鱼苗、一件超过1t的放射性同位素及需人力装卸有动力的机械和车辆，另外气体放射性物品、尖端保密物资、特贵重的工艺品、展览品，如托运人或收货人自己负责装卸车时，经承运人同意也可按其要求办理。

（3）专用铁道和专用线上由托运人负责装车的，托运人把装车开始时间和装车结束时间通知车站，如时间超过规定时间，须交延期费。

2. 装车作业

（1）装车前的检查

A. 运单检查：车种吨位与计划表上是否符合、到站有无停限装、整车分卸的到站顺序、零担配装的中转站是否符合零担车组织计划、运单内有无其他事项；

B. 货物检查：件数、品名、堆码货位号与运单是否相符、托运人记事项与货物实际状况是否相符、加固材料及装车备品是否齐全、同一货位上有无易混淆货物；

C. 车辆检查：装车前，认真检查货车的车体（包括透光检查）、车门、车窗、盖阀是否完整良好，有无扣修通知、色票、货车洗刷回送标签或通行限制，车内是否干净，是否被毒物污染。

（2）装车时，必须核对运单、货票、实际货物，保证运单、货票、货物"三统一"，要认真监装，做到不错装、不漏装、巧装满载，防止偏载、偏重、超载、集重、亏吨、倒塌、坠落和超限。对易磨损货件应采取防磨措施，怕湿和易燃货物应采取防湿或防火措施。装车过程中，要严格按照《铁路装卸作业安全技术管理规则》有关规定办理，对货物装载数量和质量要进行检查。

（3）装车后检查装卸情况、检查货位，有无遗漏、正确施封、正确填写和使用货运票据封套、装载清单、回送清单和货车标记牌、票据移交运转部门。

3. 货车和集装箱施封

棚车、油罐车、冷藏车、集装箱应施封，有押运人可不施封。托运人可委托施封，但必须在运单上注明"委托承运人施封"最后核收施封费。如果使用敞、平车装运易燃、怕湿货物，则需要用篷布苫盖。一般将货物堆码成屋脊形，苫盖要严密，捆绑牢固。

（五）制票和承运

整车装车后、零担、集装箱验货后，托运人交付运费，并办理制票和承运。

1. 货票的定义（格式如表5-3所示）

（1）是铁路运输凭证，是一种财务性质的货运票据。

（2）铁路清算运费、确定运到期限、统计工作量、确定货运进款和运送里程及计算货运工作指标的依据。

（3）一式四联。

（4）货票是有价证券并带有号码，须妥善包藏，不得遗失。

2. 承运

（1）承运的整车货物要登记"货物承运簿"（附件9，格式一），零担货物根据业务量大小，可以使用"货物承运簿"，也可以由车站自行建立登记制度，并将登记资料装订成册，妥善保管。

货物运单"承运人填写"部分和货票填制要符合《货物运单和货票填制办法》的规定，加盖的车站日期戳记要清晰、正确。对领货凭证，必须正确填写货票号码及各栏内容，并在领货凭证及货物运单与领货凭证接缝处加盖车站承运日期戳。在作业环节之间，对货物和运输票据要进行严格交接。

货物运单和货票，使用"货运票据封套"（格式二）的，应左右对齐折叠，不使用"货运票据封套"的，按上下对齐折叠。货运票据封套除加盖经办人章外，还应加盖监封人员章。货运票据封套封口前，经办人、监封人必须同时对票据封套记载的事项和实际运单、货票核对，保证运输票据齐全。

表 5–3 　　　　　　　　　　　**铁路运输货票**

乌鲁木齐铁路货票

计划号码或运输号码　　　　　货　票　12　　　甲　联

货物运到期限　日　　　　　　发站存查　A00001

发站			到站(局)	郑州北站	车种车号		货车标重		承运人/托运人装车
托运人	名称				施封号码				承运人/托运人施封
	住址		电话		铁路货车篷布号码				
收货人	名称				集装箱号码				
	住址		电话		经由			运价里程	
货物名称	件数	包装	货物重量（kg）		计费重量	运价号	运价率	现付	
			托运人确定	承运人确定				费别	金　额
								运费	
								装费	
								取送车费	
								过秤费	
合计									
记事							合计		

发站承运日期戳

规格：270×185mm　　　　　　　　经办人盖章

车站应建立货票自核、互核、总复核制度以及票据、现金管理制度，制票和收款不能由一人负责。发送存查及到达票据要装订整齐，妥善保管。计算机制票要使用规定的软件，货票各联必须一次复写打印，要建立计算机安全使用管理制度，保证货票原始信息的完整与安全。

（2）承运易腐货物时，车站要按照《铁路鲜活货物运输规则》（以下简称《鲜规》）的有关规定办理。对《鲜规》未列品名而易于腐坏、变质的货物，车站应认真审定运输条件。

易腐货物装车时，要检查装载方法是否符合规定要求。以冷藏车装运的，应检查装车单位填写的冷藏车作业单是否齐全、正确。使用加冰冷藏车的，应检查托运人是否加足冰盐，并将作业单附在运输票据中随车递送。途中加冰时，加冰站应认真填写加冰作业记录。使用机械冷藏车的，应将该作业单交机械冷藏车乘务组递交到站。到站应负责检查冷藏车情况，在作业单上填记到站作业记录，并妥善保存。

（3）承运危险货物时，车站要按照《铁路危险货物运输管理规则》（以下简称《危规》）的规定，对品名、编号、类项、包装、标志以及"托运人记载事项"栏的内容进行检查。对《铁路危险货物品名表》中未列载的危险货物或改变危险货物包装时，应按有关规定的运输条件办理。

办理危险货物的车站，应根据具体情况，制定承运、交付、包装检查、内部交接、装卸作业及存放保管等安全措施和管理制度。

三、途中作业

1. 车站交接和检查

为保证行车安全和货物安全，对运输中的货物（车）和运输票据，要进行交接检查。

（1）交接检查手续。车站与运转车长或运转车长相互间应按照列车编组顺序表和乘务员手册要求办理签证交接。交接的时间、地点由分局指定，涉及两个分局的由有关分局商定。接收方应在规定的时间内将列车检查完毕。到达列车在规定时间内未经车站签证，车长不得退勤，超过规定的时间，车站未同车长办理交接，车长要求车站值班负责人（无值班负责人时为车站值班员）签证后退勤。

（2）交接检查方法。交接检查时，施封的货车凭封印交接检查。但罐车的上部和下部封印、苫盖货物的篷布顶部、煤车标记和平整状态，在途中不交接检查。如接方发现有异状、由交方编制记录后接收。发现重罐车盖开启，应由交方编制普通记录证明，车站负责关好。在发站和中途站发现空罐车上盖张开，由车站负责关闭。

整理货物变更到站时，处理站应对该车的装载情况进行检查，对施封货车应检查封印是否完好及站名、号码是否一致。

货物运单、封套上的到站、车号、封印号码各栏，不得涂改。在装车站（含分卸站）、换装站、变更处理站因作业需要或填写错误时，应按规定进行更改。在运输途中发现运单或封套上记载的车号、到站与编组顺序或现车不符，不得涂改运单、封套，待确认后按规定编制记录。装车站按施封办理的货车，途中不得改为按不施封办理。

（3）检查、交接的内容及发现问题的处理方法。货物检查、交接的内容以及发现问题的处理方法，按表5－4的规定办理。

表5－4　　　　　　　　　　检查、交接的内容及发现问题的处理方法

序号	检查内容	发现的问题	处理方法
1	运输票据或封套	（1）有票无货（车）或有货（车）无票	有票无货（车）车长不接收，车长交给车站时应编制记录；有货（车）无票，在装车站车长不接收，在其他站（指途中站和到站，以下同）由交方编制记录
		（2）货物运单或封套上封印记载的车号、涂改未按规定盖章	在装车站不接收；在其他站由交方编制记录。有涂改时，应加盖带有所属单位的经办人名章（简称盖章，以下同）并编制记录
		（3）货物运单或封套上封印号码被划掉、涂改未按规定盖章	在装车站不接收；在其他站由交方编制记录证明，货车上无封印时，同交方补封（车长交出时为委托车站代封，以下同），是否清点货件由交方确定，并负担费用
		（4）封套的封口有异状或票据不全 （5）货物运单或封套以及编组顺序表记有铁路篷布，现车未盖有铁路篷布；现车盖有铁路篷布，货物运单或封套以及编组顺序表未记载，或记载张数不符	在装车站不接收，在其他站由交方编制记录
2	施封的货车	（1）施封锁失效以及封印站名或号码与运输票据或封套记录不一致	在装车站和中途站交接不检查，到站发现编制货运记录
		（2）施封锁丢失、断开或不破坏封印即能打开车门	在装车站不接收；在其他站由交方编制记录并补封，是否清点货件由交方确定，并负担费用，凡补封下部的，在补封和到站应检查封印站名、号码是否与记录一致
		（3）未按规定在车门上部门扣处施封（另有规定者除外）	在装车站不接收；在其他站，对照票据确认封印站名和号码，由交方编制记录后接收

序号	检查内容	发现的问题	处理方法
2	施封的货车	(4) 未使用施封锁施封（罐车等货车除外）	在装车站不接收；在其他站由交方编制记录并补封；凡补封下部的，在补封站和到站应检查封印站名、号码是否与记录一致
		(5) 在同一车门上使用两个以上的施封锁串联施封	在装车站不接收，在其他站，由交方编制记录后接收
		(6) 施封的货车未在运输票据或封套上记明封印号码	在装车站不接收，在其他站，由交方编制记录后接收
		(7) 施封棚车的下部门扣未用铁丝拧固（车门构造只有一个门扣或下部门扣损坏的除外）	由车站拧固后接收
3	装有货物的货车	(1) 施封的棚车、冷藏车门关闭不严（货物需要通风，损坏的车窗已用木板钉固或用铁箱、木箱挡住的除外）	在装车站由车站关严后接收；在其他站由交方编制记录，由车站关闭门窗，是否清点货件由交方确定，并负担费用
		(2) 货物损坏、被盗	在装车站不接收；在其他站，由交方编制记录，并由车站处理
		(3) 易燃货物未按规定苫盖篷布或采取规定的防护措施	在装车站不接收；在其他站，由交方编制记录后接收，并由车站换装、整理或苫盖篷布；但对篷布苫盖不严，在其他站可根据具体情况处理；货物是否有坠落可能，货物或篷布捆绑松动程度，双方意见不一致时，由车站确认能保证安全的、可编制记录继续挂运
		(4) 篷布（包括自备篷布）苫盖捆绑不牢或被刮掉，危及运输安全	
		(5) 货物装载有异状或超过货车装载界限；支柱、铁丝、绳索有折断或松动；货物有坠落可能；车门插销不严，危及运输安全；底开门车用一个扣铁关闭开门（如所装货物能搭在底横梁上，且另一个搭扣处用铁丝捆牢者除外）	补苫篷布时，车站应在货物运单、货单或封套上注明补苫张数和号码；如对苫盖自备篷布的货车补苫篷布时，还应在编组顺序表上填写篷布张数
		(6) 超限货物无调度命令	由车站取得调度命令后，车长方可接收

序号	检查内容	发现的问题	处理方法
4	货车使用和通行限制	（1）货车违反运行区段的通行限制	在装车站不接收；在中途站由交方编制记录，并由车站换装适当货车
		（2）装载金属块、长度不足2.5m的短木材或空铁桶使用的车种《加规》货车使用限制表的规定	

运输途中如发生整车、零担车运输票据丢失时，丢失单位或处理站应于48h内发出电报向有关站查询，全列车运输票据丢失时，还应于当日上报主管分局。每个被查询站接电后，均应于48h内电复或继续查询。发站接到查询电报后，应及时补制货票抄件寄到站。

2. 货物的换装整理

货物的换装整理是指装载货物的车辆在运送过程中，发生可能危及行车安全和货物完整情况时，所进行的更换货车或货物整理作业。

（1）换装整理的范围。为保证行车安全和货物的完整性，装载货物的车辆在以经过一段距离运行后，应进行技术检查和货运检查。货车技术状态和货物装载状态的检查，分别由车辆段列检所、货运检查员和车长进行。

检查中发现货车偏载、超载、货物撒漏以及车辆技术状态不良时，经车辆部门扣留不能继续运行，或根据交接货物（车）时，检查和处理的事项中规定需要换装整理的货物进行换装整理。如违反货车使用和通行限制，货物装载有异状（包括有坠落、倒塌危险或窜出），装载加固篷布苫盖不符合规定等，又发现站（或指定站）及时换装或整理。

（2）换装整理的处理。换装时应选用与原车类型和标记载重相同的货车，并按照货标核对货物现有数量及状态，如数量不符或状态有异，应编制货运记录。换装后，应将货物运单、货票、票据封套上的车种、车号等有关各栏予以订正。

经过整理换装的货车，不论是否摘车，均应编制普通记录，证明换装整理情况和责任单位，并在货票丁联的背面记明有关事项。

换装整理的时间不应超过两天，如两天内未能换装整理完毕时，应由换装站以电报通知到站，以便收货人查询。

由于换装整理所产生的费用，按下列规定确定责任且清算：

A. 铁路责任的货物整理由整理站（分局）列销：换装费由原装车站（分局）负担，但由于行车事故或调车冲撞发生的换装由责任单位负担；因车辆技术状态不良发生的换装，属车辆部门负责，换装费由发生局负担。

B. 需要向责任单位清算的换装费，由换装站将记录连同有关费用的单据，按月汇总报主管分局，在发生换装的次月向责任分局（或责任单位）清算，但每一责任分局每月发生款额累计不足 100 元的不清算。

3. 运输阻碍的处理

因不可抗力（如风灾、水灾、雹灾、地震等）的原因致使行车中断，货物发生阻碍时，铁路局对已承诺的货物，可指示绕路运输，或者在必要时先将货物卸下，妥善保管，待恢复运输时再行装车运输，所需装卸费用，由装卸作业的铁路局负担。因货物性质特殊（如动物死亡、易腐烂货物腐烂、危险货物发生燃烧、爆炸等）绕路运输或卸下再装，在造成货物损失时，车站应联系托运人或收货人请其在要求的时间内提出处理办法。超过要求时间未接到答复或因等候答复将使货物造成损失时，比照无法交付货物处理，所得剩余价款（缴纳装卸、保管、运输、清扫、洗刷除污费后）通知托运人领取。

四、到达作业

铁路货物运输合同，直到到站完成交付作业，才算履行完毕。因此，到站质量良好地完成各项到达作业，处理好货物运输过程中各种事宜，具有十分重要的作用。

1. 重车及票据的交接

重车抵达到站后，车站应与车长办理重车及票据的交接。车站接收时，经检查无误后，与车长办理签证，记明到达车次及时间。如发现问题，应在列车编组顺序表内注明，必要时应编制记录，交车长签证，以明确责任。

2. 卸车作业

卸车作业是铁路运输的重要环节，其工作质量直接影响到后续的装车作业、车辆的周转速度以及排空任务的完成。因此，卸车作业各环节都应及时，认真地完成。

（1）卸车前检查。为使卸车作业顺利进行，防止误卸并确认货物在运输过程中的完整状态，便于划分责任，卸车货运员应根据货调下达的卸车计划，在卸车前认真做好以下三方面的检查：

A. 检查货位。主要检查货位能否容纳下待卸的货物，货位的清洁状态，相邻货位上的货物与卸下的货物性质有无抵触。

B. 检查运输票据。主要检查运输票据记载的到站与货物实际是否相符，了解待卸货物的情况。

C. 检查现车。主要检查车辆状态是否良好；货物装载状态有无异状；施封是否良好；现车与运输票据是否相符。检查现车可能发现影响货物安全和车辆异状的因素，因此应认真进行。

（2）监卸工作。监装卸货运员应对施封的货车亲自拆封，并会同装卸工开启车门。对重要物资（如尖端保密物资）应汇报货场主任和公安人员，并会同他们一起进行监卸。对危险货物、粮食、日用百货、副食品等应进行重点监卸。其他一般物资可实行巡回监卸。在监卸过程中，还应随时注意装卸工人的操作安全，并督促装卸工做好以下工作：

A. 根据货物运单清点件数，核对标记，检查货物状态，对集装箱货物应检查箱体，核对箱号和封印。严格按照《铁路装卸作业技术管理规则》及有关规定进行作业，合理使用货位，按规定堆码货物。

B. 轻拿轻放，注意包装储运图示标志。

C. 堆码整齐牢固，防止倒塌。

D. 一批货物应堆在一起，计件货物做到层次分明。

E. 堆放在场地上的怕湿货物，应垫防湿枕木，码垛成屋脊形，并苫盖好篷布。

F. 堆放在装卸场所内的货物，应距离货物线钢轨外 1.5m 以上，以保证调车人员的人身安全。

（3）卸车后的检查

A. 检查运输票据。检查票据上记载的货位与实际堆放货位是否相符；货票丁联上的卸车日期是否填写。

B. 检查货物。主要检查货物件数与运单记载是否相符；堆码是否符合要求；卸后货物安全距离是否符合规定。

C. 检查卸后空车。主要检查车内货物是否卸净和是否打扫干净；车门、窗端侧板是否关闭严密；表示牌是否撤除。

此外，还需清理好线路，将篷布按规定折叠整齐，送到指定地点存放。托运人自备的货车装备物品和加固材料，应妥善保管。

卸下的货物应登入"卸货簿"（或集装箱到发登记簿）或具有相同内容的卸货卡片、集装箱号卡片内。将卸完的时间通知货运室并填入货票丁联的左下角有关栏内，并报告货调，以便取车。

3. 货物的暂存、催领、交付和搬出

（1）货物的暂存

对到达的货物，收货人有义务及时将货物搬出，铁路也有义务提供一定的免费保管期间，以便收货人安排搬运车辆，办理仓储手续。免费保管期间规定为：由承运人组织卸车的货物，收货人应于承运人发出的催领通知的次日（不能实行催领通知或会同收货人卸车的货物为卸车的次日）起算，2 天（铁路局规定 1 天的为 1 天）内将货物搬出，不收取保管费。超过此期限未将货物搬出，对其超过的时间核收货物暂存费。

规定免费保管期间的目的是避免收货人将货场当作储存场地，长期占用货场而采取的一种手段。

根据当地具体情况，铁路局可以缩短免费保管期间 1 天，也可以提高货物暂存费率，但提高部分最高不得超过规定费率的 3 倍。并应报当地人民政府和铁道部备案。车站站长可以适当延长货物免费暂存期限。

（2）货物的催领

货物到达后，承运人应向收货人发出催领通知。这是履行运输合同应尽的义务，同时也是为了货物快搬出货场、腾空货位，提高场库使用效率，加速物资流转，使物资早日投入生产和满足人民需要。

发出催领通知的时间应尽早。承运人组织卸车的货物，到站应不迟于卸车完了的次日内，用电话或书信等方法向收货人发出催领通知并在货票内记明通知的方法和时间，凭此计算货物免费保管期。也可以用电报、挂号信、长途电话、登广告等方法通知，此外，收货人也可与到站商定其他通知方法。车站应向收货人核收所发生的费用。

收货人在到站查询所领取的货物未到，到站应凭证背面加盖车站日期戳证明货物未到。

货物抵达到站，收货人应及时领取。拒绝领取时，应出具书面说明，自拒领之日起，3 天内到站应及时通知托运人和发站，征求处理意见。托运人自接到通知次日起 30 天内提出处理意见答复到站。

（3）货物的交付和搬出

到站向货物运单内所记载的收货人进行交付货物，是承运人履行货物运输合同的重要义务，货物交付包括票据交付和现货交付。

A. 票据交付。收货人持领货凭证和规定的证件到货运室办理货物领取手续，在支付费用和在货票丁联盖章（或签字）后，留下领货凭证，在运单和货票上加盖到站交付日期戳，然后将运单交给收货人，凭此领取货物。如收货人在办理货物领取手续后领取凭证未到货丢失时，机关、企业、团体应提出笨单位的证明文件；个人应提出本人居民身份证、工作证（或户口簿）作证件时，车站应将姓名、工作单位名称、住址及证件号码详细记载在货票丁联上；用证明文件时，应将领取货的证明文件粘贴在货票丁联上。

货物在运输途中发生的费用（如包装整修费、托运人责任的整理或换装费、货物变更手续等）和到站发生的杂费，在到站应由收货人支付。

B. 现货交付。现货交付即承运人向收货点交货物。收货人持货运室交回的货物运单到货物存放地点领取货物。货运员向收货人交货物完毕后，在货物运单上加盖"货物交讫"戳记，并注明交付完毕的时间，然后将运单交还给收货人，凭此将货物搬出货场。

货物运输合同的履行是从承运开始至货物交付完毕时止，交付完毕的时间的确定是根据货物装卸作业由谁组织来确定。具体规定如下：由承运人组织卸车和发站由承运人组织装车，到站由收货人组织卸车的货物，在向收货人移交货物或办理交接手续后，即为交付完毕；发站由托运人组织装车，到站由收货人组织卸车的货物，在货车交接地点交接完毕，即为交付完毕。

在实行整车货物承运前保管的车站，货物交付完毕后，如收货人不能在当日将货物全批搬出车站时，对其剩余部分，按件数和重量承运的货物，可按件数点交车站负责保管；只按重量承运的货物，可向车站声明。

（4）货物的搬出

收货人持加盖"货物交讫"的运单将货物搬出货场，门卫对搬出的货物应认真检查品名、件数、交付日期与运单记载是否相符，经确认无误后放行。

4. 货车的打扫、洗刷和除污

货车卸空后，按规定应进行清扫、洗刷或除污，一方面是使货车保持清洁卫生，可以随时用来装车；另一方面也是防止货物污染事故的发生。因此，负责卸车的单位，应将卸后的空车清扫干净。下列货车除清扫干净外，还要由铁路负责洗刷、除污，并向收货人核收费用。

（1）装过活动物、鲜鱼类的车辆，以及受易腐货物污染的冷藏车。根据卫生（兽医）部门的处理意见进行洗刷除污。

（2）《危规》规定必须洗刷除污的货车。如装过剧毒品的货车、受到危险货物污染的货车、有刺激异味的货车都必须进行洗刷除污。

（3）装过污秽品的货车也必须进行洗刷除污。

若收货人有洗刷、消毒设备时，也可由收货人自行洗刷、消毒。

收货人组织卸车的货车，未进行清扫或清扫不干净时，车站应通知收货人补扫。如收货人补扫或仍未清扫干净，车站应以收货人的责任组织人力代行补扫，向收货人核收货车清扫和货车延期使用费。

托运人组织装车的货车，在装车前，发现车内留有残货，应通知车站清扫或处理，如车站委托托运人代为清扫时，应向托运人支付货车清扫费。

托运人对承运人拨配的货车要求洗刷消毒，由铁路办理时，向托运人核收货车洗刷消毒费。

5. 无法交付的货物

（1）无法交付货物的概念

无法交付是指铁路承运后，由于各种原因，虽经承运人多方寻找，仍未能交给正当收货人或未能退还托运人的货物。

(2) 无法交付货物的范围

A. 超过规定期限无人领取的货物。即从承运人发出催领通知次日起（不能实行催领通知时，从卸车完了的次日起），经过查找，满 30 天（搬家货物满 60 天）仍无人领取的货物或收货人拒领，托运人又未按规定期限提出处理意见的货物。

B. 车站发现的无票货物。运单上的收货人、托运人姓名不清、地址不详，经查询仍无法查明的货物。

C. 运输途中拾得无标记的货物。

D. 公安部门破获盗窃案件中收回找不到的货主的运输物资。

E. 进口货物在口岸站按提货单向收货人（或其代理人）交清运出后，经过核实多出的无法查明收货人或无人领取的货物。

F. 根据规定按无法交付货物处理的货物。如货物运输发生阻碍，因货物性质特殊，绕路运输或卸下再装造成货物损失时，经车站联系托运人或收货人，请其在要求的时间内提出处理方法。但超过要求未接到答复或因等候答复将使货物造成损失时，可比照无法交付货物处理。

(3) 无法交付货物的处理

对无法交付货物应该坚持"妥善保管、物归原主、合法移交"的处理原则，并认真做好以下工作：

A. 应建立账台，在发生或发现无法交付货物的当日，进行登记，编制货运记录，妥善保管，不得乱动。

B. 在保管期间要千方百计地寻找线索，采取互通情报，交换资料等方法，力使物归原主。

C. 对无法交付货物中的鲜活、易爆、易燃、剧毒、放射性等货物，车站应单独开列清单，立即报当地县（含县）以上发改委批准处理，在当地发改委作出处理决定前（如车站发现货物有变质、燃烧、爆炸和泄漏等危险时）可先行处理，事后报告。

D. 各站对上述以外的其他无法交付的货物应及时开列清单，按事故货件回送分局指定的集中处理站。由分局批准后，报地（市）以上（含地、市）发改委（交通局、交办）审核批准处理。

E. 无法交付货物由车站向有关物资单位移交，但进口货物要先有偿交给外贸部门；军事物资、历史文物、珍贵图书、重要资料和违禁物品等，应分别向省（军）级的军事、公安、文化等主管部门无价移交，不得交给其他单位。

物资主管部门接收到通知后，一个月内完成接收工作。过期不接收时，经县（含县）以上发改委批准，由车站负责处理。

F. 无法交付货物由当地发改委有关部门本着按质论价原则进行处理。对价格有不同意见时，由当地物价部门裁决。

G. 处理无法交付货物所得货款应先扣除该货物的运输、装卸、储存、清扫、洗刷、广告及其他劳务费。对处理活销毁无法交付的危险的货物和变质货物所发生的入不敷出的金额，可以从处理无法交付货物总收入中扣除，扣除各项费用外，剩余部分可提取不超过 3% 的专项奖励基金（由铁路局或分局集中掌握）奖励有关人员，其余款项就地交入国库。

检测与实训

一、复习思考题

1. 铁路零担货物有哪几种？整零车有哪几种？
2. 按一批托运的货物应具备的条件是什么？各种货物按一批托运时有何规定？
3. 整车货物、零担货物及集装箱货物发送作业流程是怎样的？区别在哪里？
4. 铁路运输的运单和货票的作用分别有哪些？
5. 铁路运输的途中作业和到达作业分别有哪些？

二、技能训练

1. 实训项目

将学生分成若干组，每组 5~6 人，到铁路货物运站或者铁路局进行调研，然后分角色模拟操作铁路货物运输作业流程及单据填写与交接。

2. 训练要求

（1）形成调研报告，并上交。

（2）分角色模拟完成一遍，交换角色轮流模拟，熟悉每一个岗位职责。

任务三 铁路运费的计算

任务描述

2012 年 1 月 30 日，济南中迪服饰实业有限公司业务员小王向北京中迪服饰实业有限公司分公司托运一批针织内衣，共 100 袋，每袋重 27.5kg，单价为 1000 元/袋，小王准备采用铁路运输，要求 3 天内必须到达。

问题 1：货物能否按时到达？

问题 2：小王应该付多少运费？

任务分析 ✦➤

计算铁路运输运费，要分析该运输任务所采用的铁路运输方式，结合所运输的商品种类，商品的数量，运输的始发地目的地即运输距离等，然后根据铁路运输运费计算的公式进行计算。

相关知识 ✦➤

一、货物运到期限

铁路在现有技术设备条件和运输工作组织水平的基础上，根据货物运输种类和运输条件将货物由发站运至到站而规定的最长运输限定天数，称为货物运到期限。

1. 货物运到期限的计算

货物运到期限按日计算。起码日数为 3 天，即计算出的运到期限不足 3 天时，按 3 天计算。

运到期限由下述三部分组成：

（1）货物发送期间（$T_发$）为 1 天。货物发送期间是指车站完成货物发送作业的时间，它包括发站从货物承运到挂出的时间。

（2）货物运输期间（$T_运$）。每 250 运价千米或其未满为 1 天；按快运办理的整车货物每 500 运价千米或其未满为 1 天。

（3）特殊作业时间（$T_特$）。特殊作业时间是为某些货物在运输途中进行作业所规定的时间。

$T_特$ 的具体规定如下：

（1）需要中途加冰的货物，每加冰 1 次，另加 1 天。

（2）运价里程超过 250km 的零担货物和 1t、5t、6t 型集装箱另加 2 天，超过 1000km 加 3 天。

（3）一件货物重量超过 2t、体积超过 $3m^3$ 或长度超过 9m 的零担货物另加 2 天。

（4）整车分卸货物，每增加一个分卸站，另加 1 天。

（5）准轨（1435mm）与米轨（1000mm）间直通运输的货物另加 1 天。

对于上述五项特殊作业时间应分别计算，当一批货物同时具备几项时，累计相加计算。

$$若运到期限用 T 表示，$$
$$则： \quad T = T_发 + T_运 + T_特$$

例1 广安门站承运到石家庄站零担货物一件，重2300kg，计算运到期限。已知运价里程为274km。

解：

（1）$T_发 = 1$ 天；

（2）$274/250 = 1.096$，取整为 $T_运 = 2$ 天；

（3）运价里程超过250km的零担货物另加2天，一件货物重量超过2t的零担货物另加2天，$T_特 = 2 + 2 = 4$ 天

所以这批货物的运到期限为：

$$T = T_发 + T_运 + T_特 = 1 + 2 + 4 = 7 天$$

2. 货物运到逾期

所谓货物的运到逾期，是指货物的实际运到天数（用 $T_实$ 表示）超过规定的运到期限时，即为运到逾期。

起算时间：从承运人承运货物的次日（指定装车日期的，为指定装车日的次日）起算。

终止时间：到站由承运人组织卸车的货物，到卸车完了时止；由收货人组织卸车的货物，货车调到卸车地点或货车交接地点时止。

若货物运到逾期，不论收货人是否因此受到损害，铁路均应向收货人支付违约金。

具体计算公式如下：

$$T_逾 = T_实 - T$$

（1）普通货物运输逾期违约金

货物实际运到日数，超过规定的运到期限时，承运人应按所收运费的百分比，向收货人支付下列数额的违约金比例（如表5-5、表5-6所示）：

表5-5　　　　　　　　　　逾期支付的违约金比例

逾期 运到期限	1日	2日	3日	4日	5日	6日
3	15%	20%				
4	10%	15%	20%			
5	10%	15%	20%			

续 表

运到期限 \ 逾期	1 日	2 日	3 日	4 日	5 日	6 日
6	10%	15%	15%	20%		
7	10%	10%	15%	20%		
8	10%	10%	15%	15%	20%	
9	10%	10%	15%	15%	20%	
10	5%	10%	10%	15%	15%	20%

表 5 – 6 　　　　　　　　　　运到期限在 **11** 日以上逾期违约金计算比例

逾期总日数占运到期限天数	违约金
不超过 1/10 时	为运费的 5%
超过 1/10，但不超过 3/10	为运费的 10%
超过 3/10，但不超过 5/10	为运费的 15%
超过 5/10 时	为运费的 20%

（2）快运货物运期逾期违约金

除依照《快运货物运输办法》规定退还快运费外，货物运输期间，按每 250 运价千米或其未满为 1 日，计算运到期限仍超过时，并应依照本条规定，向收货人支付违约金（如表 5 – 7 所示）。

表 5 – 7 　　　　　　　　　　快运货物运期逾期违约金计算比例

运价里程（km）	逾期天数	违约金计算
1801 及以上	1	退还快运费的 30%
	2	退还快运费的 60%
	3	退还快运费的 100%
1201 ~ 1800	1	退还快运费的 50%
	2	退还快运费的 100%
1200 以下	1	退还快运费的 100%

（3）特别规定事项

超限货物、限速运行的货物、免费运输的货物以及货物全部灭失，承运人不支付违约金。从承运人发出催领通知的次日起（不能实行催领通知或会同收货人卸车的货物为卸车的次日起），如收货人于 2 日内未将货物领出，即失去要求承运人支付违约金的权利。

注：货物在运输过程中，由于下列原因之一，造成的滞留时间，应从实际运到日数中扣除：

A. 因不可抗力的原因引起的；

B. 由于托运人责任致使货物在途中发生换装、整理所产生的；

C. 因托运人或收货人要求运输变更所产生的；

D. 运输活动物，由于途中上水所产生的；

E. 其他非承运人责任发生的。

由于上述原因致使货物发生滞留时，发生货物滞留的车站，应在货物运单"承运人记载事项"栏内记明滞留时间和原因，到站应将各种情况所发生的滞留时间加总，加总后不足 1 日的尾数进整为 1 日。

二、铁路货物运费的计算

（一）货物运价的基本内容

1. 普通运价

（1）按货物运输种类别和货物品类别确定的运价。

A. 整车货物运价：将整车货物按品类分为 1 ~ 9 个运价号，运价由按货物种别（冷藏车货物按车种别）的每吨的发到基价和每吨千米的运行基价组成，9 号运价是由每轴千米的运行基价组成。

B. 零担货物运价：将零担货物按品类分为 21 ~ 24 四个级别的运价号，运价由按货种别的每 10kg 的发到基价和每 10kg·km 的运行基价组成。

C. 集装箱货物运价：集装箱货物不论货物品类，只按 1t 箱、5t 箱或 6t 箱、20ft 箱、40ft 箱五种箱型确定运价，由每箱的发到基价和每箱千米的运行基价组成。

（2）按运输距离远近确定的运价。

铁路运输货物的运价采用的是递远递减的方法。铁路运价把运价拆分为发到基价和运行基价两部分。

（3）按货物运输条件不同确定的运价。

由于货物性质、形状、大小等在运输要求上的不同，对铁路货物运输的组织、设备和能力的充分的利用都会产生一定的影响，故需对一批或一项货物的运输进行的加成或减成，采用加成率或减成率构成铁路货物运输运价的一部分。

2. 特定运价

是铁路运输企业为适应交通运输市场的竞争和对国家在一定时期有关方针政策的正确贯彻和实施，而对一些特定的货物以及对某些特定的铁路企业制定的运价。

3. 铁路建设基金

1991 年起，国家决定对通过铁路运输的货物征收铁路建设基金。

4. 货物运杂费

货物运杂费是指铁路运输企业在向托运人或收货人提供辅助服务和托运人或收货人额外占用铁路设施、设备、用具、备品等所收取的补偿费用。

（二）货物运费的计算

1. 运费计算步骤

第一，根据货物运单中的发、到站，在"货物运价里程表"中确定发、到站间的最短运价里程。

第二，根据所发送货物的名称在"铁路货物运输品名分类与代码表"（见附件 10）中确定该批发送的货物所适用的运价号。

第三，根据发送货物所适用的运价号在"铁路货物运价率表"（见附件 11）中确定所适用的发到基价和运行基价，并按规定确定货物的加（减）成率。

第四，根据铁道部颁发的《铁路运价规则》的规定确定计费重量、轴数或集装箱数。

第五，根据下列计算公式计算出整车货物、零担货物及集装箱的运费。

整车货物运费 ＝（发到基价 ＋ 运行基价 × 运价里程）×［1 ± 加（减）成率］× 货车标重

零担货物运费 ＝（发到基价 ＋ 运行基价 × 运价里程）× 计费重量 ÷ 10

集装箱运费 ＝（发到基价 ＋ 运行基价 × 运价里程）× 箱数

注：（1）一批货一项货物，运价率适用两种以上减成率计算运费时，只使用其中较大的一种减成率。

（2）一批或一项货物，运价率适用两种以上加成率时，应将不同的加成率相加之和作为适用的加成率。

（3）一批或一项货物，运价率同时适用加成率和减成率时，应以加成率和减成率相抵后的差额作为适用的加（减）成率。

（4）货物计费重量：整车是以吨为单位，吨以下四舍五入；零担是以 10kg 为单位，不足 10kg 进为 10kg；集装箱是以箱为单位。每项运费的尾数不足 1 角时，按四舍五入处理；每项杂费不满 1 个计算单位，均按 1 个计算单位计算。零担货物的起码运费每批为 2 元。

（5）计算出的运费尾数不足 0.1 元时，按四舍五入处理。

2. 其他费用计算确定

其他费用包括铁路建设基金、新路新价均摊运费、电气化附加费（见附件 14、15、

13）、京九分流费、经过南昌铁路局管辖的新建京九铁路的京九代收费、印花税（按运费的万分之五计收）。

检测与实训 ▶

一、复习思考题

1. 铁路货物运输运到期限如何计算？

2. 铁路货物运输运到期限如何计算？

二、技能训练

1. 实训项目

2011 年 4 月 1 日，托运人福建省平和县果品食杂公司给收货人某商贸公司从上海铁路局萧山站发运柑橘一车，到站是乌鲁木齐站，件数 5100 件，货物重量 50t。货主自行装卸。计算这批柑橘运到期限和运费。

2. 训练要求

（1）熟悉铁路货物运到期限和运费计算的步骤。

（2）通过实地调研或其他方式了解实际铁路运输中一般还包含哪些费用。

项目六　水路货物运输操作实务

知识目标

1. 了解采用水路货物运输的基本条件，了解我国主要的水运干线；
2. 了解班轮运输，掌握班轮运输的特点，熟悉各种运单填写；
3. 了解租船运输，熟悉租船运输的种类，掌握租船的业务流程；
4. 掌握班轮运费计算过程和计算方法，熟悉租船运输运费的计算。

能力目标

1. 能够根据班轮运输的特点安排托运；
2. 能够缮制并准确填写各种水路运输单证；
3. 能够根据班轮运费计算过程和计算方法，准确计算水运运费。

任务一　认识水路货物运输

任务描述

李挺从重庆运送200t土产杂品到武汉，他有几种运输方式可以选择：一是采用铁路运输，二是选择水路运输，三是公路运输。

问题：通过比较，你认为李挺该选择哪种运输方案？

任务分析

该运输任务是从重庆到武汉，分析运输线路特点，结合运输的商品，选择合适的运输方式。

— 138 —

相关知识 +

一、水路运输设施设备

水路运输的基础条件是从船、港、货、线四个方面反映出来的，所以主要的设施设备包括航道、港口、船舶等。

（一）航道

航道是指在内河、湖泊、港湾等水域内供船舶安全航行的通道，由可通航水域、助航设施和水域条件组成。

1. 航道要求

（1）有足够的航道深度

航道深度是指全航线中所具有的最小通航保证深度，它取决于航道上关键性的区段和浅滩上的水深。航道深浅是选用船舶吃水量和载重量的主要因素。航道深度增加，可以航行吃水深、载重量大的船舶，但航道深度，必然会使整治和维护航道的费用增高。

（2）有足够的航道宽度

航道宽度视航道等级而定，通常单线航行的情况极少，双线航行最普遍，在运输繁忙的航道上还应考虑三线航行。

（3）有适宜的航道转弯半径

航道转弯半径是指航道中心线上的最小曲率半径。一般航道转弯半径不得小于最大航行船舶长度的4~5倍。若河流转弯半径过小，将造成航行困难，应加以整治。若受自然条件限制，航道转弯半径最低不得小于船舶长度的3倍，而且航行时要特别谨慎，防止事故。

（4）有合理的航道许可流速

航道许可流速是指航线上的最大流速。船舶航行时，上水行驶和下水行驶的航线往往不同，下水就流速大的主流行驶，上水则尽量避开流速大的水区而在缓流区内行驶。

航道上的流速不宜过大，如果航道上的流速太大，上驶船舶必须加大功率才能通过，这样就不经济了。

（5）有符合规定的水上外廓

水上外廓是保证船舶水面以上部分通过所需要随高度和宽度的要求。水上外廓的尺度依航道等级来确定，一般一级、二级、三级、四级航道上的桥梁等的净空高度，取 20 年一遇的洪水期最高水位来确定。五级、六级航道期取 10 年一遇的洪水期最高水位来确定。由于水工建筑物如桥墩等下部比上部窄，故此桥梁等水面建筑物的净跨长度，应取枯水期最低水位来确定。

总的来说，航道应有与设计通航船舶相应的航道尺度，包括：①深度、宽度和弯曲半径；②流速和水面比降不能太大，流态不能太乱；③跨河建筑物如桥梁、电缆等都应符合水上净空要求。

2. 航道类型

现代的水上航道已不仅是指天然航道，而且应包括人工航道、进出港航道以及保证航行安全的航行导标系统和现代通信导航系统在内的工程综合体。

（1）海上航道

海上航道属自然水道，其通过能力几乎不受限制。但是，随着船舶吨位的增加，有些海峡或狭窄水道会对通航船舶产生一定的限制。例如，位于新加坡、马来西亚和印度尼西亚之间的马六甲海峡，为确保航行安全、防止海域污染，三国限定通过海峡的油船吨位不超过 22 万吨，龙骨下水深必须保持 3.35m。

世界上重要的航道：

马六甲海峡——连接太平洋和印度洋沟通亚非欧三洲。

苏伊士运河——连接印度洋和地中海，是中东石油运往西欧的捷径之道。

巴拿马运河——连接太平洋和大西洋，是北美东西海岸之间海运的必经之路。

直布罗陀海峡——连接地中海和大西洋，是欧洲和非洲的分界线。

德雷克海峡——沟通大西洋和太平洋，是南美洲和南极洲的分界线。

土耳其海峡——连接黑海与地中海的唯一通道，是亚洲和非洲分界线。

丹麦海峡——沟通大西洋和北冰洋，是欧洲和北美洲分界线。

曼德海峡——连接红海和阿拉伯海（即红海和印度洋），是亚洲和非洲分界线。

白令海峡——北美洲和亚洲分界线。

麦哲伦海峡——沟通太平洋和大西洋霍尔木兹海峡——连接波斯湾和印度洋，是波斯湾石油运出的必经之道。

西北航道（Northwest Passage）——由格陵兰岛经加拿大北部北极群岛到阿拉斯加北岸的航道，这是大西洋和太平洋之间最短的航道。西北航道是经数百年努力寻找而形成的一条北美大陆航道，由大西洋经北极群岛（属加拿大）至太平洋。航道在北极圈以北 800km（500 哩），距北极不到 1930km（1200 哩），是世界上最险峻的航线之一。一旦能够进行商业通航，将产生显著的经济效益。

（2）内河航道

内河航道大部分是利用天然水道加上引航的导标设施构成的。对于航运管理人员来说，应该了解有关航道的一些主要特征，例如：航道的宽度、深度、弯曲半径、水流速度、过船建筑物尺度以及航道的气象条件和地理环境等。

我国的内河运输主要分布在长江水系、珠江水系和京杭运河，货运量分别占全国总量的40％、15.5％和21.5％。

A. 长江水运干线

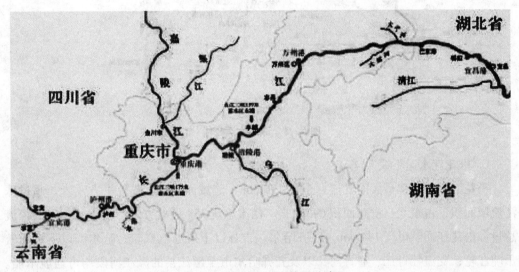

图6-1　长江水运干线（示意）

长江水运干线，上起云南水富，下至上海长江口，全长2838km，是我国唯一贯穿东、中、西部的交通大通道，是沿江经济快速发展的重要依托，长江南京至长江口通航水深由7m提高到10m，可通航3万吨级海轮，5万吨级海轮可乘潮通航，第五代集装箱船和10万吨级散货船乘潮可进入上海港；南京至武汉可通航5000吨级海轮；武汉至重庆可通航1000～1500吨级驳船或3000～9000吨级船队；重庆以上可通航500～1000吨级船舶。

B. 珠江水运干线

珠江水运干线由上游西南水运出海南线右江通道、中线红水河通道、北线柳黔江通道经西江接珠江三角洲航道网组成，是沟通我国西南、华南地区出海大通道。

"珠流南国，得天独厚"。内河水运正处于发展的最佳机遇期。珠江这条绿色大通道将为东部现代化、西部崛起，流域腾飞和泛珠三角经济区的共同繁荣再展宏图。

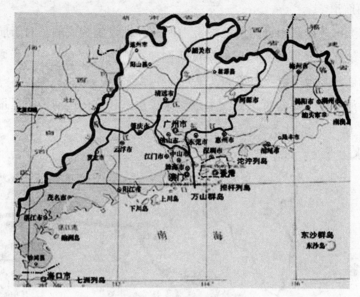

图 6 – 2　珠江水运干线

C. 松花江水运干线

松花江是黑龙江最大的支流。全长 1900km，流域面积 54.56 万平方千米，超过珠江流域面积，占东北三省总面积 69.32%。径流总量 759 亿立方米，超过了黄河的径流总量。松花江通航里程 1447km。齐齐哈尔、吉林以下可通航汽轮；哈尔滨以下可通航千吨江轮；支流牡丹江、通肯河，以及齐齐哈尔市至嫩江县的嫩江河段均可通航木船。通航期为 4 月中旬至 11 月上旬。

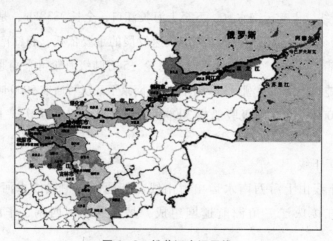

图 6 – 3　松花江水运干线

（3）人工航道

人工航道又称运河，是由人工开凿，主要用于船舶通航的河流。人工航道一般都开凿在几个水系或海洋的交界处，以便使船舶缩短航行里程，降低运输费用，扩大船舶通航范围，进而形成一定规模的水运网络。

A. 苏伊士运河。通航水深：16m；通行船舶：最大的船舶为满载 15 万 t 或空载 37 万 t 的油船；通行方式：单向成批发船和定点会船；通过时间：10~15h。

B. 巴拿马运河。通航水深：13.5~26.5m；通行船舶：6 万 t 级以下或宽度不超过 32m 的船只；通过时间：16h 左右。

C. 京杭运河。京杭大运河全长 1710km，是世界上最长的一条人工运河，长度是苏伊士运河（190km）的 9 倍，巴拿马运河（80km）的 21 倍，纵贯南北，是中国重要的一条南北水上干线。背负了南北大量物资的运输交换，也有助于中国的政治、经济和文化的发展。由于年久失修，目前，京杭运河的通航里程为 1442km，其中北起北京，南至杭州，经过北京、天津、河北、山东、江苏和浙江六省市，沟通了海河、黄河、淮河、长江、钱塘江五大水系。全年通航里程为 877km，主要分布在黄河以南的山东、江苏和浙江三省。

（二）港口

港口的作用，是既为水路运输服务，又为内陆运输服务。

1. 商港的种类

（1）按地理位置分为

A. 海湾港。（Bay port）指地濒海湾，又据海口，常能获得港内水深地势的港口。海湾港具有同一港湾容纳数港的特色。如大连、秦皇岛港等。

B. 河口港（Estuary Port）。指位于河流入海口处的港口。如上海、伦敦、加尔各答港。

C. 内河港（Inland Port）。指位于内河沿岸的港口，居水陆交通的据点，一般与海港有航道相通。如南京、汉口等。

（2）按用途目的分为

A. 存储港（Enter Port）。一般地处水陆联络的要道，交通十分方便，同时又是工商业中心，港口设施完备，便于货物的存储、转运，为内陆和港口货物集散的枢纽。

B. 转运港（Port of Transshipment）。位于水陆交通衔接处，一方面将陆运货物集中，转由海路运出；另一方面将海运货物疏运，转由陆路运入，而港口本身对货物需要不多，主要经办转运业务。

C. 经过港（Port of call）。地处航道要冲，为往来船舶必经之地，途经船舶如有需要，可作短暂停泊，以便添加燃料、补充食物或淡水，继续航行。

2. 港口的通过能力

港口通过能力是指在一定的时期和条件下，利用现有的工人、装卸机械与工艺所能装卸货物的最大数量。对于国际航运管理人员来说，应从以下几个方面了解和掌握有关港口的通过能力：

（1）港口水域面积：主要是了解该港口同时能接纳的船舶艘数。

（2）港口水深：主要是了解该港所能接纳的船舶吨位。

（3）港口的泊位数：主要是了解该港同时能接纳并进行装卸作业的船舶数。

（4）港口作业效率：主要是了解船舶将在该港的泊港时间。一般需综合以下各种情况才能作出较正确的估算：

A. 装卸机械的生产能力；

B. 同时作业的舱口数或作业线数；

C. 作业人员的工作效率；

D. 业务人员的管理水平，等等。

（5）港口库场的堆存能力：库场的堆存能力将会影响到港口通过能力，从而也影响到船舶周转的速度。

（6）港口后方的集疏运能力：港口后方有无一定的交通网和一定的集疏运能力，不仅将影响到港口的通过能力，同时也影响到船舶的周转时间。

3. 世界及我国主要港口

（1）世界主要港口。荷兰的鹿特丹，美国的纽约、新奥尔良和休斯敦，日本的神户和横滨，比利时的安特卫普，新加坡，法国的马赛，英国的伦敦等。

（2）我国的主要港口。上海港，大连港，秦皇岛港，天津港，青岛港，黄埔港，湛江港，连云港，烟台港，南通港，宁波港，温州港，福州港，北海港，海口港。

（三）水路运输中的货物

水路运输的货物包括原料、材料、工农业产品、商品以及其他产品。从水路运输的要求出发，可以从货物的形态、性质、重量、运量等不同的角度进行分类。

1. 从货物形态的角度分类

（1）包装货物。

（2）裸装货物。

（3）散装货物。

2. 从货物性质的角度分类

（1）普通货物。

（2）特殊货物。

3. 从货物的重量和体积分类

（1）重量货物。

（2）体积货物。

国际上统一的划分标准：凡1t货物的体积不超过40ft^{3}的货物为重量货物。凡1t货物的体积超过40ft^{3}的货物为体积货物，也称轻泡货物。

我国海运规定：凡1t货物的体积不超过1m^{3}的货物为重量货物。凡1t货物的体积超过1m^{3}的货物为体积货物。

（3）从货物运量大小的角度分类

A. 大宗货物。

B. 件杂货物。

C. 长大笨重货物。

（四）船舶

1. 按货轮的功能（或船型）的不同划分

（1）杂货船。

（2）散装船。

（3）多用途船。

（4）冷藏船。

（5）油轮。

（6）木材船。

（7）集装箱船。

（8）滚装船。

（9）载驳船。

图6-4 集装箱船

图 6-5　滚装船

图 6-6　油船

2. 按货物的载重量不同划分

（1）巴拿马型船。这类船的载重量为 60~80kt，船宽为 32.2m。因通过巴拿马运河船闸时，船宽要受此限制。

（2）超巴拿马型船。指船宽超过 32.3m 的大型集装箱船，如第五代集装箱船的船宽为 39.8m，第六代的船宽为 42.8m。

（3）灵便型船。这类船的载重量为 30~50kt，可作沿海、近洋和远洋运输谷物、煤炭、化肥及金属原料等散装货物的船。

图6-7 液化气船

二、船舶航线和航次

(一) 航线

航线有广义和狭义的定义。广义的航线是指船舶航行起讫点的线路。狭义的航线是船舶航行在海洋中的具体航迹线，也包括画在海图上的计划航线。

1. 按性质来划分航线

推荐航线：航海者根据航区不同季节、风、流、雾等情况，长期航行实践形成的习惯航线。由航海图书推荐给航海者。

协定航线：某些海运国家或海运单位为使船舶避开危险环境协商在不同季节共同采用的航线。

规定航线：国家或地区为了维护航行安全，在某些海区明确过往船舶必须遵循的航线。

2. 航线按所经过的航区划分

航线分为大洋航线、近海航线、沿岸航线等。

(二) 航次

船舶为完成某一次运输任务，按照约定安排的航行计划运行，从出发港到目的港为一个航次。班轮运输中航次及其途中的挂靠港都编制在班轮公司的船期表上。航次是船舶从事客货运输的一个完整过程，即航次作为一种生产过程，包括了装货准备、装货、海上航行、卸货等完成客货运输任务的各个环节。

（三）影响航次时间的主要因素

航次时间由航行时间、装卸时间及其他时间三部分组成。与航次时间关系密切的主要因素分别为：航次距离、装卸货量、船舶航速和装卸效率。对于航运管理人员来说，应通过对上述因素的分析研究，寻找缩短航次时间的途径，加速船舶周转率，提高船期经济性。

检测与实训

一、复习思考题

1. 水路运输的特点有哪些？

2. 水路货物运输的主要设施设备有哪些？

3. 影响航次时间的主要因素有哪些？

二、技能训练

1. 实训项目

通过网络或图书等查阅下列相关资料：

（1）水路运输的现状及发展趋势；

（2）水路运输工具；

（3）水路货运站的基本设施设备。

2. 训练要求

（1）分组进行，5～7人一组，共同参与，形成书面调查报告。

（2）收集资料要求内容比较全面，范围广泛。

任务二　班轮运输作业

任务描述

沈阳A公司（沈阳市太原街50号）与日本D公司成交大米一批，沈阳A公司委托B货代公司大连分公司C公司（大连市中山区人民路）代为办理该货物的出口全套业务（包括国内运输段的代理业务），发货人地处苏州，货物存于苏州D仓库。合同的主要条款如下：

买方：日本D公司　Japan corporation

卖方：沈阳 A 公司　Shenyang A corporation

地址：沈阳市太原街 50 号

电话、传真：024－83766553

商品名称：大米 rice

数量：5000 袋，50kg/袋

支付方式：L/C

价格条款：每吨 USD600 CIF Tokyo

包装：塑料编织袋装

装运时间：2009 年 12 月 20 日

装运港：大连港

目的港：东京港

保险条款：加保一切险　加一成投保

问题：结合货运代理知识，描述此票货物全部出口业务流程。

任务分析

该运输任务为国际航运中的出口业务，完成该任务，首先熟悉国际航运组织形式，并明确每一步的具体工作内容，以及具体操作中的要求和注意事项。

相关知识

一、班轮运输概述

1. 班轮运输的概念

班轮运输又称作定期船运输，系指按照规定的时间表在一定的航线上，以既定的挂港顺序、有规则地从事航线上各港间货物运送的船舶运输。

在班轮运输实践中，班轮运输可分为两种形式：一是定航线、定船舶、定挂靠港、定到发时间、定运价的班轮运输，通常称为"五定班轮"；另一种通常称为"弹性班轮"，也即所谓的定线不严格定期的班轮运输。

2. 班轮运输的特点

（1）船舶按照固定的船期表，沿着固定的航线和港口来往运输，并按相对固定的运费率收取运费。因此，具有"四固定"的基本特点。

（2）运价内已包括装卸费用。货物由承运人负责配载装卸。船货双方也不计算滞期费和速遣费。

（3）船货双方的权利、义务、责任、豁免，以船方签发的提单条款为依据。

（4）班轮承运的货物品种、数量比较灵活，货运质量较有保证，且一般采取在码头仓库交接货物，故为货主提供了较便利的条件。

3. 班轮运输的作用

（1）有利于一般杂货和不足整船的小额贸易货物的运输。班轮只要有舱位，不论数量大小、挂港多少、直运或转运都可接受承运。

（2）由于"四固定"的特点，时间有保证，运价固定，为贸易双方洽谈价格和装运条件提供了方便，有利于开展国际贸易。

（3）班轮运输长期在固定航线上航行，有固定设备和人员，能够提供专门的、优质的服务。

（4）由于事先公布船期、运价费率，有利于贸易双方达成交易，减少磋商内容。

（5）手续简单，货主方便。由于承运人负责装卸和理舱，托运人只要把货物交给承运人即可，省心省力。

4. 经营班轮运输必须具备的条件

（1）须配置技术性能较高、设备齐全的船舶。

（2）需租赁专用码头和设备、设立相应的营业机构。

（3）需要给船舶配备技术和业务水平较高的船员。

（4）需要有一套适用于小批量接受货物托运的货运程序。

5. 班轮运输承运人与托运人的责任划分

班轮承运人是指班轮运输合同中承担提供船舶并负责运输的当事人。托运人是在班轮运输合同中委托承运人运输货物的当事人。承运人同托运人责任和费用的划分界限一般在船上吊杆所能达到的吊钩底下，换言之，托运人将货物送达吊钩底下后就算完成交货任务，然后由承运人负责装船。但风险的划分一般以船舷为界，即货物在装运港越过船舷以前发生的风险由托运人负责，越过船舷以后的风险由承运人负责。承运人最基本的义务是按合理的期限将货物完整无损地运到指定地点，并交给收货人。托运人的基本义务是按约定的时间，品质和数量准备好托运的货物，保证船舶能够连续作业，并及时支付有关费用。

二、班轮运输货运程序

1. 揽货

揽货是指从事班轮运输经营的船公司为使自己所经营的班轮运输船舶能在载重量和舱容上得到充分利用，力争做到"满舱满载"，以期获得最好的经营效益而从货主那里争取货源的行为。

2. 订舱

订舱是指托运人或其代理人向承运人，即班轮公司或它的营业所或代理机构等申请货物运输，承运人对这种申请给予承诺的行为。承运人与托运人之间不需要签订运输合同，而是以口头或订舱函电进行预约，只要船公司对这种预约给予承诺，并在舱位登记簿上登记，即表明承托双方已建立有关货物运输的关系。

订舱与国际贸易成交条件有关系，以 FOB 价格条件成交的，由进口商负责订舱；以 CIF 或者 CFB 价格条件成交的，由出口商负责订舱。

3. 装船

装船是指托运人应将其托运的货物送至码头承运船舶的船边并进行交接，然后将货物装到船上。

4. 卸货

卸货是指将船舶所承运的货物在卸货港从船上卸下，并在船舶交给收货人或代其收货的人和办理货物的交接手续。

5. 误卸

卸货时，船方和装卸公司应根据载货清单和其他有关单证认真卸货，避免发生差错，然而由于众多原因难免不发生将本应在其他港口卸下的货物卸在本港，或本应在本港卸下的货物遗漏未卸的情况，通常将前者称为溢卸，后者称为短卸。溢卸和短卸统称为误卸。关于因误卸而引起的货物延迟损失或货物的损坏转让问题，一般在提单条款中都有规定，通常规定因误卸发生的补送、退运的费用由船公司负担，但对因此而造成的延迟交付或货物的损坏，船公司不负赔偿责任。如果误卸是因标志不清、不全或错误，以及因货主的过失造成的，则所有补送、退运、卸货和保管的费用都由货主负担，船公司不负任何责任。

6. 交付货物

实际业务中船公司凭提单将货物交付给收货人的行为。具体过程是收货人将提单交给船公司在卸货港的代理人，经代理人审核无误后，签发提货单交给收货人，然后收货人再凭提货单前往码头仓库提取货物并与卸货代理人办理交接手续。交付货物的方式有仓库交付货物、船边交付货物、货主选择卸货港交付货物、变更卸货港交付货物、凭保证书交付货物等。

7. 保函

保函即为保证书，为了方便，船公司及银行都印有一定格式的保证书。其作用包括凭保函交付货物、凭保函签发清洁提单、凭保函倒签预借提单等。在凭保函交付货物的情况下，收货人保证在收到提单后立即向船公司交回全套正本提单，承担应由收货人支付的运费及其他费用的责任；对因未提交提单而提取货物所产生的一切损失均承担责任，并表明对于保证内容由银行与收货人一起负连带责任。凭保函签发提单则使得托运人能以清洁提单、已装船提单顺利地结汇。关于保函的法律效力，《海牙规则》和《维斯比规则》都没有作出规定，考虑到保函在海运业务中的实际意义和保护无辜的第三方的需要，《汉堡规则》第一次就保函的效力问题作出了明确的规定，保函是承运人与托运人之间的协议，不得对抗第三方，承运人与托运人之间的保函，只是在无欺骗第三方意图时才有效；如发现有意欺骗第三方，则承运人在赔偿第三方时不得享受责任限制，且保函也无效。

三、货物单证

1. 托运单（SHIPPING NOTE – B/N）

有的地方称为"下货纸"，是托运人根据贸易合同和信用证条款内容填制的，向承运人或其代理办理货物托运的单据。承运人根据托运单内容，并结合船舶的航线，挂靠港，船期和舱位等条件考虑，认为合适后，即接受托运。如表6－1所示。

2. 装货单（SHIPPING ORDER – S/O）

是接受了托运人提出装运申请的船公司，签发给托运人，凭以命令船长将承运的货物装船的单据。装货单既可作为装船依据，又是货主凭此向海关办理出口申报手续的主要单据之一。

3. 收货单（MATES RECEIPT – M/R），

又称大副收据，是船舶收到货物的收据及货物已经装船的凭证。

由于上述三份单据的主要项目基本一致，故在我国一些主要港口的做法是，将它们制成联单，一次制单，既可减少工作量，又可减少差错。

4. 装货清单（LOADING LIST）

是承运人根据装货单留底，将全船待装货物按目的港和货物性质归类，依航次，靠港顺序排列编制的装货单汇总清单，是船上大副编制配载计划的主要依据，又是供现场理货人员进行理货，港方安排驳运，进出库场以及承运人掌握情况的业务单据。

5. 提货单（DELIVERY ORDER – D/O）

又称小提。收货人凭正本提单或副本提单随同有效的担保向承运人或其代理人换取的，可向港口装卸部门提取货物的凭证。发放小提单时应做到：①正本提单为合法持有人所持有。②提单上的非清洁批注应转上小提单。③当发生溢短残情况时，收货人有权向承运人或其代理获得相应的签证。④运费未付的，应在收货人付清运费及有关费用后，方可放小提单。

6. 海运提单（BILL OF LADING – B/L）

提单是承运人或其代理人应托运人的要求所签发的货物收据（RECEIPT OF

GOODS），在将货物收归其照管后签发，证明已收到提单上所列明的货物；是一种货物所有权凭证（DOCUMENT OF TITLE）。提单持有人可据以提取货物，也可凭此向银行押汇，还可在载货船舶到达目的港交货之前进行转让；是承运人与托运人之间运输合同的证明，如表6-2所示。

表6-1　　　　　　　　　　　　　　　　　水路托运单

水路托运单　年　月　日						本运单经承托双方签章后，具有合同效力，承运人与托运人、收货人之间的权利、义务关系和责任界限均按《水路货物运输规则》及运杂费用的有关规定办理。					
船名		航次		起运港			到达港		到达日期		收货人
托运人	全称					收货人	全称				
	地址电话						地址电话				
	银行账号						银行账号				
发货符号	货号	件数	包装	价值	托运人确定 / 重量（t）	计数重量 / 体积长宽高（m）	重量（t）	体积（m³）	等级	费率	金额
										项目 / 运费	费率 / 金额
										装船费	
合计											
运到期限（或约定）					托运人　　（公章）　年　月　日				总计		
特约事项					承运日期：起运港承运人盖章：　　　　　年　月　日				核算员		
									复核员		

表 6 – 2   海运提单

1. SHIPPER（托运人）一般为出口商	B/L No.
2. CONSIGNEE（收货人）"order" 或 "order of shipper" 或 "order of ×××Bank"	COSCO 中国远洋运输（集团）总公司 CHINA OCEAN SHIPPING（GROUP）CO.
3. NOTIFY PARTY（通知人）通常为进口方或其代理人	

4. PR – CARRIAGE BY（前程运输）填 feeder ship 名即驳船名	5. PLACE OF RECEIPT（收货地）填 Huangpu	ORIGINAL Combined Transport Bill of Lading
6. OCEAN VESSEL VOY. NO.（船名及航次）填大船名	7. PORT OF LOADING（装货港）填 HKG	
8. PORT OF DISCHARGE（卸货港）填 LAX	9. PLACE OF DELIVERY（交货地）若大船公司负责至 NYC 则填 NYC；若负责至 LAX 则填 LAX	10. FINAL DESTINATION FOR THE MERCHANT'S REFERENCE（目的地）仅当该 B/L 被用作全程转运时才填此栏（填 NYC）

11. MARKS（唛头）	12. NOS. & KINDS OF PKGS（包装种类和数量）	13. DESCRIPTION OF GOODS（货物名称）	14. G. W.（kg）（毛重）	15. MEAS（m³）（体积）
16. TOTAL NUMBER OF CONTAINERS OR PACKAGES（IN WORDS）（总件数）				

17. FREIGHT & CHARGES（运费）PREPAID（运费预付）或 COLLECT（运费到付）	REVENUE TONS（运费吨）	RATE（运费率）	PER（计费单位）	PREPAID（运费预付）	COLLECT（运费到付）

PREPAID AT（预付地点）	PAYABLE AT（到付地点）	18. PLACE AND DATE OF ISSUE（出单地点和时间）一般与装船日一致	
TOTAL PREPAID（预付总金额）	19. NUMBER OF ORIGINAL B (S) L（正本提单的份数）一般为 3 份	22. SIGNED FOR THE CARRIER（承运人签章）	
20. DATE（装船日期）	21. LOADING ON BOARD THE VESSEL BY（船名）	中国远洋运输（集团）总公司 CHINA OCEAN SHIPPING（GROUP）CO. ×××	

根据按提单收货人的抬头不同，提单可分为以下几种：

（1）记名提单（Straight B/L）

记名提单又称收货人抬头提单，是指提单上的收货人栏中已具体填写收货人名称的提单。提单所记载的货物只能由提单上特定的收货人提取，或者说承运人在卸货港只能把货物交给提单上所指定的收货人。如果承运人将货物交给提单指定的以外的人，即使该人占有提单，承运人也应负责。这种提单失去了代表货物可转让流通的便利，但同时也可以避免在转让过程中可能带来的风险。

（2）不记名提单（Bearer B/L, or Open B/L, or Blank B/L）

提单上收货人一栏内没有指明任何收货人，而注明"提单持有人"（Bearer）字样或将这一栏空白，不填写任何人的名称的提单。这种提单不需要任何背书手续即可转让，或提取货物，极为简便。承运人应将货物交给提单持有人，谁持有提单，谁就可以提货，承运人交付货物只凭单，不凭人。这种提单丢失或被窃，风险极大，若转入善意的第三者手中时，极易引起纠纷，故国际上较少使用这种提单。

（3）指示提单（Order B/L）

在提单正面"收货人"一栏内填上"凭指示"（To order）或"凭某人指示"（Order of……）字样的提单。这种提单按照表示指示人的方法不同，指示提单又分为托运人指示提单、记名指示人提单和选择指示人提单。如果在收货人栏内只填记"指示"字样，则称为托运人指示提单。这种提单在托运人未指定收货人或受让人之前，货物所有权仍属于卖方，在跟单信用证支付方式下，托运人就是以议付银行或收货人为受让人，通过转让提单而取得议付货款的。如果收货人栏内填记"某某指示"，则称为记名指示提单，如果在收货人栏内填记"某某或指示"，则称为选择指示人提单。记名指示提单或选择指示人提单中指名的"某某"既可以是银行的名称，也可以是托运人。

指示提单是一种可转让提单。提单的持有人可以通过背书的方式把它转让给第三者，而不须经过承运人认可，所以这种提单为买方所欢迎。而不记名指示（托运人指示）提单与记名指示提单不同，它没有经提单指定的人背书才能转让的限制，所以其流通性更大。指示提单在国际海运业务中使用较广泛。

四、运单的填制

1. 托运单的填制

（1）目的港：名称须明确具体，并与信用证描述一致，如有同名港时，须在港口名称后注明国家，地区或州，城市。如信用证规定目的港为选择港（OPTIONAL PORTS），则应是同一航线上的，同一航次挂靠的基本港。

（2）运输编号，即委托书的编号。每个具有进出口权的托运人都有一个托运代号（通常也是商业发票号），以便查核和财务结算。

（3）货物名称。应根据货物的实际名称，用中英文两种文字填写，更重要的是要与信用证所列货名相符。

（4）标记及号码，又称唛头（SHIPPING MARK），是为了便于识别货物，防止错发货，通常由型号，图形货收货单位简称，目的港，件数或批号等组成。

（5）重量尺码。重量的单位为 kg，尺码为 m^3；

（6）托盘货要分别注明盘的重量，尺码和货物本身的重量，尺码，对超长，超重，超高货物，应提供每一件货物的详细的体积（长、宽、高）以及每一件的重量，以便货运公司计算货物积载因素，安排特殊的装货设备。

（7）运费付款方式。一般有运费预付（FREIGHT PREPAID）和运费到付（FREIGHT COLLECT）。有的转运货物，一程运输费预付，二程运费到付，要分别注明。

（8）可否转船，分批，以及装期，效期等均应按信用证或合同要求一一注明。

（9）通知人，收货人，按需要决定是否填。

（10）有关的运输条款，订舱，配载信用证货客户有特殊要求的也要一一列明。

2. 海运提单的填制

海运提单主要项目填制说明如下：

（1）托运人（Shipper）。即与承运人签订运输契约，委托运输的货主，即发货人。在信用证支付方式下，一般以受益人为托运人；托收方式以托收的委托人为托运人。另外，根据《UCP500》第31条规定：除非信用证另有规定，银行将接受表明以信用证受益人以外的第三者为发货人的运输单据。

（2）收货人（Consignee）。收货人要按合同和信用证的规定来填写。一般的填法有下列几种：

A. 记名式：在收货人一栏直接填写上指定的公司或企业名称。该种提单不能背书转让，必须由收货人栏内指定的人提货或收货人转让。

B. 不记名式：即在收货人栏留空不填，或填"To Bearer"（交来人/持票人）。这种方式承运人交货凭提单的持有人，只要持有提单就能提货。

C. 指示式：指示式的收货人又分为不记名指示和记名指示两种。

不记名指示，是在收货人一栏填"To Bearer"，又称空白抬头。该种提单，发货人必须在提单背面背书，才能转让。背书又分为记名背书和不记名背书（空白背书）两种。前者是指在提单背面填上"Deliver to ×××""Endorsed to ×××"，然后由发货人签章；后者是发货人在背面不做任何说明只签章即可。记名背书后，其货权归该记名人所有，而且该记名人不可以再背书转让给另外的人。不记名背书，货权即归提单的持有人。

记名指示，是在收货人一栏填"To Order of Shipper"，此时，发货人必须在寄单前在提单后背书；另外还有凭开证申请人指示即L/C中规定"To Order of Applicant"，在收货人栏就填"To Order of ×××Co"；

凭开证行指示，即L/C中规定"To Order of Issuing Bank"，则填"To Order of ×××Bank"。

在实际业务中，L/C项下提单多使用指示式。托收方式，也普遍使用不记名指示式。若作成代收行指示式，事先要征得代收行同意。因为根据URC522中第10条a款规定：除非先征得银行同意，贷物不应直接运交银行，亦不应以银行或银行的提定人为收货人。如未经银行事先同意，贷物直接运交银行，或以银行的指定人为收货人，然后由银行付款或承兑后将货物交给付款人时，该银行并无义务提取货物，货物的风险和责任由发货人承担。

（3）被通知人（Notify Party）。原则上该栏一定要按信用证的规定填写。被通知人即收货人的代理人或提货人，货到目的港后承运人凭该栏提供的内容通知其办理提货，因此，提单的被通知人一定要有详细的名称和地址，供承运人或目的港及时通知其提货。若L/C中未规定明确地址，为保持单证一致，可在正本提单中不列明，但要在副本提单上写明被通知人的详细地址。托收方式下的被通知人一般填托收的付款人。

（4）船名（Ocean Vessel）即由承运人配载的装货的船名，班轮运输多加注航次（Voy. No.）。

（5）装运港（Port of Loading）。填实际装运货物的港名。L/C项下一定要符合L/C的规定和要求。如果L/C规定为"中国港口"（Chinese Port）此时不能照抄，而要按装运的我国某一港口实际名称填。

（6）卸货港（Port of Discharge）。原则上，L/C项下提单卸货港一定要按L/C规定办理。但若L/C规定两个以上港口者，或笼统写"××主要港口"如"European Main Ports"（"欧洲主要港口"）时，只能选择其中之一或填明具体卸货港名称。

如果L/C规定卸货港名后有"In Tiansit to ××"只能在提单上托运人声明栏或唛头下方空白处加列。尤其我国只负责到卸货港而不负责转运者，不能在卸货港后加填，以说明卖方只负责到卸货港，以后再转运到何地由买方负责。

另外，对美国和加拿大O. C. P（Overland Common Points）地区出口时，卸货港名后常加注"O. C. P××"。例如L/C规定："Los Angeles O. C. P Chicago"，可在提单目的港填制：Los AngeIes O. C. P；如果要求注明装运最后城市名称时，可在提单的空白处和唛头下加注"O. C. P. Chicago"，以便转运公司办理转运至"Chicago"。

（7）唛头（shipping Marks /Marks & Nos.）。如果信用证有明确规定，则按信用证缮打；信用证没有规定，则按买卖双方的约定，或由卖方决定缮制，并注意做到单单一致。

（8）包装与件数（No. & kind of Packages）。一般散装货物该栏只填"In Bulk"，大写件数栏可留空不填。单位件数与包装都要与实际货物相符，并在大写合计数内填写英文大写文字数目。如总件数为 320 CARTONS 填写在该栏项下，然后在总件数大写栏（Total numbers of Packages in Words）填写：Three hundred And Twenty Cartons only. 如果货物包括两种以上不同包装单位（如纸箱、铁桶），应分别填列不同包装单位的数量，然后再表示件数：

300　　　Caftons

400　　　Iron drums

700　　　packages

（9）商品名称（描述）（Description of Goods）。原则上提单上的商品描述应按信用证规定填写并与发票等其他单据相一致。但若信用证上货物的品名较多，提单上允许使用类别总称来表示商品名称。如出口货物有餐刀、水果刀、餐叉、餐匙等，信用证上分别列明了各种商品名称、规格和数量，但包装都用纸箱，提单上就可以笼统写：餐具×××Cartons.

（10）毛重和体积（Gross Weight & Measurement）。除非信用证有特别规定，提单上一般只填货物的总毛重和总体积，而不标明净重和单位体积。一般重量均以千克表示，体积用立方米表示。

（11）运费支付（Freight & Charges）。信用证项下提单的运费支付情况，按其规定填写。一般根据成交的价格条件分为两种：若在 CIF 和 CFR 条件下，则注明"Freight Prepaid"或"Freight Paid"；FOB 条件下则填"Freight Collect"或"Freight Payable at Destination"。若租船契约提单有时要求填："Freight Payable as Per Charter Party"。有时信用证还要求注明运费的金额，按实际运费支付额填写即可。

（12）签发地点与日期（Place and date of Issue）。提单的签发地点一般在货物运港所在地，日期则按信用证的装运期要求，一般要早于或与装运期为同一天。有时由于船期不准，迟航或发货人造成迟延，使实际船期晚于规定的装期，发货人为了适应信用证规定，做到单证相符，要求船方同意以担保函换取较早或符合装运期的提单，这就是倒签提单（Ante—Dated B/L）；另外，有时货未装船或未开航，发货人为及早获得全套单据进行议付，要求船方签发已装船提单，即预借提单（Advanced B/L）。这两种情况是应该避免的，如果发生问题，或被买方察觉，足以造成巨大经济损失和不良影响。

检测与实训

一、复习思考题

1. 简述班轮运输的概念、特点。

2. 班轮运输有什么作用?

3. 简述班轮运输的作业流程。

二、技能训练

1. 实训项目

2005 年 7 月 28 日，南海公司与能强建材公司在海口市签订水上货物运输合同，约定南海公司派"津浩"轮承运建材公司 2000t 煤，从厦门港运至三亚港，运价 40 元/t，"津浩"轮拟于 7 月 30 日抵港受载，装港四天，合同还对船舶在港时间、滞期费和违约责任等作了规定。合同未尽事宜，由双方协商解决，或按交通部颁布的运输规则处理。你可以根据这项水路货物运输业务填写水路运单吗?

2. 训练要求

（1）提前准备各种运单，填写要认真、规范。

（2）态度认真，工作要尽心。

任务三　租船运输作业

任务描述

2009 年 5 月 15 日前，英国 G 公司要从中国进口一批 5000t 袋装黄豆（黄豆的积载系数为 $1.7m^3/t$），装货港为中国大连，卸货港为英国利物浦港口。发货人为中国中粮进出口有限公司。G 公司要求中粮公司代表其寻找一个合适船舶，并同船舶所有人（船东）签订一份租船合同。根据市场行情，G 公司要求运费控制在每吨货物 20 元以内。佣金在 5% 以内。

问题：如何在租船市场上寻找合适的船舶，并签订一份可行的合同?

任务分析

租船运输又称作不定期船运输，是相对于定期船，即班轮运输而言的另一种国际航运经营方式。由于这种经营方式需在市场上寻求机会，没有固定的航线和挂靠港口，也没有预先制定的船期表和费率本，船舶经营人与需要船舶运力的租船人是通过洽谈运输条件、签订租船合同来安排运输的，故称为"租船运输"。该运输任务要求进行租船运输，因此必须熟悉租船运输的种类、流程，选择合适的租船方式，租用合适的船只。

相关知识

租船运输又称作不定期船运输，是相对于定期船，即班轮运输而言的另一种国际航运经营方式。由于这种经营方式需在市场上寻求机会，没有固定的航线和挂靠港口，也没有预先制定的船期表和费率本，船舶经营人与需要船舶运力的租船人是通过洽谈运输条件、签订租船合同来安排运输的，故称为"租船运输"。

目前，在国际上主要的租船方式有航次租船、定期租船、包运租船和光船租船四种。

一、租船运输的基本特点

各种方式的租船运输具有以下一些基本特点：

（1）租船运输的营运组织取决于各种租船合同。船舶经营人与船舶承租人双方首先须签订租船合同才能安排船舶营运，合同中除了需规定船舶就航的航线、载运的货物种类及停靠的港口外，还需具体订明双方的权利和义务。一般由船东与租方通过各自或共同的租船经纪人洽谈成交租船业务。

（2）租船运输的运费或租金水平的高低，直接受租船合同签订时的航运市场行情波动的影响。世界的政治经济形势、船舶运力供求关系的变化，以及通航区域的季节性气候条件等，都是影响运费或租金水平高低的主要因素。

（3）租船运输中的有关船舶营运费用及开支，取决于不同的租船方式，由船舶所有人和船舶承租人分担，并在租船合同中订明。

（4）不定航线，不定船期。船东对于船舶的航线、航行时间和货载种类等按照租船人的要求来确定。

（5）租船运输主要服务于专门的货运市场，承运大宗类货物，如谷物、油类、矿石、煤炭、木材、砂糖、化肥、磷灰土等，并且一般都是整船装运的。

（6）各种租船合同均有相应的标准合同格式。一般由船东与租方通过各自或共同的租船经纪人洽谈成交租船业务。

二、租船方式的种类

1. 航次租船方式

航次租船。又名"程租船"，是一种由船舶所有人向租船人提供特定的船舶，在特定的两港或数港之间从事一个特定的航次或几个航次承运特定货物的方式。简单地说，对这种方式可用四个"特定"来概括，即特定的船舶；特定的货物；特定的航次；特定的港口。

（1）航次租船方式主要特点如下：

A. 船舶的营运调度由船舶所有人负责，船舶的燃料费、物料费、修理费、港口费、淡水费等营运费用也由船舶所有人负担；

B. 船舶所有人负责配备船员，负担船员的工资、伙食费；

C. 航次租船的"租金"通常称为运费，运费按货物的数量及双方商定的费率计收；

D. 在租船合同中需要订明货物的装、卸费由船舶所有人或承租人负担，用于装、卸时间的计算方法，并规定延滞费和速遣费的标准及计算办法。

（2）航次租船方式可分为：

A. 单航次租船形式。

B. 来回程航次租船形式。

C. 连续航次租船形式。

（3）航次租船经营与班轮经营相比所具有特征

A. 受载货类方面。航次租船所承运的货类虽不多，但数量很大，一般均需整船载运，且具有以下一些特征：

①货源分布广、批量大；②货物的流量和流向易受世界政治经济和国家政策等因素的影响而不稳定；③相当数量的货类具有运输季节性；④货物的价值相对都比较低；⑤对运送速度的要求不高。

B. 营运航线方面。航次租船所行驶的航线范围很广，类似于漂泊流浪，追逐大宗货流的生成区域，且具有以下一些特征：①根据航次租船合同确定船舶营运航线；②在营运航线内基本上没有中途挂靠港口；③航次间的营运航线具有连续性，但缺乏规律性；④就国际航运整体而言，营运航线遍及全世界。

C. 投入船舶方面。航次租船所投入的船舶种类很多，船舶之间的技术状况差异很大，一般具有以下一些特征：①投入的船舶大多是专用船舶；②单船吨位相对较大，油轮及于散货船尤为显著；③航速一般较低；④除专用船舶有特殊要求外，一般的船舶结构和设施均比较简单。

D. 计收运价方面。航次租船的租金常被习惯地称为运费。但是，航次租船的运费不同于班轮运价，一般具有以下特征：①航次租船营运的具体航线都不事先制定固定的运价；②每一航次的运费率往往需要经过承租双方讨价还价后才能确定；③费率水平通常都取决于市场船货供求状况；④计收运费的费率单位比较灵活，一般为：

元/货吨或整船包干运费；油轮航次运输使用特殊的费率单位，即运价指数。

E. 营运组织方面。航次租船在营运组织方面不像班轮营运组织那样严谨和复杂，通常具有以下一些特征：①船货结合在时间和地点上是不固定的和无规则的；②经营条件比较简单，只要拥有一艘船舶即可开展航次租船经营活动；③经营技术相对比较复杂，须使船舶能不间断地从事连续的航次生产活动；④经营及营运调度依赖于在航次市场中获得的机会。

（4）航次期租船

航次期租船又称日租租船，它是航次租船的一种变形，也是以完成一个航次运输为目的，但租金按完成航次所使用的日数和约定的日租金率计算。在装货港和卸货港的条件较差，或者航线的航行条件较差，难于掌握一个航次所需时间的情况下，这种租船方式对船舶所有人比较有利。因为采用这种租船方式可以使船舶所有人避免难以预测的情况而使航次时间延长所造成的船期损失。

2. 定期租船方式

定期租船又称期租船，是指由船舶所有人按照租船合同的约定，将一艘特定的船舶在约定的期间，交给承租人使用的租船。

定期租船方式的主要特点如下：

（1）船长由船舶所有人任命，船员也由船舶所有人配备，并负担他们的工资和给养，但船长应听从承租人的指挥，否则承租人有权要求船舶所有人予以撤换。

（2）营运调度由承租人负责，并负担船舶的燃料费、港口费、货物装卸费、运河通行费等与营运有关的费用，而船舶所有人则负担船舶的折旧费、维修保养费、船用物料费、润滑油费、船舶保险费等船舶维持费。

（3）船舶的载重吨、租期长短及商定的租金率计算。

（4）同中订有关于交船和还船，以及关于停租的规定。

3. 包运租船方式

包运租船又称为运量合同。包运租船是指船舶所有人以一定的运力，在确定的港口之间，按事先约定的时间，航次周期，每航次以较均等的运量，完成全部货运量的租船方式。

包运租船方式的主要特点如下：

（1）包运租船合同中不确定船舶的船名及国籍，仅规定船舶的船级、船龄和船舶的技术规范等，船舶所有人只需比照这些要求提供能够完成合同规定每航次货运量的运力即可，这对船舶所有人在调度和安排船舶方面是十分灵活、方便的。

（2）租期的长短取决于货物的总量及船舶航次周期所需的时间。

（3）船舶所承运的货物主要是运量特别大的干散货或液体散装货物，承租人往往是业务量大和实力强的综合性工矿企业、贸易机构、生产加工集团或大石油公司。

（4）船舶航次中所产生的时间延误的损失风险由船舶所有人承担，而对于船舶在港装、卸货物期间所产生的延误，则通过合同中订有的"延滞条款"的办法来处理，通常是由承租人承担船舶在港的时间损失。

（5）运费按船舶实际装运货物的数量及商定的费率计收，通常按航次结算。

从上述特点可见，包运租船在很大程度上具有"连续航次租船"的基本特点。

4. 光船租船

光船租船又称船壳租船。这种租船不具有承揽运输性质，它只相当于一种财产租赁。光船租船是指在租期内船舶所有人只提供一艘空船给承租人使用，而配备船员，供应给养，船舶的营运管理以及一切固定或变动的营运费用都由承租人负担。

光船租船方式的主要特点如下：

（1）船舶所有人只提供一艘空船。

（2）全部船员由承租人配备并听从承租人的指挥。

（3）承租人负责船舶的经营及营运调度工作，并承担在租期内的时间损失，即承租人不能"停租"。

（4）除船舶的资本费用外，承租人承担船舶的全部固定的及变动的费用。

（5）租金按船舶的装载能力、租期及商定的租金率计算。

虽然光船租船的租期一般都比较长，但是，国际上以这种方式达成的租船业务并不多。

三、租船业务流程

租船业务流程主要包括询盘、报盘、还盘、接受和签订租船合同五个环节。

1. 询盘

通常由承租人以期望条件，通过租船经纪人寻求租用所需要的船舶，即货求船。

2. 报盘

报盘也称报价或发盘，是出租人对承租人询盘的回应。若是船舶所有人先发出的询盘，则报盘人是承租人。报盘又分实盘与虚盘。实盘为报盘条件不可改变，并附加时效的硬性报价；虚盘则是可磋商、修改的报价。

3. 还盘

还盘是询价双方通过平等谈判、协商、讨价还价的过程。

4. 接受

通过双方的谈判，最后达成一致意见即可成交。成交后交易双方当事人应签署一份"订租确认书"，就商谈租船过程中双方承诺的主要条件予以确认，对于细节问题还可以进一步商讨。

5. 签订租船合同

签订确认书只是一种合同意向，正式租船合同要按租船合同范本予以规范，进行编制，明确租船双方的权利和义务，双方当事人签署后即可生效。之后，哪一方提出更改或撤销等异议，造成的损失由违约方承担责任。

定期租船合同的主要内容包括：出租人和承租人的名称、船名、船籍、船级、吨位容积、船速、燃料消耗、航区、用途、租船期限、交船与还船时间、地点以及条件、租金及其支付等相关事宜。

航次租船合同的主要内容有出租人和承租人的名称、船名、船籍、载货重量、容积、货名，装运港与目的港、受载期限、装卸期限，运费、滞期费、速遣费的支付及其他事项。

租船运输合同正式签订后，船舶所有人就可按合同的要求，安排船舶投入营运；货方备好货物准备装船。

租船业务中，租船经纪人代表各自委托人洽谈租船业务，代为签约，可迅速而有效促进租船业务的成交，减少船东或租船人大量的事务性工作，减少了租约中的责任风险，协调了租船市场的正常运营。租船业务成交后，由船东付给运费的1.25% ~ 2.5%给经纪人作为佣金。

6. 标准租船合同范本

为了简化签订租船合同的手续，加快签约的进程和节省为签订租船合同而发生的费用，也为了能通过在合同中列入一些对自己有利的条款，以维护自己一方的利益，在国际航运市场上，一些航运垄断集团、大的船公司或货主垄断组织，先后编制了供租船双方选用、作为洽商合同条款基础的租船合同范本。租船合同范本的种类很多，标准航次租船合同代表范本是"金康"（GENCON），定期租船合同代表范本有"纽约土产"（NYPE），光船租船合同代表范本有"光租"（BARECON）。

检测与实训

一、复习思考题

1. 什么是租船运输？
2. 租船运输的方式主要有哪些？简要叙述。
3. 简述租船运输的流程。

二、技能训练

1. 实训项目

有一批货物从广州运往纽约，采用海运，请问怎样向船公司租船订舱。学生分组模拟操作。

2. 训练要求

（1）提前熟悉租船的程序。

（2）最好选择在某货代公司或者港口码头进行。

任务四　水路货物运费的计算

任务描述

上海运往肯尼亚蒙巴萨港口"门锁"（小五金）一批计 100 箱。每箱体积为 20cm×30cm×40cm。每箱重量为 25kg。当时燃油附加费为 40%。蒙巴萨港口拥挤附加费为 10%。

问题：计算该货物运费。

任务分析

计算水路运输运费，要分析所运输的商品种类，商品的数量，运输的始发地目的地即运输距离等，然后根据水路运输运费计算的公式进行计算。

相关知识

一、班轮运费的计算

（一）杂货班轮运费的计算

1. 构成

班轮公司运输货物所收取的运输费用，是按照班轮运价表的规定计收的。班轮运价表一般包括说明及有关规定、货物分级表、航线费率表、附加费表、冷藏货及活牲畜费率表等。目前，我国海洋班轮运输公司使用的"等级运价表"，即将承运的货物分成若干等级，每个等级的货物有一个基本费率，称为"等级费率表"。

班轮运费包括基本运费和附加费两部分，前者是指货物从装运港到卸货港所应收取的基本运费，它是构成全程运费的主要部分；后者是指对一些需要特殊处理货物，或者突然事件的发生或客观情况变化等原因而需另外加收的费用。

2. 基本港与非基本港

基本港是指港口设备较好，货运量大，班轮公司按期挂靠的港口。运往基本港的货物，均按基本费率收取运费。非基本港指班轮公司不常挂靠的港口，去该港货物要加收附加费。

3. 基本运费按班轮运价表规定的计收标准计收

在班轮运价表中，根据不同的商品，班轮运费的计算标准通常采用下列几种：

（1）按货物毛重（重量吨计收）运价表内用"W"表示。按此计算的基本运费等于计重货物的运费吨乘以运费率。

（2）按货物的体积（尺码吨计收）运价表中用"M"表示。按此法计算的基本运费等于容积货物的运费吨乘以运费率。

上述计费的重量吨和尺码吨统称为运费吨，又称计费吨，按照国际惯例、容积货物是指每公吨的体积大于 $1.1328m^3$（$40ft^3$）的货物；而我国的远洋运输运价表中则将每公吨的体积大于 $1m^3$ 的货物定为容积货物。

（3）按毛重或体积计收，由船公司选择其中收费较高的作为计费吨，运价表中以"W/M"表示。

（4）按货物价格计收，又称为从价运费。运价费内用"A·V"表示。从价运费一般按货物的 FOB 价格的一定百分比收取。按此法计算的基本运费等于资物的离岸价格（FOB）乘以从价费率，一般为 1%~5%。

（5）在货物重量、尺码或价值三者中选择最高的一种计收，运价表中用"W/M or ad val"表示。

（6）按货物重量或尺码最高者，再加上从价运费计收。运价表中以"W/M plus ad val"表示。

（7）按每件货物作为一个计费单位收费，如活牲畜按"每头"（per head），车辆按"每辆"（per unit）收费。

（8）临时议定价格，即由货主和船公司临时协商议定。此类货物通常是低价的货物或特大型的机器等。在运价表中此类货物以"Open"表示。

4. 附加费

在基本运费的基础上，加收一定百分比；或者是按每运费吨加收一个绝对值计算。

在班轮运输中，常见的附加费有下列几种：

（1）超重附加费（Heavy Lift Additional）。货物单件重量超过一定限度而加收的费用。

（2）超长附加费（long Lenth Additional）。单件货物长度超过规定长度而加收的费用。

各班轮对超重或超长货物的规定不一。是我国中远公司规定每件货物达到 5t 或 9m 以上时，加收超重或超长附加费。超重货一般以吨计收，超长按运费吨计收。无论是超重、超长或超大件，托运时都须注明。如船舶需转船，每转船一次，加收一次附加费。

（3）选卸附加费（Optional Surcharge）。指装货时尚不能确定卸货港，要求在预先提出的两个或两个以上港口中选择一港卸货，船方因此而加收的附加费。所选港口限定为该航次规定的挂港，并按所选港中收费最高者计算及各种附加费。货主必须在船舶抵达第一选卸港前（一般规定为 24h 或 48h）向船方宣布最后确定的卸货港。

（4）转船附加费（Transshipment Surcharge）。凡运往非基本港的货物，需转船运往目的港，船舶所收取的附加费，其中包括转船费（包括换装费、仓储费）和二程运费。但有的船公司不收此项附加费，而是分别另收转船费和二程运费，这样收取一二程运费再加转船费，即通常所谓的"三道价"。

（5）直航附加费（Direct Additional）。非运往非基本港的货物达到一定的数量，船公司可安排直航该港而不转船时所加收的附加费。一般直航附加费比转船附加费低。

（6）港口附加费（Port Additional Or Port Surcharge）。指船舶需要进入港口条件较差、装卸效率较低或港口船舶费用较高的港口及其他原因而向货方增收的附加费。

（7）港口拥挤附加费（Port Congrestion Surcharge）。有些港口由于拥挤，致使船舶停泊时间增加而加收的附加费。该项附加费随港口条件改善或恶化而变化。

（8）燃油附加费（Bunker Surcharge Or Bunker Adjustment Factor，B. A. F）。指因燃油价格上涨而加收一绝对数或按基本运价的一定百分数加收的附加费。

（9）货币贬值附加费（Devaluation Surcharge Or Carrency Adjustment Factor，C. A. F）。在货币贬值时，船方为保持其实际收入不致减少，按基本运价的一定百分数加收的附加费。

（10）绕航附加费（Deviation Surcharge）。指因战争、运河关闭、航道阻塞等原因造成正常航道受阻，必须临时绕航才能将货物送达目的港需增加的附加费。

除以上各种附加费外，还有一些附加费需船货双方议定。如洗舱费、熏舱费、破冰费、加温费等，各种附加费是对基本运价的调节和补充，可灵活地对各种外界不测因素的变化作出反应，是班轮运价的重要组成部分。

附加费的计算一般有两种规定：一是以基本运费率的百分比表示；二是用绝对数字表示，取每运费吨增收若干元。

根据一般费率表规定：不同的商品如混装在一个包装内（集装箱除外），则全部货物按其中收费高的商品计收运费。同一种货物因包装不同而计费标准不同，但托运时如未申明具体包装形式时，全部货物均要按运价高的包装计收运费。同一提单内有两种以上不同计价标准的货物，托运时如未分列货名和数量时，计价标准和运价全部要按高者计算。这是在包装和托运时应该注意的。

5. 班轮运费的计算公式

（1）班轮运费的具体计算方法：先根据货物的英文名称，从货物分级表中，查出有关货物的计算等级及其计算标准；然后再从航线费率表中查出有关货物的基本费率；最后加上各项需支付的附加费率，所得的总和就是有关货物的单位运费（每重量吨或每尺码吨的运费），再乘以计费重量吨或尺码吨，即得该批货物的运费总额。如果是从价运费，则按规定的百分率乘 FOB 货值即可。

（2）计算公式

$$F = Fb + \sum S$$

在公式中，F 表示运费总额；Fb 表示基本运费；S 表示某一项附加费。基本运费是所运货物的数量（重量或体积）与规定的基本费率的乘积。即：

$$Fb = f \times Q$$

在公式中，f 表示基本费率；Q 表示货运量（运费吨）。

附加费是指各项附加费的总和。在多数情况下，附加费按基本运费的一定百分比计算，其公式为：

$$\sum S = (S_1 + S_2 + \cdots S_n) \times Fb = (S_1 + S_2 + \cdots S_n) \times f \times Q$$

其中 S_1、S_2、S_3、S_n 为各项附加费，用 Fb 的百分数表示。

例1　见任务四中任务描述。

表 6 - 3　　　　　　　　　　中国—东非航线等级费率表　　　　　　　　　单位：港元

货名	计算标准	等级（CLASS）	费率（RATE）
农业机械	W/M	9	404.00
棉布及棉织品	M	10	443.00
小五金及工具	W/M	10	443.00
玩具	M	20	1120.00

基本港口：路易港（毛里求斯）、达累斯萨拉姆港（坦桑尼亚）、蒙巴萨港（肯尼亚）等

计算方法为：

（1）查阅货物分级表。门锁属于小五金类，其计收标准为 W/M，等级为 10 级。

（2）计算货物的体积和重量。

100 箱的体积为：（20cm × 30cm × 40cm）× 100 × 10 - 6 箱 = 2.4（m³）。

100 箱的重量为：25 × 100 箱 = 2.5（t）。

由于 2.4m³ 的计费吨小于 2.5t，因此计收标准为重量。

（3）查阅"中国—东非航线等级费率表"，10 级费率为 443 港元，则基本运费为：

$443 \times 2.5 = 1107.5$（港元）

（4）附加运费为：

$1107.5 \times （40\% + 10\%） = 553.75$（港元）

（5）上海运往肯尼亚蒙巴萨港 100 箱门锁，其应付运费为：

$1107.50 + 553.75 = 1661.25$（港元）

例 2　设某出口公司向马来西亚出口大型机床 1 台，重为 7.5t，体积为 6.2m³，目的港为巴生港或槟城。运送机床去新马航线的基本费率每一运费吨为 1500 元港元，另加收超重附加费每一运费吨为 28 港元，选港费为 20 港元。该机床的运费为多少？

解：

（1）先从运价表中查的机床属 10 级货，计收标准为 W/M，去新马航线基本费率每一运费吨为 1500 港元，另收超重附加费每一运费吨为 28 港元，选港费为 20 港元。

（2）确定计费重量。算出该商品的积载因数为：$6.2/7.5 = 0.827 < 1$，从而得知为重货，计费总重量为 7.5t。

（3）将上述已知数据代入公式：

$F = 1500 \times 7.5 + （28 + 20） \times 7.5 = 11610$（港元）

（二）集装箱班轮运费的计算

基本上分为两个大类，一类是沿用件杂货运费计算方法，即以每运费吨为单位（俗称散货价），另一类是以每个集装箱为计费单位（俗称包箱价）。

1. 件杂货基本费率加附加费

（1）基本费率——参照传统件杂货运价，以运费吨为计算单位，多数航线上采用等级费率。

（2）附加费——除传统杂货所收的常规附加费外，还要加收一些与集装箱货物运输有关的附加费。

2. 包箱费率（BOX RATE）

这种费率以每个集装箱为计费单位，常用于集装箱交货的情况，即 CFS – CY 或 CY – CY 条款，常见的包箱费率有以下三种表现形式：

（1）FAK 包箱费率（FREIGHT FOR ALL KINDS）—即对每一集装箱不细分箱内货类，不计货量（在重要限额之内）统一收取的运价。

（2）FCS 包箱费率（FREIGHT FOR CLASS）—按不同货物等级制定的包箱费率，集装箱普通货物的等级划分与杂货运输分法一样，仍是 1 ~ 20 级，但是集装箱货物的费率差级大大小于杂货费率差级，一般低级的集装箱收费高于传统运输，高价货集装箱低于传统运输；同一等级的货物，重货集装箱运价高于体积货运价。在这种费率下，拼箱货运费计算与传统运输一样，根据货物名称查得等级，计算标准，然后去套相应的费率，乘以运费吨，即得运费。

（3）FCB 包箱费率（FREIGHT FOR CLASS 或 BASIS）—这是按不同货物等级或货类以及计算标准制订的费率。

二、不定期船运费或租金的计算方法

1. 不定期船运费计算方法

凡供需双方签订运输合同的不定期船，不论是包舱运输航次租船、整船运输的程租船或期租船，通常是按照船舶的全部或一部分舱位及运费率收取一笔包租运费，亦称为整笔运费。即航次租船运费等于船舶（或某舱）的承载能力乘以合同所定的运费率。船舶承载能力是指航次最大载货量，应结合航次条件及所运货载确定。当货物的积载因数（每吨货物所占的体积）小于舱容系数（每一净载重号所占的舱容）时，即货物属轻泡货，最大载货量等于货舱总容积除以货物平均积载因数（此时满舱不满载）。按船舶装载能力计算运费的方法，即使实际装船的数量少于承载能力，即所谓出现亏舱时，托运人仍须悉数支付全部运费，不会退还因短装所造成的"亏舱费"。但是，有些情况下"亏舱费"亦可以按协商或规定托运人负担其中的一部分。

另外，还有一种不指明特定船舶的不定期船运输，则按合同所定的货吨乘以合同所定的运费率计算运费。

2. 不定期船的租金计算方法

凡供需双方签订租船合同的期租船，不论租船的长短，租金等于每载重吨每日租金率乘以船舶夏季总载重量再乘以合同租期。在不定期船运费构成中。除了上述的基本运费或租金以外，在合同中还应明确地写明有关费用（如装卸费）由谁承担的条款和有关佣金计算及支付办法的条款。

3. 程租船运输费用

程租船费用主要包括程租船运费和装卸费，另外还有速遣费、滞期费等。

（1）程租船运费

定义：指货物从装运港至目的港的海上基本运费。

计算方法：①按运费率；②整船包价。

（2）装卸费

规定装卸费由租船人还是船东承担的方法：

A. 船方负担装卸费用（Gross/Liner/Berth Terms）

B. 船方管装不管卸（F. O.）

C. 船方管卸不管装（F. I. ）

D. 船方不管装和卸（F. I. O. ）

E. 船方不管装、卸和平舱费（F. I. O. S. T. ）

（3）装卸时间、滞期费和速遣费

A. 装卸时间（装卸期限）：指租船人承诺在一定期限内完成装卸作业，它是程租船合同的一项重要内容。

计算方法：①按日或连续日或时；②按工作日（通常订明节假日除外）；③按晴天工作日；④连续 24 小时晴天工作日。

B. 滞期费（demurrage）：在规定的装卸期间内，如果租船人未能完成装卸作业，为了弥补船方的损失，对超过的时间租船人应向船方支付一定的罚款。

C. 速遣费（despatch money）：如果租船人在规定的装卸期限内，提前完成装卸作业，则所节省的时间船方要向租船人支付一定的奖金（相同的时间下，速遣费一般为滞期费的一半）。

检测与实训

一、复习思考题

1. 简述杂货班轮运费的计算过程。

2. 简述集装箱班轮运费的计算过程。

3. 简述不定期船运费或租金的计算方法。

二、技能训练

1. 实训项目

（1）某公司出口商品 300 件，每件重 95kg，体积为 100cm×40cm×25cm。查轮船公司运费表，该商品计费标准为 W/M，等级为 8 级，每一运费吨为 80 美元，另收港口附加费 10%，直航附加费 15%。试计算该批货物的总运费。

（2）某货主向西雅图托运毛巾 80m³，重 16t。上海经日本中转。查上海到日本毛巾基本运价计费标准为 W/M，属海运 12 级。上海到日本基本运价（40 美元，F/M），日本到西雅图基本运价（50 美元，F/M），中转费 20%，BAF 10%，CAF 2%，求全部运费（BAF 为燃油附加费，CAF 为货币贬值附加费）。

2. 训练要求

（1）可根据项目计算方法结合业务实例进行练习。

（2）训练中仔细、认真。

项目七 航空货物运输操作实务

知识目标

1. 了解航空运输相关设施设备，熟悉航空货物运输的业务形式；
2. 熟悉航空货物运输出口作业流程和进口作业流程；
3. 了解航空运单概念、作用及种类，重点掌握航空运单的填制；
4. 理解航空货物运输运费及运价的含义，掌握航空运费的计算步骤并准确计算运费。

能力目标

1. 能够根据准确航空货物运输进出口作业流程合理组织国际航空货运；
2. 能够准确填写航空货物运单及报关报检单据；
3. 能够知道航空运费的计算步骤并准确计算运费。

任务一 认识航空货物运输

任务描述

北京大成建设有限公司的王磊，因公司业务需要将一份重要文件通过航空运输的方式送到正在上海开会的赵总手里。

问题：请问王磊应当选择哪种航空货运方式？

任务分析

要选择合适的航空货运方式，首先了解航空货物运输有哪些组织形式，熟悉每一种运输组织形式的概念、特点，结合该运输任务具体内容进行合理选择。

一、航空货物运输的设施与设备

（一）航空货物运输的设施

航空货物运输主要的技术设施有航空港、航路、航线、航班等。

1. 航空港

航空港是航空运输的重要设施，是指民用航空运输交通网络中使用的飞机场及其附属设施。与一般飞机场比较，航空港的规模更大，设施更为完善。航空港体系主要包括飞机活动区和地面工作区两部分，而航站楼则是两个区域的分界线。

2. 航路

根据地面导航设施建立的走廊式保护空域，供飞机作航线飞行之用。划定航路是以连接各个地面导航设施的直线为航路中心线，在航路范围内规定有上限高度、下限高度和航路宽度。航路的宽度决定于飞机能保持按指定航迹飞行的准确度、飞机飞越导航设施的准确度、飞机在不同高度和速度时的转弯半径，并需加必要的缓冲区，因此航路的宽度不是固定不变的。《国际民用航空公约》附件十一中规定，当两个全向信标台之间的航段距离在50海里（92.6km）以内时，航路的基本宽度为中心线两侧各4海里（7.4km）；航段距离在50海里以上时，根据导航设施提供飞机保持航迹飞行的准确度进行计算，扩大航路宽度。

3. 航线

飞机飞行的路线，又称航空线。航空运输企业为了便于组织客货运输，通常在航线起讫点和飞机经停点（航空港）派驻营业和服务机构。航空运输的航线有国际航线、国内干线和地方航线之分。国际航线是超越一个国家范围的航线，国内干线是在一个国家的主要大城市之间的航线，地方航线是中、小城市或居民点之间的航线。航线通常以线路的起讫点命名，如北京—上海航线，广州—昆明航线等。

航班指飞机由始发站按规定的航线起飞，经过经停站至终点站或不经经停站直达终点站的运输飞行。一般，按不同的标准分类可分为国际航班和国内航班，定期航班和不定期航班、去程航班和返程航班等。

在国际航线上飞行的航班称国际航班，在国内航线上飞行的航班称国内航班。定期航班是指飞机定期自始发站起飞，按规定航线经经停站至终点站或直达终点站的飞行。不定期航班（Non‑Scheduled Services）：是指航空承运人或航空运营人不以取酬或出租为目的，未通过本人或者其他代理人以广告或者其他形式提前向公众公布的，包括起飞地点、起飞时间、到达地点和到达时间在内的任何载客运行。

各航空公司的航线、航班及其班期和时刻等，按一定规律汇编成册，即形成常见的航班时刻表，根据飞行季节的不同和客流流量、流向的客观规律，国内按冬春、夏秋两季，一年调整两次航班时刻表。在我国每年 4 月到 10 月使用夏秋季航班时刻表，11 月到次年 3 月使用冬春季时刻表。

时刻表的内容包括：始发站名称，航班号，终点站名称，起飞时刻，到达时刻，机型，座舱等级、服务内容等。同时应注意使用的时间是 1 天 24 小时的全时制，即没有上下午之分，时钟是由 0 时计算到 24 时，在有时差的地区，表上所列的都是当地时间。

（二）航空运输的主要设备

1. 飞机

飞机是航空货物运输的运输工具，是以高速造成与空气间的相对运动而产生空气动力以支托并使飞机在空中飞行的。

为了确保飞行安全、起飞和着陆安全，飞机的重量是其主要的技术指标。每次飞行前，应严格根据当地的条件控制飞机装载重量。同时，飞机重量也是确定跑道长度、道面结构及厚度的重要设计参数。

飞机的衡量重量主要有七种，如图 7 - 1 所示。

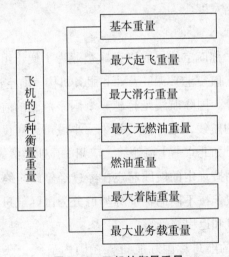

图 7 - 1　飞机的衡量重量

一般，根据飞机主舱容积可分为窄体机和宽体飞机；根据主舱的装载对象可分为全货机（F）、全客机（P）和客货混用机。

（1）窄体机

指机身宽度约为 3m，旅客座位之间有一个走廊，舱内只能在下舱内（飞机腹舱）装载包装尺寸较小的杂货。比如，

Airbus Industries：A318，319，320，321。

Boeing：B707，717，727，737，757。

McDonnell Douglas：DC – 8/9，MD – 80/90。

（2）宽体机（我们使用的是全客机）

指机身宽度不小于 4.72m，客舱内有两条通道，三排座椅，下舱可装机载集装箱和散货。比如，

A300 – B/310/330/340，B747/767/777，IL – 86/96，AN – 124。

2. 航空用集装箱

因为飞机的舱位小，如果是散货的话，舱位的利用率不高，而采用集装器来将货物集中起来，可以加大舱位的利用率，货量大的企业可以采用包板和包厢的方式进行运输。

集装器一般分为：集装板和网套；集装箱。

（1）集装板是具有标准尺寸的，四边带有卡锁轨或网袋卡锁眼，带有中间夹层的硬铝合金制成的平板；网套是用来把货物固定在集装板上。

（2）集装箱又分为空陆联运集装箱、主货仓集装箱和下货仓集装箱。我们常见的是第二种，只能装载于全货机或客机的主货仓。

二、航空运输的组织

（一）航空公司和航空货运公司

1. 航空公司

航空公司自身拥有飞行器并借以从事航空运输活动，它的主要业务是把货物和旅客从某地机场用飞机运到另一地机场。多数航空公司有定期航班，有些则无定期航班。

我国主要的航空公司有：中国国际航空、中国东方航空、中国南方航空、海南航空公司、深圳航空公司、上海航空公司、厦门航空公司、山东航空公司、四川航空公司、长城航空公司（仅货运）、翡翠航空公司（仅货运）、东海航空公司（仅货运）等。

2. 航空货运公司

航空货运公司是航空运输代理公司，所以又称空运代理，受航空公司委托，专业从事航空货物的揽货、订舱、接货、交付、报关或送货上门等服务的独立企业。

航空货运公司的建立，能使航空公司更加集中精力搞好空中运输业务而不必担心货源；方便货主办理托运、查询、跟踪货物、索赔等事务；将零散货物集中拼装托运，简便手续，降低成本。

航空货运公司分为一类代理公司（经营国际或香港、澳门、台湾航线的代理业务）与二类代理公司（经营除香港、澳门、台湾航线外的国内航线代理业务）。

航空货运公司必须具有以下资质：要提供上述服务，航空货运公司必须具备广泛的商品知识，了解复杂的法律法规、规章、制度及所需的文件、单证，以及货物在集中托运时的尺码、比重、各种超限数字、飞机机舱的可用容积及有关质量限制，还有各种附加费用、货损处理、保险、进出口许可证等方面的知识。

（二）航空货物运输方式

1. 班机运输

（1）班机运输的概念

班机运输（Scheduled Airline）指具有固定开航时间、航线和停靠航站的飞机。通常为客货混合型飞机，货舱容量较小，运价较贵，但由于航期固定，有利于客户安排鲜活商品或急需商品的运送。

（2）班机运输特点

A. 航班定期开航，迅速准确；

B. 发到站、途经站固定；

C. 发收货人能确切掌握起运、到达的时间；

D. 可以保证货物安全、迅速运到世界各地，颇受贸易商的欢迎。

2. 包机运输

（1）包机运输概念

由租机人租用整架飞机或若干租机人联合包租一架飞机进行货运的物流方式。包机如往返使用，则价格较班机低，如单程使用则价格较班机高。包机适合专运高价值货物。

（2）分类

A. 整架包机，指航空公司和包机代理公司按照合同中双方事先约定的条件和运价将整架飞机租给租机人，从一个或几个航空港装运货物至目的地的运输方式。适合于大宗物品运输。

B. 部分包机，由几家航空货代或发货人联合包租整机，或者由包机公司把一架飞机的舱位分别卖给几家航空货运代理公司的货物运输形式。适合于不足整机的物品，或 1t 以上的物品运送，运价较班机费率低，但运送时间比班机长。

（三）航空货运组织方法

航空货物运输组织方法有集中托运、航空快件运输、邮件运输和联合运输。

1. 集中托运

（1）集中托运的概念

集中托运指集中托运人（Consolidator）将若干批单独发运的货物组成一整批，向航空公司办理托运，采用一份航空总运单集中发运到同一目的站，由集中托运人在目的地指定的代理收货，再根据集中托运人签发的航空分运单分拨给各实际收货人的运输方式，也是航空货物运输中开展最为普遍的一种运输方式，是航空货运代理的主要业务之一。

与货运代理人不同，集中托运人的地位类似多式联运中的多式联运经营人。他承担的责任不仅仅是在始发地将货物交给航空公司，在目的地提取货物并转交给不同的收货人，集中托运人承担的是货物的全程运输责任，而且在运输中具有双重角色。他对各个发货人负货物运输责任，地位相当于承运人；而在与航空公司的关系中，他又作为被视为集中托运的一整批货物的托运人。

（2）集中托运的特点

A. 节省运费：航空货运公司的集中托运运价一般都低于航空协会的运价。发货人可得到低于航空公司运价，从而节省费用。

B. 提供方便：将货物集中托运，可使货物到达航空公司到达地点以外的地方，延伸了航空公司的服务，方便了货主。

C. 提早结汇：发货人将货物交与航空货运代代理后，即可取得货物分运单，可持分运单到银行尽早办理结汇。

集中托运方式已在世界范围内普遍开展，形成较完善、有效的服务系统，为促进国际贸易发展和国际科技文化交流起了良好的作用。集中托运成为我国进出口货物的主要运输方式之一。

（3）集中托运的局限性

A. 集中托运只适合办理普通货物，对于等级运价的货物，如：贵重物品、危险品、活动物以及文物等不能办理集中托运。

B. 目的地相同或临近的可以办理，如某一国家或地区，其他则不宜办理。例如：不能把去日本的货发到欧洲。

（4）集中托运的业务流程

A. 将每一票货物分别制定航空运输分运单，即出具货运代理的运单 HAWB（House Airway Bill）。

B. 将所有货物区分方向，按照其目的地相同的同一国家、同一城市来集中，制定出航空公司的总运单 MAWB（Master Airway Bill）。总运单的发货人和收货人均为航空货运代理公司。

C. 打出该总运单项下的货运清单（Manifest），即此总运单有几个分运单，号码各是什么，其中件数、重量各多少等。

D. 把该总运单和货运清单作为一整票货物交给航空公司。一个总运单可视货物具体情况随附分运单（也可以是一个分运单，也可以是多个分运单）。如：一个 MAWB 内有 10 个 HAWB，说明此总运单内有 10 票货，发给 10 个不同的收货人。

E. 货物到达目的地站机场后，当地的货运代理公司作为总运单的收货人负责接货、分拨，按不同的分运单制定各自的报关单据并代为报关、为实际收货人办理有关接货关货事宜。

F. 实际收货人在分运单上签收以后，目的站货运代理公司以此向发货的货运代理公司反馈到货信息。

2. 航空快递

（1）航空快递业务

航空快递业务（Air Express Service）是由快递公司与航空公司合作，向货主提供的快递服务，其业务包括由快速公司派专人从发货人处提取货物后以最快航班将货物出运，飞抵目的地后，由专人接机提货，办妥进关手续后直接送达收货人，称为"桌到桌运输"（Desk to Desk Service）。这是一种最为快捷的运输方式，特别适合于各种急需物品和文件资料。

（2）航空快递业务有三种形式

A. "门到门"服务。

快件到达中转站或目的地机场后，由中转站或目的地快件公司负责办理清关和提货，并将快件及时送交收货人手中，之后将快件派送信息及时反馈到发件地的快递公司。

B. 门到机场服务。

快件到达目的地机场后，当地快递公司及时将到货信息通知收件人，收件人可自己办理有关手续，或委托快递公司办理有关手续。

C. 专人派送。

这种方式是指发件地快递公司指派专人携带快件在最短的时间内，采用最便捷的交通方式，将快件送到收件人手里。

（3）航空快递的特点

A. 航空快递业务以商务文件、资料、小件样品和小件货物为主。

B. 中间环节少，速度快于普通的航空货运。

C. 航空快递中的交付凭证——POD。

D. 办理快递业务的大都是国际性的跨国公司。

（4）航空快递与其他方式不同

A. 收件的范围不同：包裹毛重不超过 32kg 或单边不超过 102cm，三边相加不超过 175cm。

B. 经营者不同。

C. 经营者内部的组织不同：都采用中心分拨或转盘分拨组织形式。

D. 使用的单不同：交付凭证，一式四份。

E. 服务质量更高：速度快、安全、可靠、方便。

3. 航空邮件运输

邮件运输是邮政部门与航空公司以运输合同（或协议）方式合作组织的信件、包裹等小件物品的航空运输，在全部航空货运中占有 10% 左右的比例。

4. 联合运输

（1）陆空联运

陆空联运是指陆路运输（铁路与长途汽车运输）与航空运输的联运。从组织形式上来讲是航空运输的两端或一端是陆路运输。

（2）海空联运

机场位于海岸，设有机场码头，并开通海上航线，可直接组织海空联运，以集散航空运输的货物。

作为现代物流的一个组成环节，以航空运输为龙头、多式联运为补充的航空港物流园区一旦投入使用，便可融合仓储、运输的优势，不仅可以使用电子数据传送信息，提供预先报关服务，而且还可以及时准确地将货物运送目的地，从而实现货物运输的利润最大化。

检测与实训

一、复习思考题

1. 简述航空货物运输的设施与设备。

2. 航空货物运输有哪些方式？

3. 航空货运组织方法有哪些？

二、技能训练

1. 实训项目

（1）通过网络或其他形式了解并熟悉我国及国际主要航空公司。

（2）作为空代，应主要了解各航空公司哪些方面的情况呢？

2. 训练要求

（1）最好参观航空货物运输站，或者通过视频资料来了解航空货运公司的经营。

（2）学生分组进行，每个人负责一定的任务并认真完成。

（3）形成书面报告并上交。

任务二　国际航空货物运输作业

任务描述 ✦

旭达国际物流有限公司成立于2004年，是一家国际化海陆空货物运输代理。2007年公司开始致力于物流供应链管理并成立了青岛旭达航空货运代理有限公司。2012年4月1日接到一单运输任务，有一批电脑配件需要发往德国法兰克福。具体如下表所示：

运输货物	包装形式	运输数量	规格	目的地	运输期限
电脑配件	纸箱	25箱	每箱20cm×15cm×15cm，每箱重12kg	德国法兰克福	3天

问题：根据要求，完成货物的托运任务。

任务分析 ✦

国际航空货物运输包括出口业务和进口业务，案例中任务为出口业务，完成该任务，首先熟悉航空货物运输出口作业流程和进口作业流程，并明确每一步的具体工作内容，以及具体操作中的要求和注意事项。

相关知识 ✦

一、航空货运出口业务

（一）航空货运出口业务流程

航空货物出口程序是指航空货运公司从发货人手中接货到将货物交给航空公司承运这一过程所需通过的环节、所需办理的手续以及必备的单证，它的起点是从发货人手中接货，终点是货交航空公司。通常这一操作过程委托航空货运代理人来完成。

航空货运出港业务流程如图 7 - 2 所示。

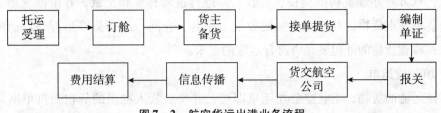

图 7 - 2　航空货运出港业务流程

1. 托运

在双方就航空货运代理事宜达成意向后，航空货运代理就可以向发货人提供一份自己所代理的航空公司的空白"国际货物托运书"，让发货人填写。

根据《华沙公约》的相关规定，托运书必须由托运人自己填写，并在上面签字或盖章。

某些特种货物，如活动物、危险品由航空公司直接收运。

在接受托运人委托后，航空货运代理公司通常会指定专人对托运书进行审核。审核重点应看价格和航班日期。

审核后，审核人员必须在托运书上签名并注明日期以示确认。

委托时，发货人除应填制"国际货物托运书"，还应提供贸易合同副本、出口货物明细发票、装箱单以及检验、检疫和通关所需要的单证和资料给航空货运代理。

2. 审核单证

空代从发货人处取得单据后，应指定专人对单证进行认真核对，看看单证是否齐全，内容填写是否完整规范。

3. 订舱

货运代理根据发货人的"货物托运委托书"，填制"订舱单"，向航空公司订舱。订舱一般要提前一周进行，用来确认价格，避免以后发生太大的波动而引起纠纷。同时向发货人确认航班及相关信息。

一般来说，大宗货物、紧急物资、鲜活易腐物品、危险物品、贵重物品等，必须提前预订舱位。

航空公司根据实际情况安排航班和舱位，并签发舱位确认书（舱单），同时给予装货集装器领取凭证，以表示舱位订妥。

4. 接单接货

（货代操作）接受托运人或其代理人送交的已经审核确认的托运书及报关单证和收货凭证。将电脑中的收货记录与收货凭证核对。接受托运人或其代理人送交的已经审核确认的托运书及报关单证和收货凭证。

接收货物一般与接单同时进行。货物一般是运送到货代仓库或直接送机场货站。接货时，双方应办理货物的交接、验收，并进行过磅称重和丈量，并根据发票、装箱单或送货单清点货物，并核对货物的数量、品名、合同号或唛头等是否与货运单上所列一致；检查货物的外包装是否符合运输的要求。

5. 填制货运单

直接运输的货物，填航空公司运单即可，并将收货人提供的货物随机单据订在运单后面。如果是集中托运的货物，必须先为每票货物填开航空货运代理公司的分运单；然后再填开航空公司的总运单；还需要制作集中托运货物舱单，并将舱单，所有分运单及随行单据装入一个信袋，订在运单后面。

6. 报检报关

货运代理将检查委托书内容是否齐全（不全或不规范的要补充）。了解货物是否需要商检，并对需要商检的货物进行办理。报检需要的相关证书应事先准备齐全。报检主要有4个环节：报检、抽样、检验和签发证书。

报关由专业报关人员持装箱单、发票、航空运单、报关委托书、出口结汇核销单、出口货物合同副本、出口商品检验证书等去海关办理通关手续。海关审核无误后，海关官员即在用于发运的运单正本上加盖放行章。

7. 理货过磅

货代根据订舱计划向航空公司办理申领板、箱的相应手续，以便装货。除特殊情况外，航空公司均是以集装箱、集装板形式装运。大宗和集中托运的货物可以在货代公司自己的仓库、场地、货棚装板装箱，也可在航空公司指定的场地装板装箱。

（1）理货。货代公司根据航空公司的运单号，制作主标签和分标签，贴在货物上，以便于起运港和目的港的货主、货代、货站、海关、航空公司、商检及收货人识别。

（2）过磅。将贴好标签的货物交由航空货站进行检查、过磅以及丈量货物尺寸并计算体积重量，之后货站将整单货物的实际重量和体积重量写入"可收运书"，加盖"安检章""可收运章"并签名确认。

8. 签单

货运单在盖好海关放行章后还需到航空公司签单。只有签单确认后才允许将单、货交给航空公司。

9. 交接发运

交接是向航空公司交单交货。

交单就是将随机单据和应有承运人留存的单据交给航空公司。

交货即把与单据相符的货物交给航空公司。交货之前必须粘贴或拴挂货物标签，

（交货时根据标签）清点和核对货物，填制《国际货物交接清单》。大宗货、集中托运货，以整板、整箱称重交接；零散小货按票称重，计件交接。航空公司审单验货后，在交接签单上验收，将货物存入出口仓库，单据交吨控部门，以备配舱。

10. 退税结汇

货运代理在货物发运后，及时将发运信息传递给发货人，向其提供航班号、运单号和出运日期等，并随时提供货物在运输过程中的准确信息。

与此同时，将由发货人留存的单据，包括盖有放行章和验讫章的出口货物报关单、出口收汇核销单、第一联航空运单正本，以及用于出口产品退税的其他单据，及时交送发货人，便于发货人办理出口退税结汇核销。

（二）出口业务主要单证

1. 出口业务报关单

2. 国际货物托运书

3. 装箱单及发票

4. 航空运单

5. 商检证明

6. 出口许可证

7. 出口收汇核销单

8. 配额许可证

9. 登记手册

图为上海口岸空运货物出口通关单证流程。

二、航空货运进港操作

（一）航空货运进港操作流程

航空货运进港操作程序从飞机到达目的地机场，承运人把货物卸下飞机直到交给收件人的物流、信息流的实现和控制管理的全过程。

航空货运进港业务流程如图 7 - 3 所示。

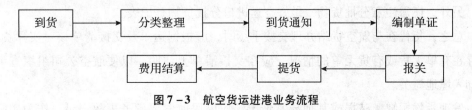

图 7 - 3 航空货运进港业务流程

1. 代理预报

在国外发货之前，国外代理公司会将运单、航班、件数、重量、品名、实际收货人及其他地址、联系电话等内容通过传真或 E - mail 发给目的地代理公司，这一过程被称为预报。

注意事项：

（1）注意中转航班，中转点航班的延误会使实际到达时间和预报时间出现差异；

（2）注意分批货物。从国外一次性运来的货物在国内中转时，由于国内载量的限制，往往采用分批的方式运输。

2. 交接单、货

航空货物入境时，与货物相关的单据（运单、发票和装箱单等）也随机到达。运输工具及货物处于海关监管之下。货物卸下后，将货物存入航空公司或机场监管仓库，进行进口货物舱单录入，将舱单上总运单号、收货人、始发站、目的站、件数、重量、货物品名、航班号等信息通过计算机传输给海关留存，供报关用。

航空公司地面代理向目的港货运代理交接的内容有国际货物交接清单、总运单、随机文件、货物。货代凭到货通知向货站办理提货事宜。

交接时要做到：

（1）单、单核对，即交接清单与总运单核对。

（2）单、货核对，即交接清单与货物核对。

核对后，出现问题的处理方式如表 7 - 1 所示。

表 7 - 1   单据交接问题处理方式

总运单	清单	货物	处理方式
有	无	有	清单上加总运单号
有	无	无	总运单退回
无	有	有	总运单后补
无	有	无	清单上划去
有	有	无	总运单退回
无	无	有	货物退回

另外，还需注意分批货物，做好空运进口分批货物登记表。

总之，货代在与航空货站办理交接手续时，应根据运单及交接清单核对实际货物，若存在有单无货或有货无单的情况，应在交接清单上注明，以便航空公司组织查询并通知入境地海关。

发现货物短缺、破损或其他异常情况，应向民航索要商务事故记录，作为实际收货人交涉索赔事宜的依据。也可以接受收货人的委托，由航空货运代理公司代表收货人向航空公司办理索赔。

3. 理货与仓储

（1）逐一核对每票件数，再次检查货物破损情况，如有异常，确属接货时未发现的问题。可向民航提出交涉。

（2）按大货、小货、重货、轻货、单票货、混载货、贵重品、危险品、冷冻、冷藏品等分别堆存，进仓。

（3）登记每票货存储区号，并输入计算机。

（4）鉴于航空进口货物的贵重性、特殊性，其仓储要求较高，要防雨淋、防受潮、防重压、防升温变质、防危险品危及人员及其他物品安全。

4. 理单与到货通知

航空货代需将总运单、分运单、随机单证及国外代理先期寄达的单证审核、编配。凡单证齐全，符合报关条件的即转入制单、报关程序，否则立即与货主联系，催齐单证，使之符合保管条件。

货物达目的港后，货代应从航空公司运输的时效出发，为减少货主仓储费、避免海关滞报金，应尽快通知货主到货情况，提请货主配齐有关单证，尽快报关。

5. 制单与报验、报关

（1）进口制单

制单指按海关要求，依据运单、发票、装箱单及证明货物合法进口的有关批准文件，制作"进口货物报关单"。

（2）进口报验

需要做商检的货物需向商检局申报，查验合格后商检局将出具证明文件，由报关行或者货主/货代交入海关，再进行进口报关海关程序。

（3）进口报关

完成制单后，将报关单的各项内容输入计算机，打制出报关单一式三份（一般进口货物）。完成计算机预录入后，在报关单右下角加盖报关单位的"报关专用章"，然后将报关单连同有关的运单、发票订成一式二份，并随附批准货物进口的证明和批文，由报关员正式向海关申报。

6. 收费与发货

办完报关、报验等进口手续后，货主须凭盖有海关放行章、检验检疫章（进口药品须有药品检验合格章）的进口提货单到所属监管仓库付费提货。

仓库发货时，须检验提货单据上各类报关、报检章是否齐全，并登记提货人的单位、姓名、身份证号以确保发货安全。

仓库员发货时，须再次检查外包装情况，遇有破损、短缺，应向货主作出交代。

（二）进口业务主要单证

1. 进口业务报关单
2. 装箱单及发票
3. 商检证明
4. 出口许可证
5. 其他证明

检测与实训 ◆➤

一、复习思考题

1. 简述航空货运进口业务流程。
2. 简述航空货运出口业务流程。

二、技能训练

1. 实训项目

利用软件，在实验室模拟操作航空货物运输进出口作业流程。

2. 训练要求

（1）分小组、分角色模拟操作。

（2）预先熟悉实训软件。

（3）训练中认真、仔细。

任务三　航空运单的填制

任务描述 ◆➤

　　旭达国际物流有限公司成立于2004年，是一家国际化海陆空货物运输代理。2007年公司开始致力于物流供应链管理并成立了青岛旭达航空货运代理有限公司。2012年4月1日接到一单运输任务，有一批电脑配件需要发往德国法兰克福。具体如下表所示：

运输货物	包装形式	运输数量	规格	目的地	运输期限
电脑配件	纸箱	25箱	每箱20cm×15cm×15cm，每箱重12kg	德国法兰克福	3天

问题：根据要求，完成货物的货运单的填制。

任务分析

填写航空货物运输运单，首先了解航空运单的格式，包含的内容，然后根据运输任务里面给定的资料分析航空运单中填写的内容。

相关知识

一、航空运单

1. 航空运单概念

航空运单（airway bill）是承运人与托运人之间签订的运输契约，也是承运人或其代理人签发的货物收据。航空运单还可作为核收运费的依据和海关查验放行的基本单据。但航空运单不是代表航空公司的提货通知单。在航空运单的收货人栏内，必须详细填写收货人的全称和地址，而不能做成指示性抬头。

2. 航空运单的作用

航空运单（Airway bill）与海运提单有很大不同，却与国际铁路运单相似。它是由承运人或其代理人签发的重要的货物运输单据，是承托双方的运输合同，其内容对双方均具有约束力。航空运单不可转让，持有航空运单也并不能说明可以对货物要求所有权。

（1）航空运单是发货人与航空承运人之间的运输合同

与海运提单不同，航空运单不仅证明航空运输合同的存在，而且航空运单本身就是发货人与航空运输承运人之间缔结的货物运输合同，在双方共同签署后产生效力，并在货物到达目的地交付给运单上所记载的收货人后失效。

（2）航空运单是承运人签发的已接收货物的证明

航空运单也是货物收据，在发货人将货物发运后，承运人或其代理人就会将其中一份交给发货人（即发货人联），作为已经接收货物的证明。除非另外注明，它是承运人收到货物并在良好条件下装运的证明。

（3）航空运单是承运人据以核收运费的账单

航空运单分别记载着属于收货人负担的费用，属于应支付给承运人的费用和应支付给代理人的费用，并详细列明费用的种类、金额，因此可作为运费账单和发票。承运人往往也将其中的承运人联作为记账凭证。

（4）航空运单是报关单证之一

出口时航空运单是报关单证之一。在货物到达目的地机场进行进口报关时，航空运单也通常是海关查验放行的基本单证。

（5）航空运单同时可作为保险证书

如果承运人承办保险或发货人要求承运人代办保险，则航空运单也可用来作为保险证书。

（6）航空运单是承运人内部业务的依据

航空运单随货同行，证明了货物的身份。运单上载有有关该票货物发送、转运、交付的事项，承运人会据此对货物的运输做出相应安排。

航空运单的正本一式三份，每份都印有背面条款，其中一份交发货人，是承运人或其代理人接收货物的依据；第二份由承运人留存，作为记账凭证；最后一份随货同行，在货物到达目的地，交付给收货人时作为核收货物的依据。

3. 航空运单的种类

航空运单主要分为两大类：

（1）航空主运单（Master Air Waybill，MAWB）

凡由航空运输公司签发的航空运单就称为主运单。它是航空运输公司据以办理货物运输和交付的依据，是航空公司和托运人订立的运输合同，每一批航空运输的货物都有自己相对应的航空主运单。

（2）航空分运单（House Air Waybill，HAWB）

集中托运人在办理集中托运业务时签发的航空运单被称作航空分运单。

在集中托运的情况下，除了航空运输公司签发主运单外，集中托运人还要签发航空分运单。

在这中间，航空分运单作为集中托运人与托运人之间的货物运输合同，合同双方分别为货 A、B 和集中托运人；而航空主运单作为航空运输公司与集中托运人之间的货物运输合同，当事人则为集中托运人和航空运输公司。货主与航空运输公司没有直接的契约关系。

二、航空运单的填制

航空运单与海运提单类似也有正面、背面条款之分，不同的航空公司也会有自己独特的航空运单格式。所不同的是，航运公司的海运提单可能千差万别，但各航空公司所使用的航空运单则大多借鉴 IATA 所推荐的标准格式，差别并不大。所以我们这里只介绍这种标准格式，也称中性运单。运单格式如表 7 - 2 所示，下面就有关需要填写的栏目说明如下：

表 7 - 2　　　　　　　　　　　　航空运单

始发站 Airport of Departure		目的站 Airport of Dsstination		不得转让 NOT NEGOTIABLE 航空货运单 AIR WAYBILL					
托运人姓名、地址、邮编、电话号码 Shipper's Name，Address，Postcode & Telephone No				航空货运单一、二、三联为正本，并具有同等法律效力 Copies 1，2and3 of this Air Waybill are originals and Have the same validity					
收货人姓名、地址、邮编、电话号码 Consignee's Name，Address，Postcode & Telephone No				结算注意事项 Accouning Information 填开货运单的代理人名称 Issuing Carrier's Agent Name					
航线 Routing	到达站 To	第一承运人 By First Carrier		到达站 To		承运人 By	到达站 To	承运人 By	
航班/日期 Flight/Date		航班/日期 Flight/Date		运输声明价值 Declared Value for carriage			运输保险价值 Amount of Insurance		
储运注意事项及其他　Handing Information and Others									
件数 No. of Pcs 运价点 RCP	毛重 （千克） Gross Weight （kg）	运价 种类 Rate Class	商品 代号 Comm. Item No.	计费重量 （千克） Chargeable （kg）	费率 Rate/ （kg）	航空 运费 Weight Charge	货物品名（包括包装/尺寸或体积） Description of Goods (incl. Packaging. Dimensions. o Volume)		
预付 Prepaid		到付 Collect		其他费用 Other Charge					
	航空运费 Weight Charge			本人郑重声明：此航空货运单上所填货物品名和货物运输声明价值与实际交运货物品名和货物实际价值完全一致，并对所填航空运单和所提供的与运输有关文件的真实性和准确性负责 Shipper certifies that description of goods and declared value for carriage On the face here of are consistent with actual desciption of goods and actual value of goods and that particulars on the face hereof are correct 托运人或代理人签字、盖章				
	声明价值附加费 Valution Charge								
	地面运费 Surface Charge								
	其他费用 Other Charge								

			填开日期　　　　填开地点　　填开人或其他代理人签字/盖章 Executed on（Date）At（Place）Signature of Issuing Carrier or Its Agent
	总额（人民币）Yotal（CNY）		
付款方式 Form of Payment			

注：1. 始发站机场：需填写 IATA 统一制定的始发站机场或城市的三字代码，这一栏应该和 11 栏相一致。

1A：IATA 统一编制的航空公司代码，如我国的国际航空公司的代码就是 999；

1B：运单号。

运输流程

2. 发货人姓名、住址（Shipper｜s Name and Address）：填写发货人姓名、地址、所在国家及联络方法。

3. 发货人账号：只在必要时填写。

4. 收货人姓名、住址（Consignee｜s Name and Address）：应填写收货人姓名、地址、所在国家及联络方法。与海运提单不同，因为空运单不可转让，所以"凭指示"之类的字样不得出现。

5. 收货人账号：同 3 栏一样只在必要时填写。

6. 承运人代理的名称和所在城市（Issuing Carrier｜s Agent 航空运单 Name and City）。

7. 代理人的 IATA 代号。

8. 代理人账号。

9. 始发站机场及所要求的航线（Airport of Departure and Requested routing）：这里的始发站应与 1 栏填写的相一致。

10. 支付信息（Accounting Information）：此栏只有在采用特殊付款方式时才填写。

11A（C、E）. 去往（To）：分别填入第一（二、三）中转站机场的 IATA 代码。

11B（D、F）. 承运人（By）：分别填入第一（二、三）段运输的承运人。

12. 货币（Currency）：填入 ISO 货币代码。

13. 收费代号：表明支付方式。

14. 运费及声明价值费（WT/VAL, weight charge/valuation charge）：

此时可以有两种情况：预付（PPD, Prepaid）或到付（COLL collect）。如预付在 14A 中填入"＊"，否则填在 14 日中。需要注意的是，航空货物运输中运费与声明价值费支付的方式必须一致，不能分别支付。

15. 其他费用（Other）：也有预付和到付两种支付方式。

16. 运输声明价值（Declared Value for Carriage）：在此栏填入发货人要求的用于运输的声明价值。如果发货人不要求声明价值，则填入"NVD（No value declared）"。

17. 海关声明价值（Declared Value for Customs）：发货人在此填入对海关的声明价值，或者填入"NCV（No customs valuation）"，表明没有声明价值。

18. 目的地机场（Airport of Destination）：填写最终目的地机场的全称。

19. 航班及日期（Flight/Date）：填入货物所搭乘航班及日期。

20. 保险金额（Amount of Insurance）：只有在航空公司提供代保险业务而客户也有此需要时才填写。

21. 操作信息（Handling Information）：一般填入承运人对货物处理的有关注意事项，如"Shipper｜s certification for live animals（托运人提供活动物证明）"等。

22A～22L 货物运价、运费细节。

22A. 货物件数和运价组成点（No. of Pieces RCP, Rate Combination Point）：填入货物包装件数。如 10 包即填"10"。当需要组成比例运价或分段相加运价时，在此栏填入运价组成点机场的 IATA 代码。

22B. 毛重（Gross Weight）：填入货物总毛重。

22C. 重量单位：可选择千克（kg）或磅（lb）。

22D. 运价等级（Rate Class）：针对不同的航空运价共有 6 种代码，它们是 M（Minimum, 起码运费）、C

（Specific Commodity Rates，特种运价）、S（Surcharge，高于普通货物运价的等级货物运价）、R（Reduced，低于普通货物运价的等级货物运价）、N（Normal，45 千克以下货物适用的普通货物运价）、Q（Quantity，45 千克以上货物适用的普通货物运价）。

22E. 商品代码（Commodity Item No.）：在使用特种运价时需要在此栏填写商品代码。

22F. 计费重量（Chargeable Weight）：此栏填入航空公司据以计算运费的计费重量，该重量可以与货物毛重相同也可以不同。

22G. 运价（Rate/Charge）：填入该货物适用的费率。

22H. 运费总额（Total）：此栏数值应为起码运费值或者是运价与计费重量两栏数值的乘积。

22I. 货物的品名、数量，含尺码或体积（Nature and Quantity of Goods incl. Dimensions or Volume）：货物的尺码应以厘米或英寸为单位，尺寸分别以货物最长、最宽、最高边为基础。体积则是上述三边的乘积，单位为立方厘米或立方英寸。

22J. 该运单项下货物总件数。

22K. 该运单项下货物总毛重。

22L. 该运单项下货物总运费。

23. 其他费用（Other Charges）：指除运费和声明价值附加费以外的其他费用。根据 IATA 规则各项费用分别用三个英文字母表示。其中前两个字母是某项费用的代码，如运单费就表示为 AW（Air Waybill Fee）。第三个字母是 C 或 A，分别表示费用应支付给承运人（Carrier）或货运代理人（Agent）。

24～26. 分别记录运费、声明价值费和税款金额，有预付与到付两种方式。

27～28. 分别记录需要付与货运代理人（Due Agent）和承运人（Due Carrier）的其他费用合计金额。

29. 需预付或到付的各种费用。

30. 预付、到付的总金额。

31. 发货人的签字。

32. 签单时间（日期）、地点、承运人或其代理人的签字。

33. 货币换算及目的地机场收费记录。

以上所有内容不一定要全部填入空运单，IATA 也并未反对在运单中写入其他所需的内容。但这种标准化的单证对航空货运经营人提高工作效率，促进航空货运业向电子商务的方向迈进有着积极的意义。

检测与实训

一、复习思考题

1. 什么是航空运单，航空运单的作用有哪些？

2. 航空运单有哪些种类？

3. 运单填写有哪些注意事项？

二、技能训练

1. 实训项目

2011 年 4 月 7 日，世格贸易公司（DESUN TRADING CO., LTD.）的货物从南京起运，航班为 FX0910，请制作航空运单。补充资料：

商品毛重：19074.44KGS

体积：36.85CBM

Rate Class 运价分类代号：N

Rate/Charge 费率：20.61

Other Charge 其他费用：AWC（运单费）50.00

2. 训练要求

（1）熟悉航空运单的填写内容及要求。

（2）制作航空运单，要求格式清楚、内容完整。

任务四　航空货运费用的计算

任务描述

　　旭达国际物流有限公司成立于 2004 年，是一家国际化海陆空货物运输代理。2007 年公司开始致力于物流供应链管理并成立了青岛旭达航空货运代理有限公司。2012 年 4 月 1 日接到一单运输任务，有一批电脑配件需要发往德国法兰克福。具体如下表所示：

运输货物	包装形式	运输数量	规格	目的地	运输期限
电脑配件	纸箱	25 箱	每箱 20cm × 15cm × 15cm，每箱重 12kg	德国法兰克福	3 天

　　问题：计算本次运费。

任务分析

　　计算航空运费，要分析所运输的商品种类，商品的数量，运输的始发地目的地即运输距离等，然后根据航空货物运输运费计算的公式进行计算。

相关知识

一、航空运价基础知识

　　（1）基本概念：货物的航空运费是指将一票货物自始发地机场运输到目的地机场所应收取的航空运输费用，不包括其他费用。货物的航空运费主要由两个因素组成，即货物适用的运价与货物的计费重量。

（2）运价，又称费率，是指承运人对所运输的每一重量单位货物（千克或磅）所收取的自始发地机场至目的地机场的航空费用。货物的航空运价一般以运输始发地的本国货币公布。

（3）计费重量。货物的计费重量或者是货物的实际毛重，或者是货物的体积重量，或者是较高重量分界点的重量。包括：①实际毛重：包括货物包装在内的货物重量。②体积重量：体积重量的折算，换算标准为每6000cm^3折合1kg。③计费重量：采用货物的实际毛重与货物的体积重量两者比较取高者；但当货物较高重量分界点的较低运价计算的航空运费较低时，则此较高重量分界点的货物起始重量作为货物的计费重量。

国际航协规定，国际货物的计费重量以0.5kg为最小单位，重量尾数不足0.5kg的，按0.5kg计算；0.5kg以上不足1kg的，按1kg计算。

（4）最低运费。货物按其适用的航空运价与其计费重量计算所得的航空运费，应与货物最低运费相比，取高者。

二、航空运价的种类

目前国际航空货物运价按制定的途径划分，主要分为协议运价和国际航协运价。

国际航协运价是指IATA在TACT运价资料上公布的运价。国际货物运价使用IATA的运价手册（TACT RATES BOOK），结合并遵守国际货物运输规则（TACT RULES）共同使用。按照IATA货物运价公布的形式划分，国际货物运价可分为公布直达运价和非公布直达运价。

公布直达运价包括普通货物运价（General Cargo Rate）、指定商品运价（Specific Commodity Rate）、等级货物运价（Commodity Classification Rate）、集装货物运价（Unit load Device Rate）。

非公布直达运价包括比例运价和分段相加运价。

三、我国国内航空运价体系

（1）最低运费（运价代号M）。

（2）普通货物运价（GCR，运价代号N或Q）。普通货物运价包括基础运价和重量分界点运价。基础运价为45kg以下普通货物运价，费率按照民航总局规定的统一费率执行。重量分界点运价为45kg以上运价，由民航总局统一规定，按标准运价的80%执行。45kg（或100b）以下的普通货物运价，运价类别代号为N；45kg（或100b）以上的普通货物运价，运价类别代号为Q。

（3）等级货物运价（CCR）：等级货物运价是指适用于规定地区或地区间指定等级的货物所使用的运价。

其种类包括：等级运价加价用"S"表示，适用商品包括活动物、贵重物品、尸体等，这类物品的运价按45kg以下的普通货物运价的200%计收；等级运价减价用"R"表示，适用商品包括报纸、杂志、书籍及出版物、作为货物托运的行李，这类物品的运价是按45kg以下的普通货物运价的50%计收。

（4）指定商品运价（SCR，运价代号C）。

四、普通货物运价（GCR）的计算步骤

1. 术语

Volume（体积）、Volume Weight（体积重量）、Chargeable Weight（计费重量）、Applicable Rate（适用运价）、Weight Charge（航空运费）。

2. 计算步骤

第一步：计算出航空货物的体积（Volume）及体积重量（Volume Weight）。

体积重量的折算，换算标准为每6000cm³折合1kg。即：

$$体积重量（kg）= \frac{货物体积}{6000cm^3/kg}$$

第二步：计算货物的总重量（Gross Weight）。

$$总重量 = 单个商品重量 \times 商品总数$$

第三步：比较体积重量与总重量，取大者为计费重量（Chargeable Weight）。根据国际航协规定，国际货物的计费重量以0.5kg为最小单位，重量尾数不足0.5kg的，按0.5kg计算；0.5kg以上不足1kg的，按1kg计算。

第四步：根据公布运价，找出适合计费重量的适用运价（Applicable Rate）。

（1）计费重量小于45kg时，适用运价为GCR N的运价（GCR为普通货物运价，N运价表示重量在45kg以下的运价）。

（2）计费重量大于45kg时，适用运价为GCR Q45、GCR Q100、GCR Q300等与不同重量等级分界点相对应的运价（航空货运对于45kg以上的不同重量分界点的普通货物运价均用"Q"表示）。

第五步：计算航空运费（Weight Charge）。

$$航空运费 = 计费重量 \times 适用运价$$

第六步：若采用较高重量分界点的较低运价计算出的运费比第五步计算出的航空运费较低时，取低者。

第七步：比较第六步计算出的航空运费与最低运费M，取高者。

3. 航空货运单运费计算栏的填制

（1）No. of Pieces RCP：填写货物的数量。

（2）Gross Weight：货物的总重量。

（3）kg lb：以千克为单位用代号"k"，以磅为单位用代号"L"。

（4）Rate Class：若计费重量小于 45kg，填写 N；若计费重量大于 45kg，填写 Q；若航空运费为最低运费，则填写 M。

（5）Commodity Item No.：普通货物此栏不填。

（6）Chargeable Weight：填写计费重量。

（7）Rate/Charge：填写适用运价。

（8）Total：填写航空运费。

（9）Nature and Quantity of Goods（Incl dimensions or Volume）：填写商品品名及商品的尺寸。

例1　由北京运往东京一箱服装，毛重 31.4kg，体积尺寸为 80cm×70cm×60cm，计算该票货物的航空运费。

公布运价如下：

BEIJING		CN		BJS
Y. RENMINBI		CNY		KGS
TOKYO		JP	M	230.00
N	37.51			
45	28.13			

解：

体积（Volume）：	$80cm \times 70cm \times 60cm = 336000cm^3$
体积重量（Volume Weight）：	$336000cm^3 \div 6000cm^3/kg = 56.0kg$
毛重（Gross Weight）：	31.4kg
计费重量（Chargeable Weight）：	56.0kg
适用运价（Applicable Rate）：	GCR Q28.13 CNY/kg
航空运费（Weight charge）：	$56.0 \times 28.13 = CNY1575.28$

五、指定商品运价（SCR）的计算步骤

1. 使用指定商品运价的条件

（1）运输始发地至目的地之间有公布的指定商品运价。

（2）托运人所交运的货物，其品名与有关指定商品运价的货物品名相吻合。

（3）货物的计费重量满足指定商品运价使用时的最低重量要求。

2. 计算步骤

第一步：先查询运价表，如运输始发地至目的地之间有公布的指定商品运价，则考虑使用指定商品运价。

第二步：查找 TACT RATES BOOK 的品名表，找出与运输货物品名相对应的指定商品代号。

第三步：计算计费重量。此步骤与普通货物的计算步骤相同。

第四步：找出适用运价，然后计算出航空运价。此时需要比较计费重量与指定商品运价的最低重量：

（1）如果货物的计费重量超过指定商品运价的最低重量，则优先使用指定商品运价作为商品的适用运价，此时航空运价＝计费重量×适用运价。

（2）如果货物的计费重量没有达到指定商品运价的最低重量，则需要比较计算：

A. 按普通货物计算，适用运价为 GCR N 或 GCR Q 的运价，航空运价＝计费重量×适用运价。

B. 按指定商品运价计算，适用运价为 SCR 的运价，航空运价＝计费重量×适用运价。

C. 比较①和②计算出的航空运价，取低者。

第五步：比较第四步计算出的航空运费与最低运费 M，取高者。

3. 航空货运单运费计算栏的填制

Commodity Item No.：填写指定商品代号。其余与普通货物的航空货运单运费计算栏的填制相同。

例 2　北京运往大阪 20 箱鲜蘑菇共 360.0kg，每件体积长、宽、高分别为 60cm×45cm×25cm，计算航空运费。

公布运价如下：

BEIJING		CN		BJS
Y. RENMINBI		CNY		KGS
OSAKA		JP	M	230.00
N	37.51			
45	28.13			
0008	300	18.80		
0300	500	20.61		
1093	100	18.43		
2195	500	18.80		

解：查找 TACT RKTES BOOKS 的品名表，蘑菇可以使用 0008（新鲜蔬菜和水果）的指定商品运价。由于货主交运的货物重量符合"0850"指定商品运价使用时的最低重量要求，运费计算如下：

Volume：　　　　　　　　$60cm \times 45cm \times 25cm \times 20 = 1350000cm^3$

Volume Weight：　　　　$1350000cm^3 \div 6000cm^3/kg = 225kg$

Chargeable Weight：　　360. 0kg

Applicable Rate：　　　SCR 0008/Q300 18. 80CNY/kg

Weight charge：　　　　$360. 0 \times 18. 80 = CNY6768. 00$

注：在使用指定商品运价计算运费时，如果其指定商品运价直接使用的条件不能完全满足，例如货物的计费重量没有达到指定商品运价使用的最低重量要求，使得按指定商品运价计得的运费高于按普通货物运价计得的运费时，则按低者收取航空运费。

六、国际货物运输的其他费用

（1）货运单费。用两字代码"AW"表示，按国际航协规定，航空货运单若由航空公司销售或填制，表示为"AWC"；由航空公司的代理人销售或填制，则表示为"AWA"。

（2）垫付款和垫付费。①垫付款仅适用于货物费用及其他费用到付。垫付款由最后一个承运人向提货人收取。在任何情况下，垫付款数额不能超过货运单上全部航空运费总额，但当货运单运费总额低于 100 美元时，垫付款金额可以达到 100 美元标准。②垫付费，代码为"DB"。

（3）危险品处理费。代码为"PA"，自中国至 IATA 业务一区、二区、三区，每票货物的最低收费标准均为 400 元人民币。

（4）运费到付货物手续费，代码为 CCFee，在中国，CCFee 最低收费标准为 CNY100。

检测与实训 ➡

一、复习思考题

1. 航空运价有哪些种类？

2. 简述国内航空运价体系。

3. 简述航空运费的计算过程。

二、技能训练

1. 实训项目

Routing：BEIJING，CHINA（BJS）to TOKYO，JAPAN（TYO）

Commodity：Sample

Gross Weight：37.4kgs

Dimensions：90cm×60cm×42cm

计算该票货物的航空运费并填制航空货运单的运费计算栏。

公布运价如下：

BEIJING Y. RENMINBI			CN CNY		BJS KGS
TOKYO	JP		M N 45		230.00 37.51 28.13

2. 训练要求

（1）熟悉航空货物运费的计算步骤。

（2）正确确定运价种类，查询运价率。

项目八　集装箱运输与多式联运实务

1. 了解集装箱概念、特点，适用情况；
2. 理解集装箱运输的组织，掌握集装箱作业的流程；
3. 了解多式联运概念、特征；
4. 熟悉国际集装箱多式联运组织形式，掌握国际集装箱多式联运流程。

1. 能够根据集装箱特点合理组织集装箱运输；
2. 能够集装箱多式联运，制定多式联运方案。

任务一　集装箱运输

任务描述 ➕

张三今年从北京一所高校毕业，准备到上海一家公司工作。张三毕业时，有许多书籍和一些生活用品。张三向铁路部门申请用 1t 集装箱运输他的这些物品。

问题：铁路部门会批准他的申请吗？

任务分析 ➕

了解张三运输的商品种类、特点、数量，结合集装箱概念、特点，适用情况等，分析该案例。

相关知识 ◆

一、集装箱运输概念

（一）集装箱的定义、规格及分类

1. 集装箱的定义（ISO）

"集装箱是一种运输设备"，应满足以下要求：

（1）具有耐久性，其坚固强度足以反复使用。

（2）便于商品运送而专门设计的，在一种或多种运输方式中运输时无须中途换装。

（3）设有便于装卸和搬运的装置，特别是便于从一种运输方式转移到另一种运输方式。

（4）设计时应注意到便于货物装满或卸空。

（5）内容积为 $1m^3$ 或 $1m^3$ 以上。

2. 集装箱的规格

为了有效地开展国际集装箱多式联运，必须实行集装箱规格标准化，集装箱规格标准应按使用范围分，有国际标准、国家标准、地区标准和公司标准四种。

（1）国际标准集装箱

（2）国家标准集装箱

（3）地区标准集装箱

（4）公司标准集装箱

3. 集装箱的分类

集装盘、集装笼、集装桶、集装袋、集装网、集装捆、集装架。

4. 集装箱货物形态

（1）按货物性质分

普通货物：清洁货、污货（又称粗货）。

特殊货物：冷藏货、牲畜与植物、重货、高价货、危险货、液体货、易腐货、散货。

（2）按适合集装箱程度分类

最适合集装箱货物：货价高、运费高、体积较小的货物。

适合集装箱货物：如线、电缆、面粉、生皮、皮革、金属制品等。

临界装箱货物：又称边缘装箱货物或不适合装箱货物。

（3）按照一个货主一批货物是否能够装满一个集装箱分类

整箱货物（FCL）。

拼箱货物（LCL）。

（二）集装箱运输的特点及系统

1. 集装箱运输的特点

（1）运输效率高。集装箱运输是实现全部机械化作业已高效率运输方式。

（2）便于多式联运。集装箱能把海运和内陆的铁路、公路、水路等多种运输方式以及与进出口业务有关的口岸监管工作联合起来进行一体化的多式联运，从而可大大提高运输服务质量。

（3）运输质量好。防盗、防止恶劣天气、减少货损、包装要求较低。

（4）运输过程一体化。托运人只需一次托运、一次交费，即可获得全程负责的"门到门"运输服务。

（5）有利于实现现代化管理。不但可以提高运输服务质量，同时也可降低运输成本。

（6）人员素质要求高。

2. 集装箱运输的系统组成

从系统论观点来看，现代化集装箱运输系统是一个世界范围的规模庞大的专业化运输系统，是一项复杂的系统工程。

分析集装箱运输系统，其基本组成要素包括以下几部分：

（1）适箱货物。

（2）国际集装箱，是运输的基本单元。

（3）集装箱海上运输干线及干线船舶。

（4）集装箱运输港口与码头子系统。

（5）内陆（包括沿海）集疏运子系统。

（6）集装箱运输管理子系统，是相对较"软"的组成部分。主要包括：

a. 管理机构。

b. 经营机构。

c. 集装箱运输的法规及标准体系。

d. 集装箱运输技术和工艺体系。

e. 集装箱运输管理信息系统。

f. 与集装箱运输相关的子系统。

二、集装箱运输组织

(一) 集装箱货物运输的合理组织

1. 集装箱运输作业的基本活动

(1) 概念

在集装箱运输流程中对货物或货物的载体（集装箱）所进行的一系列操作，包括货物的移动和货物与集装箱的连接与分离，由这些基本活动可构成一个完整的集装箱运输流程。

(2) 主要内容

A. 与货物、集装箱联接和分离有关的活动；

B. 与使货物（集装箱）发生位移的运输活动有关的活动；

C. 与对集装箱体进行操作有关的活动；

D. 集装箱交接活动。

2. 集装箱货物的运输组织

(1) 集货。把过去由货主独立组织的小批量货物运输，变成了通过集散点集中后由一个运输企业统一组织的大批量运输。

(2) 装箱。主要有两种形式，一种是整箱货（Full Container Load，FCL），另一种是拼箱货（Less Than Container Load，LCL），不管是哪种形式都要根据箱的规格和货物尺寸计算好。

(3) 交运。

(二) 集装箱货物的交接

1. 集装箱货物交接形态（Receiving and Delivery Form）

(1) 整箱货交接形态下，只有一个发货人，一个收货人。

(2) 拼箱货交接形态下，有几个发货人和几个收货人。

2. 交接方式（Receiving and Delivery System）

门到门　门到场　门到站　场到门　场到场

场到站　站到门　站到场　站到站

3. 集装箱运输的关系方

(1) 无船承运人（Non—Vessel Operating Carrier）

他们专门经营集装货运的揽货、装拆箱、内陆运输及经营中转站或内陆站业务，可以具备实际运输工具，也可不具备。

（2）实际承运人（Actual Carrier）

掌握运输工具并参与集装箱运输的承运人。

（3）集装箱租赁公司（Container Leasing Company）

专门经营集装箱出租业务的新行业。

（4）集装箱堆场（Container Yard，CY）

指办理集装箱重箱或空箱装卸、转运、保管、交接的场所。

（5）集装箱货运站（Container Freight Station，CFS）

指处理拼箱货的场所，它办理拼箱货的交接，配载积载后，将箱子送往 CY，并接受 CY 交来的进口货箱，进行拆箱、理货、保管，最后拨给各收货人。

从集装箱运输的整体系统看——基本关系方、代理方、中立方。

（三）集装箱货运业务程序

集装箱货运业务程序——集装箱货物在始发站、码头装车或装船及其之前的全部组织工作过程，它包括集装箱货物承运前及承运后起运前这两阶段的组织工作内容。

现就以水路为例介绍集装箱货运业务程序。

1. 外贸集装箱货运业务程序

（1）集装箱出口货运程序如图 8 – 1 所示。

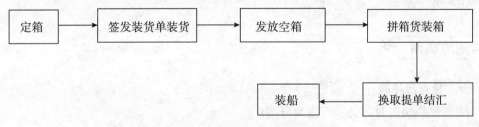

图 8 – 1 集装箱出口货运程序

（2）集装箱货运进口程序，如图 8 – 2 所示。

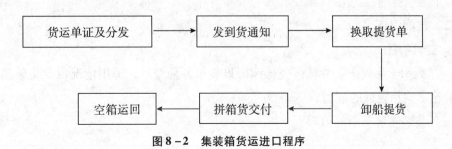

图 8 – 2 集装箱货运进口程序

2. 内贸集装箱货运程序

（1）托运。

（2）承运。

承运人要按水运法规规定来办理。

a. 审核单证：承运人要核对原来签订运输合同号码，审核运单的填写是否符合规定要求。

b. 箱子交接：集装箱货物运输的交接手续，凭集装箱交接清单及货物装箱单办理。

c. 查验收箱：在起运港由托运人进行集装箱施封后交起运港发运。

（3）装船运输。

（4）接单发单。

（5）卸船验箱。

（6）发到箱到货通知。

（7）结算。

（8）交箱，收货人凭提货单到集装箱装卸区提货。

3. 集装箱货物运输单证

（1）集装箱放箱凭证。

（2）内贸集装箱装箱单。

（3）集装箱发放通知单。

（4）到货通知单。

检测与实训

一、复习思考题

1. 简述集装箱的定义、规格及分类。

2. 集装箱运输具有什么特点和优点？

3. 集装箱货物运输交接方式有哪些？

4. 简述集装箱运输组织流程。

二、技能训练

1. 实训项目

（1）组织学生到企业参观，现场调研集装箱各种型号，适用情况以及集装箱的取箱、装箱、空箱返回的过程。

（2）集装箱装箱单的填写。

2. 训练要求

（1）态度认真，虚心请教，注意安全。

（2）结合业务实例灵活掌握。

任务二　多式联运

任务描述 ✦➤

2010 年 12 月 22 日，国外某 A 公司向我国 B 公司订购了 4000 套液晶显示器组件，该订单下货物分八票运往国外。2011 年 1 月，B 公司向 C 公司订舱，委托其运输其中一票货物，B 公司收取运费并签发了抬头 D 公司的提单，提单显示货物交接方式是 CY TO DOOR。货物从上海港通过海运方式运至美国西雅图港，再经西雅图港由铁路和陆路运至最终交货地纽约。但在 B 公司仍持有正本提单的情况下货物被 D 公司国外公司无单放行，造成原告经济损失 5 万美元。

问题：

1. 本案是否是多式联运？为什么？

2. CY TO DOOR 的含义是什么？

3. 本案当中 A、B、C、D 四个当事人分别是什么身份？试解释原因。

4. 本案属于海运哪一条航线？该航线一般会有哪些附加费？

5. 你如何看待多式联运提单？它和提单有怎样的区别？

任务分析 ✦➤

明确多式联运的含义，多式联运特点，分析案例运输过程中的运输方式，该案例为货物从上海港通过海运方式运至美国西雅图港，再经西雅图港由铁路和陆路运至最终交货地纽约，其中包括有水路运输、铁路运输和陆运；在运输过程中主要当事人 A、B、C、D，根据发生前后关系确定身份；明确运输组织方式后，即可确定运单类型。

相关知识 ✦➤

一、国际多式联运

（一）国际多式联运的基本概念和特征

1. 国际多式联运的基本概念

国际多式联运（International Multimodal Transport）是按照多式联运合同，以至少两种不同的运输方式，由多式联运经营人将货物从一国境内接管货物的地点运至另一国境内指定地点交付的货物运输。

2. 特征

（1）必须具有一份多式联运合同，也是区别多式联运与一般货物运输方式的主要依据。

（2）必须使用一份全程多式联运单证。并按单一运费率计收全程运费。

（3）必须是至少两种不同运输方式的连续运输。

（4）必须是国际间的货物运输。

（5）必须由一个多式联运经营人对货物运输的全程负责。

3. 国际多式联运的优点

（1）责任统一，手续简便。

（2）中间环节少、货物运输时间短，货损货差事故率低、货运质量高。

（3）运输成本低，运杂费用少。

（4）高运输组织水平实现合理化运输。

（二）国际多式联运经营人的性质和责任范围

1. 性质

国际多式联运经营人是一个独立的法律实体，具有双重身份。一方面，他作为承运人与货主签订多式联运合同；另一方面，他又作为托运人与实际承运人签订运输合同。他是总承运人，对全程运输负责，对货物灭失、损坏、延迟交付等均承担责任。

2. 责任范围

（1）托运人委托多式联运经营人负责装箱、计数，应对箱内货物不是由于商品自身包装和质量问题而造成的污损或灭失负责。

（2）托运人委托装箱时，未按托运人要求，结果因积载不当，衬垫捆扎不良而造成串味、污损、倒塌、碰撞等货损负责。

（3）在责任期间内因责任事故，致使货物损坏或灭失负责。

（4）对货物延迟交付负责。

但对以下原因造成的货损或灭失不负责。

（1）托运人所提供的货名、种类、包装、件数、重量、尺码及标志不实，或由于托运人的过失和疏忽而造成的货损或灭失，则为托运人自行承担责任。如对多式联运经营人或者三者造成损失，即使托运人已将多式联运单转让，托运人仍应承担责任。

（2）由托运人或其代理装箱、计数或封箱的。

（3）货物品质不良，外包装完好而内装货物短缺变质。

（4）货物装载于托运人自备的集装箱内的损坏或短少。

（5）由于运输标志不清造成的损失。

（6）对危险品等特殊货物的说明及注意事项不清或不正确而造成的损失。

（7）对有特殊装载要求的货物未加标明而引起的损失。

（8）由于海关、商检、承运人等行使检查权所引起的损失。

3. 国际多式联运经营人应具备的条件

当多式联运经营人从发货人那里接管货物时起，责任业已开始，货物在运输过程的任何区段发生灭失或损害，多式联运经营人均以本人的身份直接承担赔偿责任，即使该货物的灭失或损害并非由多式联运经营人本人的过失所致。因为，作为多式联运经营人的基本条件定义了责任的权属，因此多式联运经营人的基本条件如下：

（1）多式联运经营人本人或其代表就多式联运的货物必须与托运人本人或其代表订立多式联运合同，而且，该合同至少使用两种运输方式完成货物全程运输，合同中的货物系国际间的货物。

（2）从发货人或其代表那里接管货物时起即签发多式联运单证，并对接管的货物开始负有责任。

（3）承担多式联运合同规定的与运输和其他服务有关的责任，并保证将货物交给多式联运单证的持有人或单证中指定的收货人。

（4）对运输全过程中所发生的货物灭失或损害，多式联运经营人首先对受损货物的所有人负责，并应具有足够的赔偿能力。

（5）多式联运经营人应具备与多式联运所需求的并与之相适应的专业能力，对自己签发的多式联运单证确保其流通性，并作为有价证券在经济上有令人信服的担保程度。

（三）国际多式联运组织形式

国际多式联运是采用两种或两种以上不同运输方式进行联运的运输组织形式。这里所指的至少两种运输方式可以是：海陆，陆空，海空等。这与一般的海海，陆陆，空空等形式的联运有着本质的区别。后者虽也是联运，但仍是同一种运输工具之间的运输方式。

众所周知，各种运输方式均有自身的优点与不足。一般来说，水路运输具有运量大，成本低的优点；公路运输则具有机动灵活，便于实现货物门到门运输的特点；铁路运输的主要优点是不受气候影响，可深入内陆和横贯内陆实现货物长距离的准时运输；而航空运输的主要优点是可实现货物的快速运输。

由于国际多式联运严格规定必须采用两种和两种以上的运输方式进行联运，因此这种运输组织形式可综合利用各种运输方式的优点，充分体现社会化大生产大交通的特点。

由于国际多式联运具有其他运输组织形式无可比拟的优越性，因而这种国际运输新技术已在世界各主要国家和地区得到广泛的推广和应用。目前，有代表性的国家多式联运主要有远东/欧洲，远东/北美等海陆空联运，其组织形式包括：

1. 海陆联运

海陆联运是国际多式联运的主要组织形式，也是远东/欧洲多式联运的主要组织形式之一。目前组织和经营远东/欧洲海陆联运业务的主要有班轮公会的三联集团、北荷、冠航和丹麦的马士基等国际航运公司，以及非班轮公会的中国远洋运输公司、台湾长荣航运公司和德国那亚航运公司等。这种组织形式以航运公司为主体，签发联运提单，与航线两端的内陆运输部门开展联运业务，与大陆桥运输展开竞争。

2. 陆桥运输

在国际多式联运中，陆桥运输（Land Bridge Service）起着非常重要的作用。它是远东/欧洲国际多式联运的主要形式。所谓陆桥运输是指采用集装箱专用列车或卡车，把横贯大陆的铁路或公路作为中间"桥梁"，使大陆两端的集装箱海运航线与专用列车或卡车连接起来的一种连贯运输方式。严格地讲，陆桥运输也是一种海陆联运形式。只是因为其在国际多式联运中的独特地位，故在此将其单独作为一种运输组织形式。目前，远东/欧洲的陆桥运输线路有西伯利亚大陆桥和北美大陆桥。

（1）西伯利亚大陆桥（Siberian Landbridge）

西伯利亚大陆桥（SLB）是指使用国际标准集装箱，将货物由远东海运到俄罗斯东部港口，再经跨越欧亚大陆的西伯利亚铁路运至波罗的海沿岸如爱沙尼亚的塔林或拉脱维亚的里加等港口，然后再采用铁路、公路或海运运到欧洲各地的国际多式联运的运输线路。

西伯利亚大陆桥于1971年由原全苏对外贸易运输公司正式确立。现在全年货运量高达10万标准箱（TEU），最多时达15万标准箱。使用这条陆桥运输线的经营者主要是日本、中国和欧洲各国的货运代理公司。其中，日本出口欧洲杂货的V3，欧洲出口亚洲杂货的1/5是经这条陆桥运输的。由此可见，它在沟通亚欧大陆，促进国际贸易中所处的重要地位。

西伯利亚大陆桥运输包括"海铁铁"、"海铁海"、"海铁公"和"海公空"四种运输方式。由俄罗斯的过境运输总公司（SOJUZTRANSIT）担当总经营人，它拥有签发货物过境许可证的权利，并签发统一的全程联运提单，承担全程运输责任。至于参加联运的各运输区段，则采用"互为托、承运"的接力方式完成全程联运任务。可以说，西伯利亚大陆桥是较为典型的一条过境多式联运线路。

西伯利亚大陆桥是目前世界上最长的一条陆桥运输线。它大大缩短了从日本、远东、东南亚及大洋洲到欧洲的运输距离，并因此而节省了运输时间。从远东经俄罗斯太平洋沿岸港口去欧洲的陆桥运输线全长 13000km。而相应的全程水路运输距离（经苏伊士运河）约为 20000km。从日本横滨到欧洲鹿特丹，采用陆桥运输不仅可使运距缩短 1/3，运输时间也可节省 1/2。此外，在一般情况下，运输费用还可节省 20% ~ 30%，因而对货主有很大的吸引力。

由于西伯利亚大陆桥所具有的优势，因而随着它的声望与日俱增，也吸引了不少远东、东南亚以及大洋洲地区到欧洲的运输，使西伯利亚大陆桥在短短的几年时间中就有了迅速发展。但是，西伯利亚大陆桥运输在经营上管理上存在的问题如港口装卸能力不足、铁路集装箱车辆的不足、箱流的严重不平衡以及严寒气候的影响等在一定程度上阻碍了它的发展。尤其是随着我国兰新铁路与中哈边境的土西铁路的接轨，一条新的"欧亚大陆桥"形成，为远东至欧洲的国际集装箱多式联运提供了又一条便捷路线，使西伯利亚大陆桥面临严峻的竞争形势。

（2）北美大陆桥（North American Landbridge）

北美大陆桥是指利用北美的大铁路从远东到欧洲的"海陆海"联远。该陆桥运输包括美国大陆桥运输和加拿大大陆桥运输。美国大陆桥有两条运输线路：一条是从西部太平洋沿岸至东部大西洋沿岸的铁路和公路运输线；另一条是从西部太平洋沿岸至东南部墨西哥湾沿岸的铁路和公路运输线。美国大陆桥于 1971 年年底由经营远东/欧洲航线的船公司和铁路承运人联合开办"海陆海"多式联运线，后来美国几家班轮公司也投入营运。

目前，主要有四个集团经营远东经美国大陆桥至欧洲的国际多式联运业务。这些集团均以经营人的身份，签发多式联运单证，对全程运输负责。加拿大大陆桥与美国大陆桥相似，由船公司把货物海运至温哥华，经铁路运到蒙特利尔或哈利法克斯，再与大西洋海运相接。

北美大陆桥是世界上历史最悠久、影响最大、服务范围最广的陆桥运输线。据统计，从远东到北美东海岸的货物有大约 50% 以上是采用双层列车进行运输的，因为采用这种陆桥运输方式比采用全程水运方式通常要快 1 ~ 2 周。例如，集装箱货从日本东京到欧洲鹿特丹港，采用全程水运（经巴拿马运河或苏伊士运河）通常需 5 ~ 6 周时间，而采用北美陆桥运输仅需 3 周左右的时间。

随着美国和加拿大大陆桥运输的成功营运，北美其他地区也开展了大陆桥运输。墨西哥大陆桥（Mexican Land bridge）就是其中之一。该大陆桥横跨特万特佩克地峡（Isthmus Tehuantepec），连接太平洋沿岸的萨利纳克鲁斯港和墨西哥湾沿岸的夸察夸尔科斯港，陆上距离 182 n mile。墨西哥大陆桥于 1982 年开始营运，目前其服务范围还很有限，对其他港口和大陆桥运输的影响还很小。

在北美大陆桥强大的竞争面前，巴拿马运河可以说是最大的输家之一。随着北美西海岸陆桥运输服务的开展，众多承运人开始建造不受巴拿马运河尺寸限制的超巴拿马型船（Post–Panamax Ship），从而放弃使用巴拿马运河。可以预见，随着陆桥运输的效率与经济性的不断提高，巴拿马运河将处于更为不利的地位。

（3）其他陆桥运输形式

北美地区的陆桥运输不仅包括上述大陆桥运输，而且还包括小陆桥运输（Minibridge）和微桥运输（Microbridge）等运输组织形式。

小陆桥运输从运输组织方式上看与大陆桥运输并无大的区别，只是其运送的货物的目的地为沿海港口。目前，北美小陆桥运送的主要是日本经北美太平洋沿岸到大西洋沿岸和墨西哥湾地区港口的集装箱货物。当然也承运从欧洲到美西及海湾地区各港的大西洋航线的转运货物。北美小陆桥在缩短运输距离、节省运输时间上效果是显著的。以日本/美东航线为例，从大阪至纽约全程水运（经巴拿马运河）航线距离9700n mile，运输时间21～24天。而采用小陆桥运输，运输距离仅7400n mile，运输时间16天，可节省1周左右的时间。

微桥运输与小陆桥运输基本相似，只是其交货地点在内陆地区。北美微桥运输是指经北美东、西海岸及墨西哥湾沿岸港口到美国、加拿大内陆地区的联运服务。随着北美小陆桥运输的发展，出现了新的矛盾，主要反映在：如货物由靠近东海岸的内地城市运往远东地区（或反向），首先要通过国内运输，以国内提单运至东海岸交船公司，然后由船公司另外签发由东海岸出口的国际货运单证，再通过国内运输运至西海岸港口，然后海运至远东。货主认为，这种运输不能从内地直接以国际货运单证运至西海岸港口转运，不仅增加费用，而且耽误运输时间。为解决这一问题，微桥运输应运而生。进出美、加内陆城市的货物采用微桥运输既可节省运输时间，也可避免双重港口收费，从而节省费用。例如，往来于日本和美东内陆城市匹兹堡的集装箱货，可从日本海运至美国西海岸港口，如奥克兰，然后通过铁路直接联运至匹兹堡，这样可完全避免进入美东的费城港，从而节省了在该港的港口费支出。

3. 海空联运

海空联运又被称为空桥运输（Airbridge Service）。在运输组织方式上，空桥运输与陆桥运输有所不同：陆桥运输在整个货运过程中使用的是同一个集装箱，不用换装，而空桥运输的货物通常要在航空港换入航空集装箱。不过。两者的目标是一致的，即以低费率提供快捷、可靠的运输服务。

海空联运方式始于20世纪60年代，但到80年代才得以较大的发展。采用这种运输方式，运输时间比全程海运少，运输费用比全程空运便宜，20世纪60年代，将远东船运至美国西海岸的货物，再通过航空运至美国内陆地区或美国东海岸，从而出现了海空联运。当然，这种联运组织形式是以海运为主，只是最终交货运输区段由空运承担，1960年年底，原苏联航空公司开辟了经由西伯利亚至欧洲航空线，1968年，加拿大航空公司参加了国际多式联运，80年代，出现了经由中国香港、新加坡、泰国等至欧洲航空线。目前，国际海空联运线主要有：

（1）远东—欧洲：目前，远东与欧洲间的航线有以温哥华、西雅图、洛杉矶为中转地，也有以中国香港、曼谷、海参崴为中转地。此外还有以旧金山、新加坡为中转地。

（2）远东—中南美：近年来，远东至中南美的海空联运发展较快，因为此处港口和内陆运输不稳定，所以对海空运输的需求很大。该联运线以迈阿密、洛杉矶、温哥华为中转地。

（3）远东—中近东、非洲、澳洲：这是以中国香港、曼谷为中转地至中近东、非洲的运输服务。在特殊情况下，还有经马赛至非洲、经曼谷至印度、经中国香港至澳洲等联运线，但这些线路货运量较小。

（4）总的来讲，运输距离越远，采用海空联运的优越性就越大，因为同完全采用海运相比，其运输时间更短。同直接采用空运相比，其费率更低。因此，从远东出发将欧洲。中南美以及非洲作为海空联运的主要市场是合适的。

二、国际多式联运业务程序

多式联运经营人是全程运输的组织者。在国际多式联运中，以国际集装箱多式联运为例其主要业务及程序有以下几个环节。

1. 接受托运申请，订立多式联运合同

货主提出托运申请——多式联运经营人接受——多式联运合同已经订立并开始执行。

2. 空箱的发放、提取及运送

集装箱一般是经营人自购、向租赁公司租用、由某一分运人提供。发货人自行装箱，由其在规定日期到指定的堆场提箱并将空箱拖运到货物装箱地点，准备装货。发货人无装箱条件不能自装时，则由多式联运经营人将所用空箱调运至接受货物的集装箱运站，做好装箱准备。

3. 出口报关

（1）若联运从港口开始，则在港口报关；

（2）若从内陆地区开始，应在附近的内地海关办理报关。

（3）报关时，应提供场站收据、装箱单、出口许可证等有关单据和文件。

4. 货物装箱及接收货物

（1）发货人自行装箱，一般要在报关后进行。

（2）发货人不具备装箱条件，发货人应将货物原来形态运至指定的货运站由其代为装箱。

（3）拼箱货物，发货人应负责将货物运至指定的集装箱货运站，由货运站按多式联运营人的指示装箱。

5. 订舱及安排货物运输

经营人在合同订立之后，即应制订该合同涉及的集装箱的运输计划。

6. 办理保险

（1）在发货人方面，应投保货物运输险。

（2）在多式联运经营人方面，应投保货物责任险和集装箱保险。

7. 签发多式联运提单，组织完成货物的全程运输

（1）多式联运经营人的代表收取货物后，经营人应向发货人签发多式联运提单。

（2）多式联运经营人有完成和组织完成全程运输的责任和义务。

8. 运输过程中的海关业务

（1）该环节工作主要包括货物及集装箱进口国的通关手续，进口国内陆段保税（海关监管）运输手续及结关等内容。

（2）如果陆上运输要通过其他国家海关和内陆运输线路时，还应包括这些海关的通关及保税运输手续。

（3）如果货物在目的港交付，则结关应在港口所在地海关进行。

（4）如在内地交货，则应在口岸办理保税（海关监管）运输手续，海关加封后方可运往内陆目的地，在内陆海关办理结关手续。

9. 货物交付

（1）货物运至目的地后，由目的地代理通知收货人提货。

（2）收货人需凭多式联运提单提货，经营人或其代理人需按合同规定，收取收货人应付的全部费用。

（3）提货人凭提货单到指定堆场（整箱货）和集装箱货运站（拼箱货）提取货物。

10. 货运事故处理

（1）如果全程运输中发生了货物灭失、损害和运输延误，发（收）货人均可向多式联运经营人提出索赔。

（2）多式联运经营人根据提单条款及双协议确定责任并做出赔偿。

（3）如能确知事故发生的区段和实际责任者时，可向其一步进行索赔。

（4）如不能确定事故发生的区段时，一般按所在海运段处理。

（5）如果已付货物及责任投保，则要求保险公司赔偿和保险公司进一步追索问题。

（6）如果受损人和责任人之间不能取得一致意见，则需通过在诉讼时效内提起诉讼和仲裁来解决。

检测与实训

一、复习思考题

1. 简述国际多式联运的基本概念和主要特点。

2. 简述目前的大陆桥线路。

3. 简述国际多式联运的优越性及经营人的责任范围。

二、技能训练

1. 实训项目

有一批安防产品需从中国山西运至西班牙的塞维利亚，试设计运输方案。

2. 训练要求

（1）以小组为单位完成方案的设计，3～5个同学一组。

（2）熟悉地理位置，正确标记运输路线，途经国家及城市。

（3）所形成的方案要详细，具有可操作性。

参考文献

［1］方芳．运输管理（一）（二）［M］．北京：高等教育出版社，2005．

［2］吴玉贤，高和岩．物流运输管理与实务［M］．北京：北京大学出版社，2007．

［3］姜志遥．运输管理实务［M］．北京：中国铁道出版社，2008．

［4］何柳．物流运输管理实务［M］．青岛：中国海洋大学出版社，2010．

［5］朱新民．物流运输管理［M］．大连：东北财经大学出版社，2004．

［6］宋文官．运输管理实务［M］．北京：高等教育出版社，2010．

［7］陈宜吉．铁路货运组织［M］．北京：中国铁道出版社，2006．

附　件

附件1

汽车货物运输规则（交通部令1999年第5号）

第一章　总　则

第一条　为保护汽车货物运输当事人的合法权益，明确承运人、托运人、收货人以及其他有关方的权利、义务和责任，维护正常的道路货物运输秩序，依据国家有关法律、法规，制定本规则。

第二条　在中华人民共和国境内从事营业性汽车货物运输及相关的货物搬运装卸、汽车货物运输服务等活动，应遵守本规则。

除法律、法规另有规定外，汽车运输与其他运输方式实行货物联运的适用本规则。拖拉机及其他机动车、非机动车辆从事货物运输的，可参照本规则执行。

第三条　本规则下列用语的含义：

（一）承运人，是指使用汽车从事货物运输并与托运人订立货物运输合同的经营者。

（二）托运人，是指与承运人订立货物运输合同的单位和个人。

（三）收货人，是指货物运输合同中托运人指定提取货物的单位和个人。

（四）货物运输代办人（以下简称货运代办人），是指以自己的名义承揽货物并分别与托运人、承运人订立货物运输合同的经营者。

（五）站场经营人，是指在站、场范围内从事货物仓储、堆存、包装、搬运装卸等业务的经营者。

（六）运输期限，是由承托双方共同约定的货物起运、到达目的地的具体时间。未约定运输期限的，从起运日起，按200千米为1日运距，用运输里程除每日运距，计算运输期限。

（七）承运责任期间，是指承运人自接受货物起至将货物交付收货人（包括按照国家有关规定移交给有关部门）止，货物处于承运人掌管之下的全部时间。本条规定不影响承运人与托运人就货物在装车前和卸车后对承担的责任达成的协议。

（八）搬运装卸，是指货物运输起讫两端利用人力或机械将货物装上、卸下车辆，并搬运到一定位置的作业。人力搬运距离不超过 200 米，机械搬运不超过 400 米（站、场作业区内货物搬运除外）。

第二章 运输基本条件

第一节 承运人、托运人与运输车辆

第四条 承运人、托运人、货运代办人在签订和履行汽车货物运输合同时，应遵守国家法律和有关的运输法规、行政规章。

第五条 承运人应根据承运货物的需要，按货物的不同特性，提供技术状况良好、经济适用的车辆，并能满足所运货物重量的要求。使用的车辆、容器应做到外观整洁，车体、容器内干净无污染物、残留物。

第六条 承运特种货物的车辆和集装箱运输车辆，需配备符合运输要求的特殊装置或专用设备。

第二节 运输类别

第七条 托运人一次托运货物计费重量3吨及以下的，为零担货物运输。

第八条 托运人一次托运货物计费重量3吨以上或不足3吨，但其性质、体积、形状需要一辆汽车运输的，为整批货物运输。

第九条 因货物的体积、重量的要求，需要大型或专用汽车运输的，为大型特型笨重物件运输。

第十条 采用集装箱为容器，使用汽车运输的，为集装箱汽车运输。

第十一条 在规定的距离和时间内将货物运达目的地的，为快件货物运输；应托运人要求，采取即托即运的，为特快件货物运输。

第十二条 承运《危险货物品名表》列名的易燃、易爆、有毒、有腐蚀性、有放射性等危险货物和虽未列入《危险货物品名表》但具有危险货物性质的新产品，为危险货物汽车运输。

第十三条 采用装有出租营业标志的小型货运汽车，供货主临时雇用，并按时间、

里程和规定费率收取运输费用的，为出租汽车货运。

第十四条 为个人或单位搬迁提供运输和搬运装卸服务，并按规定收取费用的，为搬家货物运输。

第三节 货物种类

第十五条 货物在运输、装卸、保管中无特殊要求的，为普通货物。普通货物分为三等。

第十六条 货物在运输、装卸、保管中需采取特殊措施的，为特种货物。特种货物分为四类。

第十七条 货物每立方米体积重量不足 333 千克的，为轻泡货物。其体积按货物（有包装的按货物包装）外廓最高、最长、最宽部位尺寸计算。

第四节 货物保险与货物保价运输

第十八条 货物运输有货物保险和货物保价运输两种投保方式，采取自愿投保的原则，由托运人自行确定。

第十九条 货物保险由托运人向保险公司投保，也可以委托承运人代办。

第二十条 货物保价运输是按保价货物办理承托运手续，在发生货物赔偿时，按托运人声明价格及货物损坏程度予以赔偿的货物运输。托运人一张运单托运的货物只能选择保价或不保价。

第二十一条 托运人选择货物保价运输时，申报的货物价值不得超过货物本身的实际价值；保价运输为全程保价。

第二十二条 分程运输或多个承运人承担运输，保价费由第一程承运人（货运代办人）与后程承运人协商，并在运输合同中注明。承运人之间没有协议的按无保价运输办理，各自承担责任。

第二十三条 办理保价运输的货物，应在运输合同上加盖"保价运输"戳记。保价费按不超过货物保价金额的7‰收取。

第三章 运输合同的订立、履行、变更和解除

第一节 合同的订立

第二十四条 汽车货物运输合同采用书面形式、口头形式和其他形式。书面形式合同种类分为定期运输合同、一次性运输合同、道路货物运单（以下简称运单）。汽车

货物运输合同由承运人或托运人本着平等、自愿、公平、诚实、信用的原则签订。

第二十五条　定期汽车货物运输合同应包含下列基本内容：

（一）托运人、收货人和承运人的名称（姓名）、地址（住所）、电话、邮政编码；

（二）货物的种类、名称、性质；

（三）货物重量、数量或月、季、年度货物批量；

（四）起运地、到达地；

（五）运输质量；

（六）合同期限；

（七）装卸责任；

（八）货物价值，是否保价、保险；

（九）运输费用的结算方式；

（十）违约责任；

（十一）解决争议的方法。

第二十六条　一次性运输合同、运单应包含以下基本内容：

（一）托运人；收货人和承运人的名称（姓名）、地址（住所）、电话、邮政编码；

（二）货物名称、性质、重量、数量、体积；

（三）装货地点、卸货地点、运距；

（四）货物的包装方式；

（五）承运日期和运到期限；

（六）运输质量；

（七）装卸责任；

（八）货物价值，是否保价、保险；

（九）运输费用的结算方式；

（十）违约责任；

（十一）解决争议的方法。

第二十七条　定期运输合同适用于承运人、托运人、货运代办人之间商定的时期内的批量货物运输。

一次性运输合同适用于每次货物运输。

承运人、托运人和货运代办人签订定期运输合同、一次性运输合同时，运单视为货物运输合同成立的凭证。

在每车次或短途每日多次货物运输中，运单视为合同。

第二十八条　汽车货物运输合同自双方当事人签字或盖章时成立。当事人采用信件、数据电文等形式订立合同的，可以要求签订确认书，签订确认书时合同成立。

第二节　货物托运

第二十九条　未签订定期运输合同或一次性运输合同的，托运人应按以下要求填写运单：

（一）准确表明托运人和收货人的名称（姓名）和地址（住所）、电话、邮政编码；

（二）准确表明货物的名称、性质、件数、重量、体积以及包装方式；

（三）准确表明运单中的其他有关事项；

（四）一张运单托运的货物，必须是同一托运人、收货人；

（五）危险货物与普通货物以及性质相互抵触的货物不能用一张运单；

（六）托运人要求自行装卸的货物，经承运人确认后，在运单内注明；

（七）应使用钢笔或圆珠笔填写，字迹清楚，内容准确，需要更改时，必须在更改处签字盖章。

第三十条　已签订定期运输合同或一次性运输合同的，运单由承运人按第二十九条的规定填写，但运单托运人签字盖章处填写合同序号。

第三十一条　托运的货物品种不能在一张运单内逐一填写的，应填写"货物清单"。

第三十二条　托运货物的名称、性质、件数、质量、体积、包装方式等，应与运单记载的内容相符。

第三十三条　按照国家有关部门规定需办理准运或审批、检验等手续的货物，托运人托运时应将准运证或审批文件提交承运人，并随货同行。托运人委托承运人向收货人代递有关文件时，应在运单中注明文件名称和份数。

第三十四条　托运的货物中，不得夹带危险货物、贵重货物、鲜活货物和其他易腐货物、易污染货物、货币、有价证券以及政府禁止或限制运输的货物等。

第三十五条　托运货物的包装，应当按照承托双方约定的方式包装。对包装方式没有约定或者约定不明确的，可以协议补充；不能达成补充协议的，按照通用的方式包装，没有通用方式的，应在足以保证运输、搬运装卸作业安全和货物完好的原则下进行包装。

依法应当执行特殊包装标准的，按照规定执行。

第三十六条　托运人应根据货物性质和运输要求，按照国家规定，正确使用运输标志和包装储运图示标志。

使用旧包装运输货物，托运人应将包装上与本批货物无关的运输标志、包装储运图示标志清除干净，并重新标明制作标志。

第三十七条 托运特种货物，托运人应按以下要求，在运单中注明运输条件和特约事项：

（一）托运需冷藏保温的货物，托运人应提出货物的冷藏温度和在一定时间内的保持温度要求；

（二）托运鲜活货物，应提供最长运输期限及途中管理、照料事宜的说明书。货物允许的最长运输期限应大于汽车运输能够达到的期限；

（三）托运危险货物，按交通部《汽车危险货物运输规则》办理；

（四）托运采用集装箱运输的货物，按交通部《集装箱汽车运输规则》办理；

（五）托运大型特型笨重物件，应提供货物性质、重量、外廓尺寸及对运输要求的说明书；承运前承托双方应先查看货物和运输现场条件，需排障时由托运人负责或委托承运人办理；运输方案商定后办理运输手续。

第三十八条 整批货物运输时，散装、无包装和不成件的货物按重量托运；有包装、成件的货物，托运人能按件点交的，可按件托运，不计件内细数。

第三十九条 运输途中需要饲养、照料的有生物、植物，尖端精密产品、稀有珍贵物品、文物、军械弹药、有价证券、重要票证和货币等，托运人必须派人押运。

大型特型笨重物件、危险货物、贵重和个人搬家物品，是否派人押运，由承托双方根据实际情况约定。

除上述规定的货物外，托运人要求押运时，需经承运人同意。

第四十条 需派人押运的货物，托运人在办理货物托运手续时，应在运单上注明押运人员姓名及必要的情况。

第四十一条 押运人员每车一人，托运人需增派押运人员，在符合安全规定的前提下，征得承运人的同意，可适当增加。

押运人员须遵守运输和安全规定。

押运人员在运输过程中负责货物的照料、保管和交接；如发现货物出现异常情况，应及时作出处理并告知车辆驾驶人员。

第三节　货物受理

第四十二条 承运人受理凭证运输或需有关审批、检验证明文件的货物后，应当在有关文件上注明已托运货物的数量、运输日期，加盖承运章，并随货同行，以备查验。

第四十三条 承运人受理整批或零担货物时，应根据运单记载货物名称、数量、包装方式等，核对无误，方可办理交接手续。发现与运单填写不符或可能危及运输安全的，不得办理交接手续。

第四十四条　承运人应当根据受理货物的情况，合理安排运输车辆，货物装载重量以车辆额定吨位为限，轻泡货物以折算重量装载，不得超过车辆额定吨位和有关长、宽、高的装载规定。

第四十五条　承运人应与托运人约定运输路线。起运前运输路线发生变化必须通知托运人，并按最后确定的路线运输。承运人未按约定的路线运输增加的运输费用，托运人或收货人可以拒绝支付增加部分的运输费用。

第四十六条　货物运输中，在与承运人非隶属关系的货运站场进行货物仓储、装卸作业，承运人应与站场经营人签订作业合同。

第四十七条　运输期限由承托双方共同约定后应在运单上注明。承运人应在约定的时间内将货物运达。零担货物按批准的班期时限运达，快件货物按规定的期限运达。

第四十八条　整批货物运抵前，承运人应当及时通知收货人做好接货准备；零担货物运达目的地后，应在 24 小时内向收货人发出到货通知或按托运人的指示及时将货物交给收货人。

第四十九条　车辆装载有毒、易污染的货物卸载后，承运人应对车辆进行清洗和消毒。因货物自身的性质，应托运人要求，需对车辆进行特殊清洗和消毒的，由托运人负责。

第四节　合同的变更和解除

第五十条　在承运人未将货物交付收货人之前，托运人可以要求承运人中止运输、返还货物、变更到达地或者将货物交付给其他收货人，但应当赔偿承运人因此受到的损失。

第五十一条　凡发生下列情况之一者，允许变更和解除：

（一）由于不可抗力使运输合同无法履行；

（二）由于合同当事人一方的原因，在合同约定的期限内确实无法履行运输合同；

（三）合同当事人违约，使合同的履行成为不可能或不必要；

（四）经合同当事人双方协商同意解除或变更，但承运人提出解除运输合同的，应退还已收的运费。

第五十二条　货物运输过程中，因不可抗力造成道路阻塞导致运输阻滞，承运人应及时与托运人联系，协商处理，发生货物装卸、接运和保管费用按以下规定处理：

（一）接运时，货物装卸、接运费用由托运人负担，承运人收取已完成运输里程的运费，退回未完成运输里程的运费。

（二）回运时，收取已完成运输里程的运费，回程运费免收。

（三）托运人要求绕道行驶或改变到达地点时，收取实际运输里程的运费。

（四）货物在受阻处存放，保管费用由托运人负担。

第四章　搬运装卸与交接

第五十三条　货物搬运装卸由承运人或托运人承担，可在货物运输合同中约定。

承运人或托运人承担货物搬运装卸后，委托站场经营人、搬运装卸经营者进行货物搬运装卸作业的，应签订货物搬运装卸合同。

第五十四条　搬运装卸人员应对车厢进行清扫，发现车辆、容器、设备不适合装货要求，应立即通知承运人或托运人。

第五十五条　搬运装卸作业应当轻装轻卸，堆码整齐；清点数量；防止混杂、撒漏、破损；严禁有毒、易污染物品与食品混装，危险货物与普通货物混装。

第五十六条　对性质不相抵触的货物，可以拼装、分卸。

第五十七条　搬运装卸过程中，发现货物包装破损，搬运装卸人员应及时通知托运人或承运人，并做好记录。

第五十八条　搬运装卸危险货物，按交通部《汽车危险货物运输、装卸作业规程》进行作业。

第五十九条　搬运装卸作业完成后，货物需绑扎苫盖篷布的，搬运装卸人员必须将篷布苫盖严密并绑扎牢固；由承、托运人或委托站场经营人、搬运装卸人员编制有关清单，做好交接记录；并按有关规定施加封志和外贴有关标志。

第六十条　承、托双方应履行交接手续，包装货物采取件交件收；集装箱重箱及其他施封的货物凭封志交接；散装货物原则上要磅交磅收或采用承托双方协商的交接方式交接。交接后双方应在有关单证上签字。

第六十一条　货物在搬运装卸中，承运人应当认真核对装车的货物名称、重量、件数是否与运单上记载相符，包装是否完好。包装轻度破损，托运人坚持要装车起运的，应征得承运人的同意，承托双方需做好记录并签章后，方可运输，由此而产生的损失由托运人负责。

第六十二条　货物运达承、托双方约定的地点后，收货人应凭有效单证提（收）货物，无故拒提（收）货物，应赔偿承运人因此造成的损失。

第六十三条　货物交付时，承运人与收货人应当做好交接工作，发现货损货差，由承运人与收货人共同编制货运事故记录，交接双方在货运事故记录上，签字确认。

第六十四条　货物交接时，承托双方对货物的重量和内容有质疑，均可提出查验与复磅，查验和复磅的费用由责任方负担。

第六十五条　货物运达目的地后，承运人知道收货人的，应及时通知收货人，收货人应当及时提（收）货物，收货人逾期提（收）货物的，应当向承运人支付保管费等费用。收货人不明或者收货人无正当理由拒绝受领货物的,依照《中华人民共和国合同法》第一百零一条的规定,承运人可以提存货物。

第五章　运输责任的划分

第六十六条　承运人未按约定的期限将货物运达,应负违约责任;因承运人责任将货物错送或错交,应将货物无偿运到指定的地点,交给指定的收货人。

第六十七条　承运人未遵守承托双方商定的运输条件或特约事项,由此造成托运人的损失,应负赔偿责任。

第六十八条　货物在承运责任期间和站、场存放期间内,发生毁损或灭失,承运人、站场经营人应负赔偿责任。但有下列情况之一者,承运人、站场经营人举证后可不负赔偿责任:

(一)不可抗力;

(二)货物本身的自然性质变化或者合理损耗;

(三)包装内在缺陷,造成货物受损;

(四)包装体外表面完好而内装货物毁损或灭失;

(五)托运人违反国家有关法令,致使货物被有关部门查扣、弃置或作其他处理;

(六)押运人员责任造成的货物毁损或灭失;

(七)托运人或收货人过错造成的货物毁损或灭失。

第六十九条　托运人未按合同规定的时间和要求,备好货物和提供装卸条件,以及货物运达后无人收货或拒绝收货,而造成承运人车辆放空、延滞及其他损失,托运人应负赔偿责任。

第七十条　因托运人下列过错,造成承运人、站场经营人、搬运装卸经营人的车辆、机具、设备等损坏、污染或人身伤亡以及因此而引起的第三方的损失,由托运人负责赔偿:

(一)在托运的货物中有故意夹带危险货物和其他易腐蚀、易污染货物以及禁、限运货物等行为;

(二)错报、匿报货物的重量、规格、性质;

(三)货物包装不符合标准,包装、容器不良,而从外部无法发现;

(四)错用包装、储运图示标志。

第七十一条　托运人不如实填写运单,错报、误填货物名称或装卸地点,造成承运人错送、装货落空以及由此引起的其他损失,托运人应负赔偿责任。

第七十二条　货运代办人以承运人身份签署运单时,应承担承运人责任,以托运人身份托运货物时，应承担托运人的责任。

第七十三条 搬运装卸作业中，因搬运装卸人员过错造成货物毁损或灭失，站场经营人或搬运装卸经营者应负赔偿责任。

第六章　运输费用

第七十四条 汽车货物运输价格按不同运输条件分别计价，其计算按《汽车运价规则》办理。

第七十五条 汽车货物运输计费重量单位，整批货物运输以吨为单位，尾数不足100千克时，四舍五入；零担货物运输以千克为单位，起码计费重量为1千克，尾数不足1千克时，四舍五入；轻泡货物每立方米折算重量333千克。

按重量托运的货物一律按实际重量（含货物包装、衬垫及运输需要的附属物品）计算，以过磅为准。由托运人自理装车的，应装足车辆额定吨位，未装足的，按车辆额定吨位收费。统一规格的成包成件的货物，以一标准件重量计算全部货物重量。散装货物无过磅条件的，按体积和各省、自治区、直辖市统一规定重量折算标准计算。接运其他运输方式的货物，无过磅条件的，按前程运输方式运单上记载的重量计算。拼装分卸的货物按最重装载量计算。

第七十六条 汽车货物运输计费里程按下列规定确定：

（一）货物运输计费里程以千米为单位，尾数不足1千米的，进为1千米。

（二）计费里程以省、自治区、直辖市交通行政主管部门核定的营运里程为准，未经核定的里程，由承托双方商定。

（三）同一运输区间有两条（含两条）以上营运路线可供行驶时，应按最短的路线计算计费里程或按承托双方商定的路线计算计费里程。拼装分卸从第一装货地点起至最后一个卸货地点止的载重里程计算计费里程。

第七十七条 汽车货物运输的其他费用，按以下规定确定：

（一）调车费，应托运人要求，车辆调出所在地而产生的车辆往返空驶，计收调车费。

（二）延滞费，车辆按约定时间到达约定的装货或卸货地点，因托运人或收货人责任造成车辆和装卸延滞，计收延滞费。

（三）装货落空损失费，因托运人要求，车辆行至约定地点而装货落空造成的车辆往返空驶，计收装货落空损失费。

（四）排障费，运输大型特型笨重物件时，需对运输路线的桥涵、道路及其他设施进行必要的加固或改造所发生的费用，由托运人负担。

（五）车辆处置费，因托运人的特殊要求，对车辆改装、拆卸、还原、清洗时，计收车辆处置费。

（六）在运输过程中国家有关检疫部门对车辆的检验费以及因检验造成的车辆停运损失，由托运人负担。

（七）装卸费，货物装卸费由托运人负担。

（八）通行费，货物运输需支付的过渡、过路、过桥、过隧道等通行费由托运人负担，承运人代收代付。

（九）保管费，货物运达后，明确由收货人自取的，从承运人向收货人发出提货通知书的次日（以邮戳或电话记录为准）起计，第四日开始核收货物保管费；应托运人的要求或托运人的责任造成的，需要保管的货物，计收货物保管费。货物保管费由托运人负担。

第七十八条　汽车货物运输的运杂费按下列规定结算：

（一）货物运杂费在货物托运、起运时一次结清，也可按合同采用预付费用的方式，随运随结或运后结清。托运人或者收货人不支付运费、保管费以及其他运输费用的，承运人对相应的运输货物享有留置权，但当事人另有约定的除外。

（二）运费尾数以元为单位，不足一元时四舍五入。

第七十九条　货物在运输过程中因不可抗力灭失，未收取运费的，承运人不得要求托运人支付运费；已收取运费的，托运人可以要求返还。

第八十条　出入境货物运输、国际联运汽车货物运输的运价，按有关规定办理。

第七章　货运事故和违约处理

第八十一条　货运事故是指货物运输过程中发生货物毁损或灭失。货运事故和违约行为发生后，承托双方及有关方应编制货运事故记录。

货物运输途中，发生交通肇事造成货物损坏或灭失，承运人应先行向托运人赔偿，再由其向肇事的责任方追偿。

第八十二条　货运事故处理过程中，收货人不得扣留车辆，承运人不得扣留货物。由于扣留车、货而造成的损失，由扣留方负责赔偿。

第八十三条　货运事故赔偿数额按以下规定办理：

（一）货运事故赔偿分限额赔偿和实际损失赔偿两种。法律、行政法规对赔偿责任限额有规定的，依照其规定；尚未规定赔偿责任限额的，按货物的实际损失赔偿。

（二）在保价运输中，货物全部灭失，按货物保价声明价格赔偿；货物部分毁损或灭失，按实际损失赔偿；货物实际损失高于声明价格的，按声明价格赔偿；货物能修复的，按修理费加维修取送费赔偿。保险运输按投保人与保险公司商定的协议办理。

（三）未办理保价或保险运输的，且在货物运输合同中未约定赔偿责任的，按本条第一项的规定赔偿。

（四）货物损失赔偿费包括货物价格、运费和其他杂费。货物价格中未包括运杂费、包装费以及已付的税费时，应按承运货物的全部或短少部分的比例加算各项费用。

（五）货物毁损或灭失的赔偿额，当事人有约定的，按照其约定，没有约定或约定不明确的，可以补充协议，不能达成补充协议的，按照交付或应当交付时货物到达地的市场价格计算。

（六）由于承运人责任造成货物灭失或损失，以实物赔偿的，运费和杂费照收；按价赔偿的，退还已收的运费和杂费；被损货物尚能使用的，运费照收。

（七）丢失货物赔偿后，又被查回，应送还原主，收回赔偿金或实物；原主不愿接受失物或无法找到原主的，由承运人自行处理。

（八）承托双方对货物逾期到达，车辆延滞，装货落空都负有责任时，按各自责任所造成的损失相互赔偿。

第八十四条 货运事故发生后，承运人应及时通知收货人或托运人。收货人、托运人知道发生货运事故后，应在约定的时间内，与承运人签注货运事故记录。收货人、托运人在约定的时间内不与承运人签注货运事故记录的，或者无法找到收货人、托运人的，承运人可邀请 2 名以上无利害关系的人签注货运事故记录。

货物赔偿时效从收货人、托运人得知货运事故信息或签注货运事故记录的次日起计算。

在约定运达时间的 30 日后未收到货物。视为灭失，自 31 日起计算货物赔偿时效。

未按约定的或规定的运输期限内运达交付的货物，为迟延交付。

第八十五条 当事人要求另一方当事人赔偿时，须提出赔偿要求书，并附运单、货运事故记录和货物价格证明等文件。要求退还运费的，还应附运杂费收据。另一方当事人应在收到赔偿要求书的次日起，60 日内作出答复。

第八十六条 承运人或托运人发生违约行为，应向对方支付违约金。违约金的数额由承托双方约定。

第八十七条 对承运人非故意行为造成货物迟延交付的赔偿金额，不得超过所迟延交付的货物全程运费数额。

第八十八条 货物赔偿费一律以人民币支付。

第八十九条 由托运人直接委托站场经营人装卸货物造成货物损坏的，由站场经营人负责赔偿；由承运人委托站场经营人组织装卸的，承运人应先向托运人赔偿，再向站场经营人追偿。

第九十条　承运人、托运人、收货人及有关方在履行运输合同或处理货运事故时，发生纠纷、争议，应及时协调解决或向县级以上人民政府交通主管部门申请调解；当事人不愿和解、调解或者和解、调解不成的，可依仲裁协议向仲裁机构申请仲裁；当事人没有订立仲裁协议或仲裁协议无效的，可以向人民法院起诉。

第八章　附　则

第九十一条　按法律、法规和规章的规定，对利用汽车货物运输合同危害国家利益、社会公共利益的，由县级以上人民政府交通主管部门及其所属的道路运政管理机构负责监督处理。

第九十二条　本规则由交通部负责解释。

第九十三条　本规则自 2000 年 1 月 1 日起施行。1988 年 1 月 26 日交通部发布的《汽车货物运输规则》同时废止。

附件2

普通货物分等表

等级	序号	货类	货物名称
一等级货物	1	砂	砂子
	2	石	片石、渣石、寸石、石硝、粒石、卵石等
	3	非金属矿石	各种非金属矿石
	4	土	各种土、垃圾
	5	渣	炉渣、炉灰、水渣、各种灰烬、碎砖瓦等
二等货物	1	粮食及加工品	各种粮食（稻、麦、各种杂粮、薯类）及其加工品
	2	棉花、麻	皮棉、籽棉、絮棉、旧棉、棉胎、木棉、各种麻类
	3	油料作物	花生、芝麻、油菜子、蓖麻子及其他油料作物
	4	烟叶	烤烟、土烟等
	5	植物的种子、草、藤、树条	树、草、菜、花的种子、干花、牧草、谷草、稻草、芦苇、树条、树根、木柴、藤等
	6	肥料、农药	化肥、粪肥、土杂肥、农药（具有危险货物性质的除外）等
	7	糖	各种食用糖（包括饴糖、糖稀）
	8	酱菜、调料	腌菜、酱菜、酱油、醋、酱、花椒、茴香、生姜、芥末、腐乳、味精及其他调味品
	9	土产杂品	土产品、各种杂品
	10	皮毛、塑料	生皮张、生熟毛皮、鬃毛绒及其加工品、塑料及其制品
	11	日用百货、一般纺织制品	各种日用小百货、一般纺织品、针织品
	12	药材	普通中药材
	13	纸、纸浆	普通纸及纸制品、各种纸浆
	14	文化体育用品	文具、教学用具、体育用品
	15	印刷品	报刊、图书及其他印刷品
	16	木材	圆木、方木、板料、成材、杂木棍等
	17	橡胶、可塑材料及其制品	生橡胶、人造橡胶、再生胶及其制品、电木制品、其他可塑原料及其制品

等级	序号	货类	货物名称
二等货物	18	水泥及其制品	袋装水泥、水泥制品、预制水泥构件等
	19	钢铁、有色金属及其制品	钢材（管、丝、线、绳、板、皮条）、生铁、毛坯、铸铁件、有色金属、材料、大、小五金制品、配件、小型农机具等
	20	矿物性建筑材料	普通砖、瓦、缸砖、水泥瓦、乱石、块石、级配石、条石、水磨石、白云石、蜡石、萤石及一般石制品、滑石粉、石灰膏、电石灰、矾石灰、石膏、石棉、白垩粉、陶土管、石灰石、生石灰
	21	金属矿石	各种金属矿石
	22	煤	原煤、块煤、可燃性片岩等
	23	焦炭	焦炭、焦炭末、石油焦、沥青、焦木炭等
	24	原煤加工品	煤球、煤砖、蜂窝煤等
	25	盐	原盐及加工精盐
	26	泥、灰	泥土、淤泥、煤泥、青灰、粉煤灰等
	27	废品及散碎品	废钢铁、废纸、破碎布、碎玻璃、废靴鞋、废纸袋等
	28	空包装容器	篓、坛罐、桶、瓶、箱、筐、袋、包、箱皮、盒等
	29	其他	未列入表的其他货物
三等货物	1	蜂	蜜蜂、蜡虫
	2	蚕、茧	蚕、蚕子、蚕蛹、蚕茧
	3	观赏用花、木	观赏用普通长青树木、花草、树苗
	4	蔬菜、瓜果	鲜蔬菜、鲜菌类、鲜水果、甘蔗、瓜类
	5	植物油	各种食用、工业、医药用植物油
	6	蛋、乳	蛋、乳及其制品
	7	肉脂及制品	鲜、腌、酱肉类，油脂及制品
	8	水产品	干鲜鱼、虾、蟹、贝、海带
	9	干菜、干果	干菜、干果、子仁及各种果脯
	10	橡胶制品	轮胎、橡胶管、橡胶布类及其制品
	11	颜料、染料	颜料、染料及助剂与其制品
	12	食用香精、树胶、木蜡	食用香精、糖精、樟脑油、芳香油、木榴油、木蜡、橡蜡（橡油、皮油）、树胶等
	13	化妆品	护肤、美容、卫生、头发用品等各种化妆品
	14	木材加工品	毛板、企口板、胶合板、刨花板、装饰板、纤维板、木构件等

等级	序号	货类	货物名称
三等货物	15	家具	竹、藤、钢、木家具
	16	交电器材	普通医疗器械、无线电广播设备、电线电缆、电灯用品、蓄电池（未装酸液）、各种电子元件、电子或电动玩具
	17	毛、丝、棉、麻、呢绒、化纤、皮革制品	毛、丝、棉、麻、呢绒、化纤、皮革制品、鞋帽、服装
	18	烟、酒、饮料、茶	各种卷烟、各类瓶罐装的酒、汽水、果汁、食品、罐头、炼乳、植物油精（薄荷油、桉叶油）、茶叶及其制品
	19	糖果、糕点	糖果、果酱（桶装）、水果粉、蜜饯、面包、饼干、糕点
	20	淀粉	各种淀粉及其制品
	21	冰及冰制品	天然冰、机制冰、冰激凌、冰棍
	22	中西药品、医疗器具	西药、中药（丸、散、膏、丹成药）及医疗器具
	23	贵重纸张	卷烟纸、玻璃纸、过滤纸、晒图纸、描图纸、绘图纸、国画纸、蜡纸、复写纸、复印纸
	24	文娱用品	乐器、唱片、幻灯片、录音带、录像带、光盘（碟片）及其他演出用具及道具
	25	美术工艺品	刺绣、蜡或塑料制品、美术制品、骨角制品、漆器、草编、竹编、藤编等各种美术工艺品
	26	陶瓷、玻璃及其制品	瓷器、陶器、玻璃及其制品
	27	机器及设备	各种机器及设备
	28	车辆	组成的自行车、摩托车、轻骑、小型拖拉机
	29	污染品	炭黑、铅粉、锰粉、乌烟（墨黑、松烟）、涂料及其他污染人体的货物、角、蹄甲、牲骨、死禽兽
	30	粉尘品	散装水泥、石粉、耐火粉
	31	装饰石料	大理石、花岗岩、汉白玉
	32	带釉建筑用品	玻璃瓦、其他带釉建筑用品、耐火砖、耐酸砖、瓷砖瓦

注：未列入表中的其他货物，除参照同类货物分等外，均列入二等货物。

附件 3

特种货物分类表

类别	分类概念	各类档次或序号	各类货物范围或名称
大型特型笨重物件	货物长度6米及6米以上；货物高度2.7米及以上；货物宽度2.5米及以上；单件货物重量4吨及以上	一级	1. 货物长度大于或等于6米小于10米； 2. 宽度大于或等于2.5米小于3.0米； 3. 重量大于或等于4吨、小于8吨
		二级	1. 货物长度大于或等于10米小于14米； 2. 宽度大于或等于3.0米小于3.5米； 3. 高度大于或等于2.7米、小于3米； 4. 重量大于或等于8吨、小于20吨
		三级	1. 货物长度大于14米（含14米）小于20米； 2. 宽度大于3.5米（含3.5米）小于4.5米； 3. 高度大于3米（含3米）小于3.8米； 4. 重量大于20吨（含20吨）小于100吨
		四级	1. 货物长度大于20米（含20米）小于30米； 2. 宽度大于4.5米（含4.5米）小于5.5米； 3. 高度大于3.8米（含3.8米）小于4.4米； 4. 重量大于100吨（含100吨）小于200吨
		五级	1. 货物长度大于30米（含30米）小于40米； 2. 宽度大于5.5米（含5.5米）小于6米； 3. 高度大于4.4米（含4.4米）小于5米； 4. 重量大于200吨（含200吨）小于300吨
		六级	1. 长度在40米以上者； 2. 宽度在6米以上者； 3. 高度在5米以上者； 4. 重量在300吨以上者
危险货物类	交通部《汽车危险货物运输规则》中列名的所有危险货物	一级	《汽车危险货物运输规则》中规定的爆炸物品、一级氧化剂、压缩气体和液化气体、一级自然物品、一级遇水易燃物品、一级易燃固体、一级易燃液体、剧毒物品、一级酸性腐蚀物品、放射性物品
		二级	《汽车危险货物运输规则》中规定的二级易燃液体、有毒物品、碱性腐蚀物品、二级酸性腐蚀物品

续　表

类别	分类概念	各类档次或序号	各类货物范围或名称
贵重货物类	价格昂贵，运输责任重大的货物	1	货币及有价证券：货币、国库券、邮票等
		2	贵重金属及稀有金属：贵重金属为金、银、钡、白金等及其制品；稀有金属钴、钛等及其制品
		3	珍贵艺术品：古玩字画、象牙、珊瑚、珍珠、玛瑙、水晶宝石、钻石、翡翠、琥珀、猫眼、玉及其制品、景泰蓝制品各种雕刻工艺品、仿古艺术制品和壁毯刺绣艺术品等
		4	贵重药材和药品：鹿茸、麝香、犀角、高丽参、西洋参、冬虫草、羚羊角、田三七、银耳、天麻、蛤蟆油、牛黄、熊胆、鹿胎、豹胎、海马、海龙、藏红花、猴枣、马宝及以其为主要原料的制品和贵重西药
		5	贵重毛皮：水獭皮、海龙皮、貂皮、灰鼠皮、猞猁皮等及其制品
		6	高档服装：用高级面料、制作精细、价格较高的服装
		7	珍贵食品：海参、干贝、鱼肚、鱼翅、燕窝、鱼唇、鱼皮、鲍鱼、猴头、发菜等
		8	高级精密机械及仪表：显微镜、电子计算机、高级摄影机、摄像机、显像管、复印机及其精密仪器仪表
		9	高级光学玻璃及其制品：照相机、放大机、显微镜等镜头片、各种科学试验用的光学玻璃仪器和镜片
		10	高档电器：电视机、电冰箱、录放音机、音响组合机、录像机、空调机、照相机、手表等
鲜活货物类	货物价值高、运输时间性强、责任大的鲜活货物	1	各种活牲畜、活禽、活鱼、鱼苗
		2	供观赏的野生动物：虎、豹、狮、熊、熊猫、狼、象、蛇、蟒、孔雀、天鹅等
		3	供观赏的水生动物：海马、海豹、金鱼、鳄鱼、热带鱼等
		4	名贵花木：盆景及各种名贵花木

附件4

货物清单

起运地点_____　　　　　　　　　　装货日期_____

装货人名称_____　　　　　　　　　运单号_____

　　　　　　　　　　　　　　　　　　　　　封志号_____

编号	货物名称及规格型号	包装方式	件数	新旧程度	体积 长×宽×高（cm）	重量（kg）	保险保价价格
备注							

托运人：（签章）　　　　　　　承运人：（签章）

　　　　　　　　　　　　　　　　　　　　　　　　年　月　日

规格：长×宽＝220×170（mm）

附件 5

货运事故记录

运单号码

记录编号

托运人		地址		电话		邮编	
收货人		地址		电话		邮编	
承运人		地址		电话		邮编	
车号		驾驶员		起运日期	年　月　日　时	到达日期	年　月　日　时
出事地点			出事时间			记录时间	

原运单记载	编号	货物名称及规格型号	包装形式	件数	新旧程度	体积 长×宽×高（cm）	重量（kg）	保险保价价格

事故发生详细情况及原因分析	
承运人签章	年　月　日	托运人或收货人签章	年　月　日

注意事项	本记录应一式三份，承运人、托运人、责任方各一份，每增加一个责任方增加一份。

规格：长×宽＝220×170（mm）

附件6

汽车货运价格费率表

费别			计算单位	费率		备注
				一级线路	二级线路	
长途运输	整车	普通货物	每吨千米	0.28 元	0.35 元	不分路级
		特种货物	每吨千米	0.35 元		
		2 吨以下小型货车（不含 2 吨）	每吨千米	0.45 元		
		3 吨以下小型货车（不含 3 吨）	每吨千米	0.42 元		
		铁（铝）制封闭箱式中型货车	每吨千米	0.35 元		
		冷藏车	每吨千米	0.45 元		
		特种运价		件重 15 吨以上（不含 15 吨）长度 10 米以上（不含 10 米）的货物和需 15 吨及以上车辆运输的，由承运双方协商作价		
		计时包车	每车吨每小时	普通车按 20 千米和线路等级运价及货类计算吨位小时运价 小型货车、铁（铝）制封闭箱式中型货车按 25 千米车型运价计算 特种车型货车由承运双方协商作价办理		
		零担	普通货物	每千克千米	省内 0.00035 元	省际 0.0038 元	
			特种货物	每千克千米	省内 0.00040 元	省际 0.00050 元	

短途整车每吨每次附加费	5 千米	6~10 千米	11~15 千米	16~20 千米	21~25 千米		
	1.5	1.2 元	0.9 元	0.60 元	0.30 元		

附件7

汽车货物运输杂费费率表

费别		计算单位	费率（元）	说明
调车费，车辆空驶损失补贴费		每吨千米		往返空驶里程，以车型、核定载重吨位和线路运价的50%计算。车辆空驶损失补贴费，按空驶里程、车辆核定载重吨位、货物基本运价50%计算
延滞（误）费		每吨每小时		运输车辆按计时运价的50%计算，吊车每吨每小时按6元计收
吊车作业费		每吨（次） 每车吨每小时	3.50 6.00 9.00 6.00	件重在4吨以下（不含4吨） 4~8吨（含8吨） 8~15吨 因货物原因，需计时作业时
铲车作业费		每吨（次） 每车吨每小时	0.50 20.00	铲车作业费按货物重量计收。 因客观原因影响正常工作，按每车吨每小时计收
叉车作业费		每吨（次） 每吨（次） 每吨每小时	3.50 6.00 6.00	件重在3吨以内（含3吨） 件重在3吨以上5吨以内
吊、铲、叉车调车归建费			0.30	按车辆实际行驶里程和车辆标记吨位计算
装卸费	整车			按当地交通、物价部门规定的装卸价格计收
	零担	件重150千克（含150千克）| 每50千克为一计费单位	0.20	危险、贵重、鲜活物资
		件重150千克以上		0.40	
		仓理费	每50千克为一计费单位	0.40	起运达到站各0.2元每中转一次加收一次中转装卸费和中转仓理费
		中转			

费别	计算单位	费率（元）		说明
保管	整车	每吨每日	1.00	免费保管一天，从第二天开始核收，不足一日按一日。从第六日起加倍收费
	零担	3~5日每10千克	0.20	免费保管两天，从第三天起开始核收，第六天起加倍核收
变更手续费	整车	每票	1.30	对已托运的货物要求变更到达站，变更收货单位或取消货物托运手续时
	零担	每票	0.70	
零担标签标志费		每个	0.05	包括标志工本费和系扎手续

附件 8

新型铁路货车车型汇总

车种	车型
敞车	C80 型铝合金运煤敞车
	C80A 型全钢运煤敞车
	C80B 型不锈钢运煤敞车
	C80C 型全钢运煤敞车
	C70 型通用敞车
	C70A 型运煤敞车
	C70B 型不锈钢通用敞车
棚车	P70 型通用棚车
	P70A 型活动侧墙棚车
罐车	GQ70 型轻油罐车
	GN70 型黏油罐车
	GS70 型浓硫酸罐车
	GJ70 型液碱罐车
	GF70 型氧化铝粉罐车
	GQ70A 型苯类罐车
	GN70A 型对二甲苯罐车
	GHA70 型醇类罐车
	GH70A 型乙二醇罐车
	GH70B 型冰醋酸罐车
	GHB70 型黄磷罐车
	U70 型散装水泥罐车
	GHA70A 型对二甲苯罐车
	GL70 型沥青罐车
平－集车	NX70 型共用车
	NX17 型共用车
矿石车	KM70 型煤炭漏斗车
	KZ70 型石碴漏斗车

车种	车型
矿石车	KM70A 型底开门运煤专用车
	KM70B 型不锈钢煤炭漏斗车
集装箱车	X2K 型集装箱专用平车
	X4K 型集装箱专用平车
	X6K 型集装箱专用平车
专用车	SQ5 型双层运输汽车专用车
	C100 型载重 100t 三支点矿料、钢材运输专用敞车
	C100A 三支点运输矿料、钢材专用敞车
	T11BK 型长钢轨运输车
	NP70 型带活动棚钢卷运输专用车
	DL1 型大吨位预制梁运输专用车组
特种车	D38 型 380t 钳夹车
	DQ35 型 350t 钳夹车
	D45 型 450t 落下孔车
	D32 型 320t 凹底平车
	D32A 型 320t 凹底平车
	D9A 型 90t 凹底平车
	D15A 型 150t 凹底平车
	D15B 型 150t 凹底平车
	D28 型 280t 凹底平车
	D26A 型组合式长大平车
	D22A 型 120t 长大平车
	D30G 型 370t 双联平车

附件9

铁路货物运输规则

第一章　总　　则

第一条　为提高铁路货运管理水平工作效率和工作质量，安全、迅速、经济、便利地组织货物运输，适应市场需求，增加铁路竞争力，特制定本规则。

第二条　本规则是明确货物运输作业各环节基本内容和质量要求的内部规定，不作托运人、收货人与铁路间划分权利、义务和责任的依据。

第三条　铁路局在不违反本规则的条件下，可结合具体情况制定补充规定，并报铁道部备案。

第二章　货物运输基本作业

第一节　受理和承运

第四条　车站应根据批准的月度货物运输计划和旬装车计划受理货物运单。在受理零担、集装箱或按特定条件运输的货物时，还必须按照有关规定办理。

车站办理货物运输票据的手续实行一次办理。除托运人在现场与货运员办理的货物交接手续外，其余各种手续均由货场人员办理。

第五条　车站受理货物运单时，应确认托运的货物是否符合运输条件，各栏填写是否齐全、正确、清楚，领货凭证与运单相关栏是否一致。对营业办理限制（包括临时停限装）、起重能力、专用线专用铁路办理范围、证明文件等有关内容进行审查。对到站、到局和到站所属省、市、自治区各栏内容应相互核对。

对货物运单确认无误后，即应指定进货日期或装车日期。

第六条　对搬入货场的货物，车站要检查货物品名与运单记载是否相符，运输包装和标志是否符合规定。零担货物还应该对货物外形尺寸和体积，对个人托运的行李、搬家货物，要按照物品清单进行核对，并抽查是否按规定在包装内放入标记（货签）。集装箱货物还要核对箱号、封号，检查施封是否正确、有效。需要使用加固材料的货物，应按规定对加固装置和加固材料的数量、规格进行检查。对超限、超长、集重货物，应按托运人提供的技术资料复测尺寸。

按规定由铁路确定重量的货物，要认真过秤。由托运人确定重量的货物，车站应组织抽查。抽查的间隔时间，每一托运人（大宗货物分品种）不超过三个月，零担和集装箱货物不超过一个月。对按密度计算重量的货物，应以定期测定的密度作为计算重量的依据。

货物应稳固、整齐地堆码在指定货位上。整车货物要定型堆码，保持一定高度。零担和集装箱货物，要按批堆码，货签向外，留有通道。需要隔离的，应按规定隔离。货物与线路或站台边缘的距离必须符合规定。

第七条 货物进齐验收后，车站应予签证，及时办理承运。

承运的整车货物要登记"货物承运簿"（格式一），集装箱货物登记"集装箱到发登记簿"（格式见《铁路集装箱运输管理规则》），零担货物根据业务量大小，可以使用货物承运簿，也可以由车站自行建立登记制度，并将登记资料装订成册，妥善保管。

货物运单"承运人填写"部分和货票填制要符合《货物运单和货票填制办法》的规定，加盖的车站日期戳记要清晰、正确。

在作业环节之间，对货物和运输票据要进行严格交接。

货物运单和货票，使用"货运票据封套"（格式二）的，应左右对齐折叠，不使用货运票据封套的，按上下对齐折叠。货运票据持套除加盖经办人章外，还应加盖监封人员章。货运票据封套封口前，经办人、监封人必须同时对票据封套记载的事项和实际运单、货票核对，保证运输票据齐全。

车站应建立货票自核、互核、总复核制度以及票据、现金管理制度，制票和收款不能由一人负责。发送存查及到达票据要装订整齐，妥善保管。计算机制票要使用规定的软件，货票各联必须一次复写打印，要建立计算机安全使用管理制度，保证货票原始信息的完整与安全。

第八条 承运易腐货物时，车站要按照《铁路鲜活货物运输规则》（以下简称《鲜规》）的有关规定办理。对《鲜规》未列品名而易于腐坏、变质的货物，车站应认真审定运输条件。

易腐货物装车时，要检查装载方法是否符合规定要求。以冷藏车装运的，应检查装车单位填写的冷藏车作业单是否齐全、正确。使用加冰冷藏车的，应检查托运人是否加足冰盐，并将作业单附在运输票据中随车递送、途中加冰时，加冰站应认真填写加冰作业记录。使用机械冷藏车的，应将该作业单交机械冷藏车乘务组递交到站。到站应负责检查冷藏车情况，在作业单上填记到站作业记录，并妥善保存。

第九条 承运危险货物时，车站要按照《铁路危险货物运输规则》（以下简称《危规》）的规定，对品名、编号、类项、包装、标志以及"托运人记载事项"栏的内容进行检查。对危险货物品名索引表中未列载的危险货物或改变危险货物包装时，应按铁路局、分局批准的运输条件办理。

办理危险货物的车站，应根据具体情况，制定承运、交付、包装检查、内部交接、装卸作业及存放保管等安全措施和管理制度。

第二节　临时停限装

第十条　车站应按照《铁路货物运价里程表》规定的营业范围办理货运业务。遇有特殊情况必须临时加以限制时，属铁路局管内的，由铁路局批准，跨局的须经铁道部批准。

由于设备大修、改建等原因限制整车货物到达时，应提前两个月办妥报批手续。

第十一条　对临时停限装事项，车站应在营业场所对外通告。

凡要求停止零担货物到达的车站，应同时停止零担货物发送业务。

第三节　取送车作业

第十二条　车站应做好日班装车作业计划和卸车预确报工作，并根据装卸作业、待装货物和货位情况，确定取送车计划，及时取送。送车要对准货位。装卸作业始末时间和取送车始末时间，均应有汇报和登记制度。

第四节　装车和卸车

第十三条　装运货物要合理使用货车，车种要适合货种，除规定必须棚车装运的货物外，对怕湿或易于被盗、丢失的货物，也应使用棚车装运。发生车种代用时，应按《铁路货物运输规则》的要求报批，批准代用的命令号码要记载在货物运单和货票"记事"栏内；装车时，应采取保证货物安全的相应措施。毒品专用车不得用于装运普通货物。冷藏车严禁用于装运可能污染和损坏车辆的非易腐货物。

第十四条　铁路组织装车时，车站应做到：

装车前，认真检查货车的车体（包括透光检查）、车门、车窗、盖阀是否完整良好，有无扣修通知、色票、货车洗刷回送标签或通行限制，车内是否干净，是否被毒物污染。装载粮食、医药品、食盐、鲜活货物、饮食品、烟草制品以有押运人押送的货物时，还应检查车内有无恶臭异味。要认真核对待装货物品名、件数，检查标志、标签和货物状态。对集装箱还应检查箱内装载情况体、检查箱体、箱号和封印。

装车时，必须核对运单、货票、实际货物，保证运单、货票、货物"三统一"。要认真监装，做到不错装、不漏装，巧装满载，防止偏载、偏重、超载、集重、亏吨、倒塌、坠落和超限。对易磨损货件应采取防磨措施，怕湿和易燃货物应采取防湿或防火措施。装车过程中，要严格按照《铁路装卸作业安全技术管理规则》有关规定办理，对货物装载数量和质量要进行检查。

对以敞、平车装载的需要加固的货物，有定型方案的，严格按方案装车；无定型方案的，车站应制定装载加固方案，并按审批权限报批，按批准方案装车。装载散堆装货物，顶面应予平整。对自轮运转的货物、无包装的机械货物，车站应要求托运人将货物的活动部位予以固定，以防止脱落或侵入限界。

装车后，认真检查车门、车窗、盖、阀关闭状态和装载加固情况。需要填制货车装载清单（格式五）及标画示意图的，应按规定填制。需要施封的货车，按规定施封，并用直径 3.2 毫米（10 号）铁线将车门门鼻拧紧。需要插放货车表示牌（格式三）的货车，应按规定插放。对装载货物的敞车，要检查车门插销、底开门搭扣和篷布苫盖、捆绑情况。篷布不得遮盖车号和货车表示牌。篷布绳索捆绑，不得妨碍车辆手闸和提钩杆。两篷布间的搭头应不小于 500 毫米。绳索、加固铁线的余尾长度应不超过 300 毫米。装载超限、超长、集重货物，应按装载加固定型方案或批准的装载加固方案检查装载加固情况。对超限货物，还应对照铁路局批示文电，核对装车后尺寸。

要严格执行装车质量签认制度，建立档案管理。

第十五条　铁路组织卸车时，车站应做到：

卸车前，认真检查车辆、篷布苫盖、货物装载状态有无异状，施封是否完好。

卸车时，必须核对运单、货票、实际货物，保证运单、货票、货物"三统一"。要认真监卸，根据货物运单清点件数，核对标记，检查货物状态。对集装箱货物应检查箱体，核对箱号和封印。严格按照《铁路装卸作业技术管理规则》及有关规定作业，合理使用货位，按规定堆码货物。发现货物有异状，要及时按章处理。

卸车后，应将车辆清扫干净，关好车门、车窗、阀、盖，检查卸后货物安全距离，清好线路，将篷布按规定折叠整齐，送到指定地点存放。对托运人自备的货车装备物品和加固材料，应妥善保管。

卸下的货物登记"卸货簿"（格式四）、"集装箱到发登记簿"或具有相同内容的卸货卡片、集装箱号卡片。在货票丁联左下角记明卸车日期。

第十六条　车站应加强专用线（包括专用铁路，以下同）的管理，凡货主在运单上指明到达专用线的，不得强制在货场或其他专用线卸车。凡货主未指定专用线卸车的，不得强制送往专用线。专用线卸车时，铁路要加强交接检查，确保装载质量。还要做好以下工作：

1. 定期与企业签订运输协议；

2. 掌握专用线内货源、货位、装卸劳力和设备情况，协助企业做好货车的取送、对货位、装卸车组织等工作；

3. 宣传铁路运输知识，协助企业改进货物包装，办理零担货物的专用线，还应指导企业合理配装；

4. 掌握装卸车进度，按规定填写"货车调送单"，车站凭货车调送单正确核收货车使用费，做好货物码放安全距离、货车清扫、洗刷除污、门窗关闭、篷布使用、保管等情况的检查；

5. 提高专用线装车质量，严格货物（车）的交接检查，防止超重、偏重、集重、超限和坠落及匿报品名；

6. 正确填报有关统计资料，对合理使用货车和货物装载进行技术指导。

第十七条 按规定卸后须洗刷除污的货车，应在卸车站洗刷除污。如卸车站洗刷除污有困难时，须凭铁路调度命令向指定站回送。对回送洗刷除污的货车，卸车站应清扫干净，并在两侧车门外部及车内明显处所粘贴"货车洗刷回送标签"（见《危规》格式六）各一张，货物如有撒漏，应在标签上注明。洗刷除污站应按规定要求洗刷除污后将标签撤除，并在车内两侧车门附近粘贴"洗刷工艺合格证"（见《危规》格式六）各一张。

沿途零担车或分卸货车按规定需要洗刷除污时，由列车货运员或分卸站在"货车装载清单"或整车分卸货票上注明原装货物品名及"需要洗刷除污"字样，由最终到站负责洗刷除污。未经洗刷除污的货车严禁排空或调配装车。

洗刷除污站对洗刷除污的货车应建立登记制度。

洗刷除污站的设置及分工由铁路局确定。

第十八条 铁路货场内装卸组织工作由货运部门统一指挥，装卸组织管理由铁路装卸管理部门负责，监装卸由货运部门负责。

运营部门与装卸部门的内部劳务清算（包括联运货物换装），根据实际作业情况，填制有关单据作为清算依据。单据的格式、填写方法、清算办法、清算项目和单价，除有统一规定者外，由铁路局规定。

下列工作属于装卸车附属作业，不另清算：

1. 铺垫或整理防湿垫枕，苫盖、撤除、折叠和取送篷布；

2. 清扫货车、货位，关闭车门、车窗、盖、阀；

3. 整理装车后剩余货物，必要时用篷布苫盖或搬入库台；

4. 安装或撤除支柱、挡板、垫板、禽畜支架；

5. 装载货物的捆绑加固（需要铆接、焊接等特殊加固除外）；

6. 托盘、网络等铁路装卸工具的铺设、撤移、整理和堆码。

第五节　货运票据封套、货车袋载清单、回送清单和货车表示牌

第十九条 为便于交接和保持运输票据的完整，下列货物的运输票据应使用货运票据封套（以下简称封套），封固后随车递送。

1. 国际联运货物和以车辆寄送单回送的外国铁路货车；

2. 一辆货车内装有两批以上货物；

3. 整车分卸货物；

4. 以货运记录补送的货物；

5. 附有证明文件或代递单据较多的货物。

军运货物使用封套的范围及填记和封固方法，按军运有关规定办理。

第二十条　封套封面上各栏应根据实际情况填记并加盖车站日期戳记和带站名的经办人章。一车有两个以上到站的封套，"货物到站"栏应按到达顺序填写站名，并冠以（1）、（2）、（3）等顺序号码。途中各到站卸后抹去本站站名和与前方卸车站无关的事项，填写需要增加的内容，并在更改处加盖带有站名的经办人名章。整零车封套的"运单号码"栏只填记"内装票据××份"，"货物品名"栏填记"整零"字样。

国际联运进口（或过境）货车的封套"发站"栏填记进口国境站名，出口（或过境）货车的封套"货物到站"栏填记出口国境站名，并均应在站名下标一"⟨联⟩"字。

装运危险货物时，应封套的"记事"栏内注明危险货物的类项和组隔离标记。

装运鲜活货物时，应在封套的"记事"栏内注明"活动物"或"易腐货物"字样，易腐货物还应填记"⚠K"标记。

装运属于"⚠B"的保价货物时，应在"记事"栏内填记"⚠B"标记。有关货车编组、解体、挂运时应注意的其他事项（包括规定的标记、符号），也应在"记事"栏内注明。

第二十一条　封套内运输票据的正确完整由封固单位负责。除卸车站或出口国境站外，不得拆开封套。当运输途中发生特殊情况必须拆开封套的，由拆封套的单位编制普通记录证明（附入封套内），并再行封固，在封口处加盖带有单位名称的经办人名章。

第二十二条　整车国际联运出口货物和过境货物，发站（或进口国境站）应填制货车装载清单一份，随同货车递送到站（或出口国境站）。零担、集装箱货物按有关规定填制货车装载清单。

第二十三条　"特殊货车及运送用具回送清单"（格式六，简称"回送清单"），是铁路内部根据规定运送下列铁路所属的货车或用具（产权属铁道部）的运输及交接凭证：

1. 按规定免费挂运的非运用车；

2. 卸（送）空罐车（润滑油专用空罐车应凭收货人提出的货物运单填制货票免费回送）、散装粮食车（Kl7型）、散装水泥车（K15、U60型）、长大货物车（D型）、运梁专用车（N15 型）、加冰冷藏车（B 型）、毒品专用车（W 型）、集装箱专用车（X 型）；

3. 向指定站回送需要洗刷除污的货车；

4. 铁路空集装箱；

5. 运营用衡器；

6. 按规定以调度命令免费运送的装卸机械和工具；

7. 军用移动设备（军用备品）、军用移动站台和装卸备品、军用捆绑加固材料（装置）；

8. 货车篷布及根据调度命令调拨、送修及修好返回的防湿篷布；

9. 铁道部规定免费回送的其他物品。

回送清单由车站负责填发，各栏要填写清楚、正确，有更改时应加盖带有站名的经办人名章。回送清单应具备车站编制的顺序号码，加盖车站日期戳，并有经办人签名或盖章，方为有效。按调度命令回送的应将命令号码记入"回送命令号码"栏内。回送清单一式两份，一份留站存查，一份随同货车（或用具）递送到站。

第二十四条　按规定需要"禁止溜放"或"限速连挂"的货车，装车站应在货车两侧插挂"货车表示牌"，由到站卸后撤除。

第二十五条　货物承运簿、卸货簿（卡）、封套、货车装载清单和回送清单的保管期均为一年。到达的施封锁保管期为六个月。

第六节　到达和交付

第二十六条　车站对到达的货物应及时发出催领通知，并在货票（丁联）内记明通知方法和时间。必要时应再次催领。收货人拒领或找不到收货人时，到站要按规定调查处理。发站接到到站函电后，应立即联系托运人，要求其在规定时间内提出处理意见，并将该处理意见答复到站。

第二十七条　到站在办理交付手续时，应在货物运单和货票（丁联）上加盖车站日期戳。货物在货场内点交给收货人的，还应在货物运单上加盖"货物交讫"戳记，凭此验放货物。车站也可根据需要，建立货物搬出证制度。

第二十八条　车站接到不能按约定时间到达的货物预报后，应立即通告，必要时应发出通知。

货物的运到期满后经过 15 天，或鲜活货物超过运到期限仍不能在到站交付的，到站除按规定编制货运记录外，还必须负责货物的查询工作，依次从发站顺序查询。被查询的车站，应自接到查询的次日起两日内将查询结果电告到站，并向下一作业站（编组、区段或保留站）继续查询。到站应将查询的最终结果及时通知收货人。

第二十九条　对到达的海关监管货物，车站应按照海关监管的有关规定办理。

第三章　货物交接、检查和换装整理

第一节　货物交接和检查

第三十条　为保证行车安全和货物安全，对运输中的货物（车）和运输票据，要进行交接检查，并按规定处理。

第三十一条　车站和列车（车务）段应根据货物、运输票据交接检查的要求，制定实施办法，明确责任。车站各工种之间也应建立相应的交接检查制度。

第三十二条　货运交接检查的内容包括：列车中货物装载、加固状态；车辆篷布苫盖状态；施封及门、窗、盖、阀关闭情况；货车票据完整情况。发现异状时，应及时处理。

第三十三条　罐车和集装箱的封印、苫盖货物的篷布顶部、集装箱顶部、敞车装载的不超出端侧板货物的装载状态，在途中不交接检查，如接方发现有异状，有运转车长的由交方编制记录后接收，无运转车长的要由发现站拍发电报。发现重罐车上盖开启，车站负责关好，并由交方编制普通记录证明。在发站和中途站发现空罐车上盖张开，要及时负责关闭。

第三十四条　整车货物变更到站时，处理站应对该车的装载情况进行检查，对施封货车应检查封印是否完好，站名、号码是否与票据相符。

第三十五条　货物运单、封套上的到站、车号、封印号码各栏，不得任意涂改。在装车站（含分卸站）、换装站、变更处理站因作业需要或填写错误时，应按规定更改。

运输途中发生运输票据丢失时，丢失单位或处理站应编制普通记录继运到站，并及时拍发电报向有关站查询，全列车运输票据丢失时，还应于当日上报主管。被查询站接电后，均应于48小时内电复或继续查询。发站接到查询电报后，48小时内应按货票的内容拍发电报并将货票抄件寄送到站处理。

第三十六条　货物在运输途中，由于货物本身、车辆技术状态或自然灾害以及其他等原因，发生货车滞留，在站滞留时间达到48小时，应拍发电报，通知发运站；必要时，应抄送有关铁路局。

第三十七条　装车站按施封办理的货车，途中不得改按不施封办理。

第三十八条　我国发往或换装到朝鲜以及朝鲜进口或过境我国的棚车、冷藏车，应选用上下部门扣良好的车辆，在下部门扣处施封。列车编组站在列车编组顺序表上均应注明"联"字样。朝鲜进口或过境我国的，上部门扣以 8 号铁线拧固，凭下部门扣原朝鲜印（铅饼）交接，发现封印丢失，失效，由交方编制普通记录并补施施封锁。我国发往或换装装到朝鲜的，上部门扣以 10 号铁线拧固，下部门扣施以施封锁（环状）。在发站、到站局间分界站（或商定的交接站）以及补封站，均应检查封印的站名、号码。

其他国际联运货车的施封及交接方法，按本规则规定办理。

国境站对外交接时，仍按现行国际联运办法的规定办理。

第二节　有运转车长值乘列车的交接、检查及处理

第三十九条　车站与运转车长或运转车长相互间使用列车编组顺序表和乘务员手册办理签证交接。交接的时间、地点由铁路局指定，涉及两个铁路局的有关铁路局商定。接收方应在规定时间内将列车检查完毕并办理交接签证。

到达列车在规定时间内未经车站签证，车长不得退勤；超过规定时间，车站未同车长办理交接，车长要求车站值班负责人（无值班负责人时为车站值班员）签证后退勤。

站车交接中发现问题车长拒绝出具证明时，车站应于列车到达后 120 分钟内拍发电报，主送责任列车段抄知主管铁路局。

第四十条　货物检查、交接的内容，以及发现问题的处理方法，按附表 1 规定办理。

附表 1

顺号	检查	发现的问题	处理方法
1	运输票据或封套	（1）有票无货（车）或有货（车）无票	有票无货（车）长不接收，车长交给车站时应编制记录；有货（车）无票，在装车站长不接收，在其他站（指中途站和到站，以下同）由交方编制记录
		（2）货物运单或封套上记载的车号、到站与编组顺序表或现车不符	在装车站不接收。在其他站由交方编制记录后接收。有涂改时，应加盖带有所属单位的经办人名章（简称盖章，以下同）并编制记录（编组顺序表涂改时不编记录）
		（3）货物运单或封套上封印号码被划掉、涂改未按规定盖章	在装车站不接收。在其他站由交方编制记录证明。货车上无封印时，由交方补封（车长交出时为委托车站代封，以下同），是否清点货件由并方确定，并负担费用
		（4）封套的封口有异状或票据不全	在装车站不接收；在其他站由交方编制记录

顺号	检查内容	发现的问题	处理方法
1	运输票据或封套	（5）货物运单或封套以及编组顺序表记有铁路篷布，现车未盖有铁路篷布；现车盖有铁路篷布，货物运单或封套以及编组顺序表未记载，或记载张数不符	在装车站不接收；在其他站由交方编制记录；车站拍发电报
2	货车的施封	（1）封印失效、丢失、断开或不破坏封印即能开启车门	在装车站不接收；在其他站由交方编制记录并补封。是否需要清点货件由交方确定，并负担费用。对封印站名、号码不清、无法辨认和交接双方意见不一致时，由交方编制记录证明印文现状后接收
		（2）封印站名或号码与运输票据或封套上记载不一致	在装车站不接收；在其他站由交方编制记录
		（3）货车已施封，但未在运输票据或封套上记明封号码。编组顺序表示"F"字样	在装车站不接收。在其他站，对照票据确认封印站名和号码，由交方编制记录后接收
		（4）未使用施封锁施封（罐车和朝进口货车外）	在装车站不接收；在其他站由交方编制记录并补施施封锁
3	装有货物的货车	（1）篷布（包括自备篷布）苫盖捆绑不牢或被刮掉，危及运输安全	在装车站不接收；在其他站由交方编制记录后接收，并由车站换装、整下地或补苫篷布。但对篷布苫盖不严，在其他站可根据具体情况处理。货物是否有坠落可能，货物或篷布捆绑松动程度，双方意见不一致时，由车站确认能保证安全的，可编制记录继续挂运。补苫路布时，车站应在货物运单、货票或封套上注明补苫张数和号码。如对路布数量发生变化时，还应在编组顺序表上填写路布张数
		（2）货物装载有异状或超过货图形装载限界；支柱、铁线、绳索有折断或松动；货物有附落可能；车门插销不严，危及运输安全；底开门车用一个扣铁关闭底开门（如所装货物能搭在底板横梁上，且另一个搭扣处用铁线捆牢者除外）	
		（3）超限货物无调度命令	由车站取得调度命令后，车长方可接收
4	货车使用和通行限制	（1）货车违反运行区段的通行限制	由车站取得调度命令后，车长方可接收
		（2）装载金属块、长度不足2.5米的短木材或空铁桶使用的车种违反《加规》货车使用限制表的规定	在装车站不接收。在中途站由交方编制记录，并由车站换装当货车

第三节 无运转车长值乘列车的交接、检查及处理

第四十一条 无运转车长值乘的列车实行站与站间交接检查的区段负责制，车站负责交接检查的工作。

区段负责制是指在对货物列车的交接检查中，按列车运行区段分货运检查站责任的制度。

列车运行途经有技术作业或无技术作业但停车时间在 35 分钟以上的技术作业车站，视为责任货运检查站（简称货检站），由车站组织人员进行货运检查作业。

第四十二条 中间站保留及甩挂作业的货物列车，由车站负责看护，保证货物安全，发生问题车站要及时处理。

第四十三条 货物列车无改编作业时，货检站对货车的施封状态，仅凭列车编组顺序表的有关记载检查施封是否有效，不核对站名、号码。货物列车有改编作业时，货检站对货车的施封状态，交接时只核对站名，不核对号码。

第四十四条 交接检查时发现的问题应按有关规定进行处理，应于列车到达后 120 分钟内以电报通知上一货检站，同时抄知发到站。电报的内容应包括列车的车次、到达时分、车种、车号、发站、到站、品名、发现问题及简要处理情况，需编制记录时按规定要求编制，并将记录粘贴在货票丁联背面或封套背面，无法粘贴的随封票交接。

第四十五条 运输票据由编组列车的车站封固，并与机车乘务组实行封票交接。列车运行中在车站更换机车时，由更换地所在车站检查封固状态，并负责传递。机车乘务人员负责装票据完整地传递到站、甩挂作业站，并与车站办理票据签字交接，没有车站签字不得退勤，发生票据丢失，追查当事人责任。途中临时发生甩挂作业时，由车站编制普通记录后启封处理，并将运输票据连同普通记录重新封固。

车站与机车乘务员应在商定的地点进行地面交接。

第四十六条 货物检查、交接的内容，以及发现问题的处理方法，按附表 2 规定办理。

附表 2

顺号	检查	发现的问题	处理方法
1	运输票据或封套	（1）有票无货（车）或有货（车）无票	编制记录并拍发电报
		（2）货物运单或封套上记载的车号、到站与编组顺序表不符	
		（3）货物运单或封套上记载的车号、到站有涂改，未加盖带有所属单位的经办人名章时	
		（4）货物运单或封套上记载的车号与现实不符	编制记录并拍发电报，查明情况后继运
		（5）货物运单或封套上封印号码被划掉、涂改未按规定盖章	编制记录并拍发电报证明现状继运。货车上无封印时，由发站确定是否补封
		（6）货物运单或封套以及编组顺序表记有铁路篷布；现车盖有铁路篷布，货物运单或封套以及编组顺序表未记载或记载张数不符	编制记录并拍发电报
2	货车的施封	（1）封印失效、丢失、断开或不破坏封印即能开启车门	拍发电报并补封，是否清点货件由发现站确定
		（2）运输票据或封套上记载的封印站名或号码与现封不一致或发生涂改	核对站名，拍发电报。到站检查封印站名、号码
		（3）货车已施封，但未在运输票据或封套上记明封印号码。编组顺序表示"F"字样	编制记录证明现状继运

顺号	检查	发现的问题	处理方法
2	货车的施封	（4）未使用施材封锁施封（罐车和朝鲜进口货车除外）	拍发电报并补施施封锁
		（5）在同一车门上使用两个以上封串联施封	拍发电报并补封，如因车门技术状态无法补封时，车站以交方责任继运
		（6）货车两侧或一侧在车门上部施封	按现状拍发电报
		（7）施封货车的上部门扣未以铁线拧固（车门构造只有一个门扣或上部门扣损坏的除外）	由发现站拧固
3	装有货物的货车	（1）车门窗未按规定关闭（损坏的车窗已用木板、铁箱、木箱封固的除外）	由发现站关闭并拍发电报
		（2）货物损坏、被盗	拍发电报、编制记录进行处理
		（3）棚车车体、平车或集装箱专用平车装运的集装箱箱体的可见部位损坏东西或集装箱箱门开启	拍发电报，并由车站处理
		（4）易燃货物未按规定苫盖篷布或未采取规定的防护措施	拍发电报，编制记录补苫篷布并采取防护措施
		（5）篷布（包括自备篷布）苫盖捆绑不牢、被刮掉或被割危及运输安全	及时进行整理。丢失或补苫篷布时由发现站拍发电报并编制记录

顺号	检查	发现的问题	处理方法
3	装有货物的货车	（6）货物装载有异状或超过货车装载限界；支柱、铁线、绳索有折断或松动，货物有坠落可能；车门插销不严、危及运输安全；底开门车用一个扣铁关闭底开门（如所装货物能搭在底板横梁上，并且另一个搭扣处用铁线捆牢者除外）	由发现站按规定换装或整理并拍发电报
		（7）超限货物无调度命令	取得调度命令后继运
4	货车使用和通行限制	（1）货车违反运行区段的通行限制	拍发电报，并由车站换装适当货车
		（2）装载金属块、长度不足2.5米的短木材或空铁桶使用的车种违反《加规》货车使用限制表的规定	

第四节 普通记录的管理

第四十七条 车站（车务段）对普通记录应建立请领、发放、使用及保管制度。普通记录用纸须按号码连续使用。普通记录存查页应及时收回，不丢失，不缺页。运转车长使用的普通记录，应由列车（车务）段负责登记和集中保管。

第五节 交接电报的管理

第四十八条 无运转车长值乘的列车，接方进行货运检查发现问题后，按规定拍发的电报作为有车长值乘时交方出具的普通记录。

车站对交接电报应建立登记制度，自编号码，妥善保管。

第六节 货物换装整理

第四十九条 在运输中发现货车偏载、超载、货物撒漏，以及因车辆技术状态不良，经车辆部门扣留，不能继续运行，或根据本规则第三十二条规定需要换装整理时，由发现站（或铁路局指定站）及时换装整理，并在货票（丁联）背面记明有关事项。

换装整理的时间一般不应超过两天。如两天内未换装整理完毕时，应由换装站以电报通知到站，以便收货人查询。

编组、区段站对扣留换装整理的货车，应进行登记，并按月汇总报铁路局，同时通知有关铁路局。

货物换装整理所需的加固材料，由车站购置，以成本列支并保证满足使用需要。

第五十条 铁路责任的货物整理费由整理站（铁路局）列销；换装费由原装车站（铁路局）负担，但由于行车事故或调车冲撞发生的换装费由责任单位负担；因车辆技术状态不良发生的换装，属车辆部门责任，换装费由发生局负担。

需要向责任单位清算的换装费，由换装站将记录连同有关费用的单据，按月汇总报主管铁路局，在发生换装的次月内向责任铁路分局（或责任单位）清算，但每一责任路铁路局每月发生款额累计不足1000元的不清算。

第七节　货运检查站的管理

第五十一条 货检站要加强干部职工队伍建设，提高货检人员技术、业务素质；落实岗位责任制，严格作业标准；加强安全设备和设施的管理工作，提高设备和设施的管理水平；建立互联、互控、分析报告和信息反馈制度，做好有关台账和资料的统计分析工作。

货检站之间应加强工作联系，及时处理交接中发现的问题。

第四章　货场管理

第一节　货场管理的基本要求

第五十二条 车站货场是铁路办理货物运输的场所，也是货运产品的营销窗口，并以铁路承运人资格代表铁路运输企业参与市场经营，履行铁路运输企业赋予的权利和义务。

除铁路运输主业外，其他任何单位都无权以铁路承运人资格和名义办理铁路货运业务。

为满足货物运输的需求，安全、方便、快捷地运送货物，货场应严格执行规章制度，加强安全基础工作，完成运输生产经营任务，不断提高管理时水平。

第五十三条 货场应由主业实行生产和经营的统一管理、统一费率、统一清算，对外一体化经营，对内一体化考核，发挥货场整体经营的基本功能，积极开展货运营销，不断增强铁路在市场中的竞争能力。

第五十四条　车站要应用现代化管理方法和新技术、新设备管理货场，不断提高工作质量和服务质量。货场要努力创优，不断改进装备设施，提高现代化管理水平；经常保持安全、文明、整洁、畅通；做到：服务文明化，管理科学化，作业标准化，不断提高运输集装化和装卸机械化水平。

第五十五条　货场内应建立适应货主办理运输手续的作业流程，加强各环节间内部衔接，实行一个窗口办理，一次收取费用、一张支票结算。开办货运信息服务项目，利用电话、电传、计算机等现代化手段，为货主提供进货、到货、运费等信息咨询。零星小件货物实行就地检斤、就地收货、就地承运。

第五十六条　车站应根据货运设备、装卸机具和办理货物种类等情况合理划分货区、确定货位分工，充分发挥货场的作业能力；应协调好货运、装卸、运转部门间的关系，明确分工，密切配合。

货场内禁止闲杂人员进入，货区内严禁吸烟。

、　未经铁路局批准，货场内不允许其他单位设点办公。

第五十七条　铁路装卸管理部门应对货场内的委托装卸实行统一管理、统一派班、统一费率、统一收费、统一清算的"五统一"管理。凡未与铁路签定合同的，不准在货场内进行装卸作业。需用机械装卸至汽、马车或船舶的货物（包括集装箱），应由货场内设置的铁路装卸机械作业。货场允许托运人、收货人以自备交通工具进出货物。铁路局规定由铁路负责零担货物出入库的车站，托运人、收货人不得进库取货、送货。收货人领取整车货物时，车站应督促收货人将货位清扫干净，并将残留的货底、衬垫物等搬出货场。

第五十八条　货场应对经营、安全、技术业务、设备、消防、收入、专用线等实施规范和科学的管理。货场内的管理和生产人员应严格遵守《货装职工守则》（附件二）。

第二节　货场管理的基本制度

第五十九条　货场应建立货装分工负责制，包区、包库或包线负责制，货场清扫分工负责制，运输票据、货物检查交接制，取送车作业制，站车交接检查制，保价运输管理制，门卫、巡守、消防制，衡器使用、维修、保管制，统计分析制等项作业制度。

第三节　货运设备管理

第六十条　货运设备包括仓库、货棚、站台、货物线、货区及通道、房屋、装卸机具、衡器、军用加固材料、防湿篷布，上水、加冰、洗刷除污，以及用于货运业务的电子计算机等各项设施。车站要设专职或兼职人员管理货运设备，建立设备台账，逐项登记入册。遇有变更及时修正，上报备案。

第六十一条 车站要充分利用货运设备，发挥设备的效能。凡属货场范围的土地、设备，未经铁路局批准，其他单位不得占用。

要加大铁路货场建设，配置质量良好的仓库、雨棚、装卸机具和装卸场地，完善服务设施，健全服务功能，为招揽货源、服务货主提供必要的物质条件。

第六十二条 车站应积极应用电子计算机技术，提高货运、装卸管理水平和工作效率。

车站（车务段）应有专人负责货场内电子计算机的管理和维修工作。管理人员应熟悉货场使用的各种计算机的性能、构造，能够排除计算机常见故障。

第四节　货运技术管理

第六十三条 为加强货运技术管理工作，在货运量较大的以及经常办理超长、超限、集重、危险、鲜活、军运、国际联运货物的车站货场内，应配备货运工程技术人员，建立货运技术室，实行技术负责制。

第六十四条 车站货运技术工作的职责范围是：

负责车站货运技术工作，掌握车站货运技术情况，并对货运技术资料进行统计分析；查定货运设备能力和作业能力，编制货场改建和扩建计划；编制货运作业程序和质量标准；研究改进货物运输条件，改善货物包装，签订试运协议和专用线运输协议；组织货运技术革新，推进现代化管理；编制货运技术业务教育计划，并组织实施；按部有关规定制定超限、长大货物、危险货物和鲜活货物的装载运输方案以及其他货物的定型装载方案。

第五节　车站货运管理细则

第六十五条 为顺利执行日常货运作业计划，正确组织货物运输，落实各项货运规章制度，保证安全生产，明确和协调货场内各种工作关系，车站（车务段）应根据实际情况编制《车站货运管理细则》。铁路局直管站、段的《车站货运管理细则》经铁路局批准后执行。

第六十六条 《车站货运管理细则》应包括以下内容：

一、车站货场概况

1. 货场的位置，占地面积，作业性质，设计能力，实际运量（标明年度），大宗货物品类。

2. 各种货运设备、装卸机具、消防设施的数量、分布及能力（包括货场、专用线等平面图）。

3. 货区、货位的数量、面积、分布及分工。

二、货运、装卸组织管理系统

1. 组织机构、指挥系统及货装职责分工。

2. 人员配备及分工。

三、货运计划管理

1. 整车、零担、集装箱运输计划编制方法、步骤，计划的受理与审批制度。

2. 装卸车方案、日班计划的编制、审核与执行。

四、各项基本作业制度

五、货场内各种单项管理办法

单项办法包括：安全、防火、设备、规章、文电、业务教育、篷布、军运、票据、施封用具、加冰上水、货车洗刷除污、专用线、竞赛奖励以及其他需要单独明确的办法。

六、岗位责任制

七、各项作业基本程序、内容和质量标准

八、检查及考核办法

九、附件

第五章　货运监察

第六十七条　为加强对货运工作的监督检查，维护人民铁路为人民的宗旨，搞好路风建设，保证货运安全，铁道部和各铁路局、均应建立货运监察制度，配备监察人员，严格执行《铁路货物运输服务质量监督办法》，做好监察工作。

第六十八条　货运监察人员的基本职责是：按照国家政策、法令和铁路规章制度，对路风建设、安全管理、运杂费管理、执行规章等方面的货运工作情况进行经常性的全面监督检查。

货运监察人员有权查阅有关部门、站段的案卷、记录、表报、票据及有关业务资料，检查作业现场，参加或召集调查、分析会议。对危及行车安全和货运安全的行为或现象，有权当场制止或纠正，并通知有关和铁路局。

检查中发现的问题做成监察记录（格式八）交被检查单位领导签认，限期改正。

第六十九条　货运监察人员应由思想端正，作风正派，业务熟练，能严于律己、秉公办事的干部担任。

铁道部的货运监察人员，由铁道部运输局考核和管理，报部长批准；铁路局的货运监察人员由铁路局长批准，报铁道部备案。

铁道部的货运监察证（格式八）由铁道部核发，铁路局的货运监察证由铁路局核发。

货运监察证由铁路局按铁道部统一规定的式样印制。

第七十条 货运监察人员执行职务时应持有监察证。携带本人公用乘车证可优先乘坐旅客列车，添乘货物列车。可在乘务员公寓住宿，准予使用铁路电话、电报。

各铁路局应根据上述原则，制定本局货运监察办法。

第六章　附　　则

第七十一条 本规则由铁道部运输局负责解释。

第七十二条 本规则由 2000 年 11 月 1 日起施行。铁道部 1991 年发布的《铁路货物运输管理规则》（铁运〔1991〕84 号）同时废止。

附：一、格式一至八

二、货装职工守则

一、格式一至八

格式一　　　　　　　　　　货物承运簿

顺序号码	搬入日期	计划号码	发货人	收货人	到站（局）	货物名称	件数	重量	货车日装妥日期	车种车号	货车标重	货票号码	是否施封	记事

格式二　　　　　　　　　　　**货运票据封套**

货运票据封套

车种车号＿＿＿＿＿＿＿＿＿＿　标记载重量＿＿＿＿＿＿＿＿＿

货物到站＿＿＿＿＿＿＿＿＿　到局＿＿＿　篷布号码＿＿＿＿＿＿＿

运单号码＿＿＿＿＿＿＿＿＿＿＿＿＿＿＿＿＿＿＿＿＿＿＿＿＿

货物品名＿＿＿＿＿＿＿＿＿　货物实际重量（吨）＿＿＿＿＿＿＿

收货人及卸车地点＿＿＿＿＿＿＿＿＿＿＿＿＿＿＿＿＿＿＿＿＿

施封号码＿＿＿＿＿＿＿＿＿＿＿＿＿＿＿＿＿＿＿＿＿＿＿＿＿

记　　事＿＿＿＿＿＿＿＿＿＿＿＿＿＿＿＿＿＿＿＿＿＿＿＿＿

发站戳记
经办人章

← 240和290mm两种 →

格式三　　　　　　　　　　　**货车表示牌**

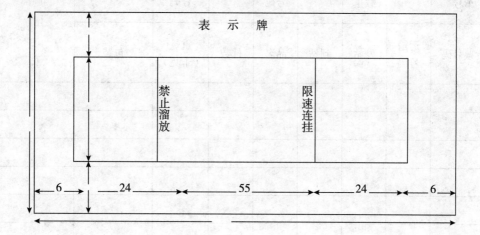

格式四 卸货簿

货车卸妥日期	车种车号	货票号码	发站(局)	货物名称	件数	重量(千克)	收货人	堆放地点	搬出时间	搬号出证码	铁路标记	记事

格式五 货车装载清单

装车站

第一到站		第二到站		第三到站					记事
车种车号		标记载重		施封号码		篷布号码			记事

货票号码	运输号码	发站	到站	品名	件数	重量(千克)	包装

（规格 16 开）卸车货运员
装车货运员　卸车工组
装车工组

格式六　　　　　　　　　　**特殊货车及运送用具回送清单**

发站		到站（局）		经由	
车种车号		施封号码		回送命令号码	

回送的货车或运送用具　　　　　　　附注

种类	号码	数量	种类	号码	数量	
						发送日期戳　发站经办人签字
						到站日期戳　到站经办人签字

格式七　　　　　　　　　　　　**货运监察记录**

编号：

检查单位	

检查发现存在的问题和要求：

被检查单位整改情况：

被检查单位领导意见：

被检查单位领导签章 年　　月　　日	货运监察签章 年　　月　　日

　　注：本记录一式三份，一份由检查单位存查，二份交被检查单位，整改后，将其中一份上报检查单位。
　　规格：16 开竖印

格式八   监察证

铁 字 第 号			
姓名			须 知
性别			1. 本证仅作为检查、指导工作时使用。
职名			2. 检查工作时应出示本证。
单位			3. 本证不得转借他人。
			4. 离开本单位或不作此项工作时,应交回本证。
			5. 凭此证可优先乘坐客车,添乘货物列车,住铁路公寓,使用铁路电话,拍发铁路电报。
发证时间	年 月 日		

监察区
(货运)

中华人民共和国铁道部
(铁道部××铁路局)

(外皮)   (内容)

规格:125×90mm

二、货装职工守则

(一)认真执行党和国家的路线、方针、政策,遵守法纪,弘扬正气,提高思想素质,崇尚社会公德。

(二)爱岗敬业,恪尽职守。以主人翁姿态积极参与经营管理,增强市场营销意识,安全、迅速、经济、便利地组织货物运输。

(三)讲究职业道德,廉洁奉公。不徇私情,不以权谋私,不刁难货主,不敲诈勒索,贪污受贿,不盗窃货物。

(四)着装规范,佩戴标志,仪容端庄,举止文明,保持个人良好形象。

(五)尊客爱货,主动热情,耐心周到,虚心听取货主意见,积极为货主排忧解难,提供优质服务。

(六)严格遵守规章制度和劳动纪律,杜绝违章违纪行为,消除隐患,确保货物和运输安全。

(七)顾全大局,服从领导,听从指挥,团结互助,加强联劳协作。

(八)勤奋学习,钻研业务,不断提高理论水平和实际操作技能。

附件 10

铁路货物运输品名分类与代码

货物品类	代码	货物品类	代码	货物品名	代码
煤	29011	水泥熟料	4010	其他电子、电气机械及器材	5919
原煤	29012	木材	40101	农业机具	61191
洗精煤	29013	原木	40102	特定农业机械	61192
块煤	29014	锯材	41103	特定农业器具	61199
优、选煤	29015	木片	41104	其他农业机具	6120
水煤浆	29019	人造板材	4111	鲜活货物	62201
其他煤	2902	粮食	41111	活动物	62202
石油	29021	稻谷	41112	鲜冻肉及其部分品	62203
原油	29022	小麦	41113	鲜冻水产品	63204
汽油	29023	大米	41114	鲜冻蛋、奶	63205
煤油	29024	小麦粉	41115	鲜蔬菜	63206
柴油	30025	玉米	42116	鲜瓜果	63209
重油	30026	大豆	42117	其他鲜活货物	6421
润滑油、脂	30029	马铃薯	42119	农副产品	64211
其他成品油	3003	其他粮食	4212	竹、藤、棕、草、其他植物及其纤维	64212
焦炭	30031	棉花	42121	竹、藤、棕、草及其他植物纤维制品	65213
焦炭	30032	籽棉	42122	木材加工、副产品	66214
沥青焦、石油焦	3004	皮棉	42129	油料、糖料	67215
金属矿石	31041	其他棉花	4213	烟草	68219
铁矿石	31042	化肥及农药	43131	其他农副产品	6822
放射性矿石	31049	化学肥料	43132	饮食品及烟草制品	69221
其他金属矿石	3105	农药	4314	食糖	69222
钢铁及有色金属	31051	盐	44141	食品	69223
生铁	31052	食用盐	44142	饮料	72224

货物品类	代码	货物品类	代码	货物品名	代码
钢锭、钢坯	31053	非食用盐	4415	烟草制品	7323
钢材	31054	化工品	44151	纺织品。皮革、毛皮及其制品	73231
钢轨及其配件	32055	无机酸	44152	丝、毛、化学纤维、纱、线	73232
铁合金及其他钢铁	32056	无机碱及氢氧化物	44153	纺织品、针织品	74233
有色金属及其合金	33057	醇、醛类有机化工原料	45154	鞋、帽、服装及其他编织、缝纫品	75234
有色金属及其合金的加工材、粉	3306	橡胶及其制品	45155	皮革、毛皮及其制品	7724
非金属矿石	34061	树脂、塑料及其制品	45156	纸及文教用品	77241
硫铁矿	34062	油漆、涂料、颜料、染料	47157	纸浆	77242
石灰石	34063	爆炸品、放射性物品、压缩气体和液化气体	47159	纸及纸制品	77243
铝矾土	34064	其他化工品	4716	印刷品	78249
石膏	34069	金属制品	49161	其他文教用品	7825
其他非金属矿石	3407	金属结构及其构件	49162	医药品	80251
磷矿石	36070	金属工具、模具	49163	中药材	80252
磷矿石	3608	铝制器皿、搪瓷制品	49169	中成药、西药及其他医药品	8099
矿物性建筑材料	36081	其他金属制品	5017	其他货物	81991
土、砂、石、石灰	3608	工业机械	51171	家具、搬家货物、行李、日用杂品	81992

货物品类	代码	货物品类	代码	货物品名	代码
砖、瓦、砌块	37083	普通机械设备	51172	动植物油脂、冰、水	83993
水泥制品	38084	运输工具	54173	动植物残余物、饲料	83994
玻璃	38085	仪器、仪表、量具	5518	浆粕、废碎物品	84995
玻璃纤维及其制品	38089	电子、电气机械	57181	工艺品、展览品	84996
其他矿物性建筑材料	3909	电力、通信、广播电视设备	57182	待定集装化运输用具	84997
水泥	40091	日用电器	58183	特定货物	85999
水泥	40092	电子计算机及其外部设备	59189	以上各类未包括的货物	85

附件 11

铁路货物运价率表

办理类别	运价号	基价 1		基价 2	
		单位	标准	单位	标准
整车	1	元/吨	5.6	元/（吨·千米）	0.0288
	2	元/吨	6.3	元/（吨·千米）	0.0329
	3	元/吨	7.4	元/（吨·千米）	0.0385
	4	元/吨	9.3	元/（吨·千米）	0.0434
	5	元/吨	10.2	元/（吨·千米）	0.0491
	6	元/吨	14.6	元/（吨·千米）	0.0704
	7			元/（轴·千米）	0.2165
	加冰冷藏车	元/吨	9.2	元/（吨·千米）	0.0506
	机械冷藏车	元/吨	11.2	元/（吨·千米）	0.073
零担	21	元/10 千克	0.115	元/（10 千克·千米）	0.0005
	22	元/10 千克	0.165	元/（10 千克·千米）	0.0007
集装箱	1 吨箱	元/箱	10	元/（箱·千米）	0.0336
	10 吨箱	元/箱	118.5	元/（箱·千米）	0.4234
	20 英尺箱	元/箱	215	元/（箱·千米）	0.9274
	40 英尺箱	元/箱	423	元/（箱·千米）	1.4504

注：运费计算办法：

整车货物每吨运价 = 基价 1 + 基价 2 × 运价千米

零担货物每 10 千克运价 = 基价 1 + 基价 2 × 运价千米

集装箱货物每箱运价 = 基价 1 + 基价 2 × 运价千米

整车农用化肥基价 1 为 4.20 元/吨，基价 2 为 0.0257 元/吨。

附件 12

铁路电气化区段里程表

序号	线名	电化区段	区段里程	序号	线名	电化区段	区段里程
1	京山线	秦皇岛—山海关	16	24	焦柳线	月山—关林	129
2	丰台西线	丰台—丰台西	5	25	怀化南线	怀化—怀化南	4
3	京承线	丰台—双桥	43	26	宝成线	宝鸡—成都东	673
4	京秦线	双桥—秦皇岛	280	27	阳安线	平阳关—安康	357
5	京包线	沙城—大同	252	28	成渝线	成都东—重庆	500
6	大秦线	韩家岭—柳村南	652	29	川黔线	小南海—贵阳南	438
7	段大线	段甲岭—大石庄	7	30	贵昆线	贵阳南—昆明西	644
8	丰沙线	丰台—沙城	104	31	漳州线	郭坑—漳州	11
9	京广线	丰台—武昌南	1221	32	包兰线	石嘴山—兰州西	581
10	京广线	郴州—韶关	153	33	太岚线	太原北—镇城底	55
11	孟宝线	孟庙—平顶山东	64	34	口泉线	平旺—口泉	10
12	石太线	石家庄—太原北	251	35	宝中线	虢镇—迎水桥	502
13	北同蒲线	大同—太原北	347	36	干武线	干塘—武威南	172
14	玉门沟线	太原北—玉门沟	22	37	汤鹤线	汤阴—鹤壁北	19
15	太焦线	长治北—月山	153	38	马滋线	马头—新坡	12
16	汉丹线	襄樊—老河口东	57	39	侯月线	侯马北—翼城东	50
17	襄渝线	老河口东—小南海	850	40	平汝线	平罗—大武口	11
18	鹰厦线	鹰潭—厦门	694	41	成昆线	成都—昆明东	1108
19	湘黔线	株洲北—贵定	821	42	小梨线	小南海—梨树湾	23
20	黔桂线	贵定—贵阳南	68	43	西重线	西永—重庆	24
21	陇海线	郑州北—兰州西	1192	44	胡大线	胡东—大同东	21
22	兰新线	兰州西—武威南	279	45	渡口线	三堆子—密地	10
23	西固城线	兰州西—西固城	21				

附件 13

电气化附加费费率表

种类	项目	计费单位	费　率
整车货物		元/（吨·千米）	0.012
零担货物		元/（10 千克·千米）	0.00012
自轮运转货物		元/（轴·千米）	0.036
集装箱	1 吨箱	元/（箱·千米）	0.0072
	5 吨、6 吨箱	元/（箱·千米）	0.06
	10 吨箱	元/（箱·千米）	0.1008
	20 英尺箱	元/（箱·千米）	0.192
	40 英尺箱	元/（箱·千米）	0.408
	自备空箱 1 吨箱	元/（箱·千米）	0.0036
	自备空箱 5 吨、6 吨箱	元/（箱·千米）	0.03
	自备空箱 10 吨箱	元/（箱·千米）	0.0504
	自备空箱 20 英尺箱	元/（箱·千米）	0.096
	自备空箱 40 英尺箱	元/（箱·千米）	0.204

附件 14

铁路建设基金费率表

种类　　　　　　　　项目	计费单位	农 药	磷矿石棉花	其 他货 物
整车货物	元/（吨·千米）	0.019	0.028	0.033
零担货物	元/（10 千克·千米）	0.00019	0.00033	
自轮运转货物	元/（轴·千米）	0.099		
集装箱　1 吨箱	元/（箱·千米）	0.0198		
集装箱　5 吨、6 吨箱	元/（箱·千米）	0.165		
集装箱　10 吨箱	元/（箱·千米）	0.2772		
集装箱　20 英尺箱	元/（箱·千米）	0.528		
集装箱　40 英尺箱	元/（箱·千米）	1.122		
集装箱　空自备箱　1 吨箱	元/（箱·千米）	0.0099		
集装箱　空自备箱　5 吨、6 吨箱	元/（箱·千米）	0.0825		
集装箱　空自备箱　10 吨箱	元/（箱·千米）	0.12386		
集装箱　空自备箱　20 英尺箱	元/（箱·千米）	0.264		
集装箱　空自备箱　40 英尺箱	元/（箱·千米）	0.561		

注：整车化肥、黄磷免征铁路建设基金。

附件 15

新路新价均摊运费费率表

种类 \ 项目		计费单位	费　率
整车货物		元／（吨·千米）	0.011
零担货物		元／（10 千克·千米）	0.000011
自轮运转货物		元／（轴·千米）	0.0033
集装箱	1 吨箱	元／（箱·千米）	0.000066
	5 吨、6 吨箱	元／（箱·千米）	0.0055
	10 吨箱	元／（箱·千米）	0.00924
	20 英尺箱	元／（箱·千米）	0.0176
	40 英尺箱	元／（箱·千米）	0.0374
	空自备箱　1 吨箱	元／（箱·千米）	0.00033
	5 吨、6 吨箱	元／（箱·千米）	0.00462
	10 吨箱	元／（箱·千米）	0.0504
	20 英尺箱	元／（箱·千米）	0.088
	40 英尺箱	元／（箱·千米）	0.0187

附件 16

常用运输英语词汇

1. logistics strategy	物流战略	28. retailer	零售商
2. warehouse management	仓库管理	29. distribution channel	分销渠道
3. inventory control	库存控制	30. stock – outs	缺货
4. outsourcing	业务外包	31. bar code	条码
5. transportation	运输	32. order processing	订单处理
6. combined transport	联合运输	33. automatic warehouse	自动化仓库
7. though transport	直达运输	34. automatic guided vehicle	自动化导引车
8. transfer transport	中转运输	35. bonded warehouse	报税仓库
9. drop and pull transport	甩挂运输	36. box car	厢式车
10. containerized transport	集装运输	37. cargo under custom's supervision	
11. container transport	集装箱运输		海关监管货物
12. door – to – door	门到门	38. combined transport	联合运输
13. inventory management	库存管理	39. Container	集装箱
14. holding cost	持有成本	40. container transport	集装箱运输
15. final consumer	最终客户	41. Conveyor	输送机
16. in – transit inventory	在途库存	42. customs broker	报关行
17. pipeline transportation	管道运输	43. customs declaration	报关
18. air transportation	空运	44. distribution center	配送中心
19. water transportation	水运	45. export supervised warehouse	
20. rail transportation	铁路运输		出口监管仓库
21. inter – model transportation		46. fork lift truck	叉车
	多式联运	47. goods collection	集货
22. Pallet	托盘	48. goods yard	货场
23. Shipper	托运人	49. handing/carrying	搬运
24. Carrier	承运人	50. international transportation cargo insurance	
25. Consignee	收货人		
26. roll – on/roll – off transportation			国际货物运输
	滚装运输		保险
27. wholesaler	批发商	51. land bridge transport	大陆桥运输

52. logistics document	物流单证	69. EDI electronic data interchange
53. logistics information	物流信息	70. EOS electronic order system
54. package/packaging	包装	71. ERP enterprise resource planning
55. sales package	销售包装	72. FQS fixed – quantity system
56. shipping space	发货区	73. FIS fixed – quantity system
57. shipping by chartering	租船运输	74. MRP material requirements planning
58. CFS container freight station		75. MRP II manufacturing resource planning
59. FCL full container load		76. LRP logistics resource planning
60. LCL less than container load		77. QR Quick response
61. LASH lighter abroad ships		78. TPL third – party logistics
62. SKU stock keeping units		79. VMI vendor managed inventory
63. POS point of sale		80. EOQ economic order quantity
64. TEU twenty equivalent unit		81. JIT just in time
65. CRP continuous replenishment program		82. just – in – time logistics
66. CAO computer assisted ordering		83. zero – inventory logistics
67. DRP distribution requirements planning		84. SCM supply chain management
68. DRP II distribution resource planning		85. ECR efficient customer response